Buchwissenschaftliche Beiträge

Herausgegeben von Christine Haug,
Wolfgang Schmitz und Werner Wunderlich

Band 77

Harrassowitz Verlag · Wiesbaden · 2009

Liebe und Zorn

Zu Literatur und Buchkultur in St. Gallen

Herausgegeben von Andreas Härter

Unter Mitarbeit von Jana Steinmetz

Harrassowitz Verlag · Wiesbaden · 2009

Gedruckt mit Unterstützung des Dr. h.c. Emil-Zaugg-Fonds der Universität St. Gallen
sowie der Stadt St. Gallen.

Bibliografische Information der Deutschen Nationalbibliothek
Die Deutsche Nationalbibliothek verzeichnet diese Publikation in der Deutschen
Nationalbibliografie; detaillierte bibliografische Daten sind im Internet
über http://dnb.d-nb.de abrufbar.

Bibliographic information published by the Deutsche Nationalbibliothek
The Deutsche Nationalbibliothek lists this publication in the Deutsche
Nationalbibaliografie; detailed bibliographic data are available in the internet
at http://dnb.d-nb.de.

Informationen zum Verlagsprogramm finden Sie unter
http://www.harrassowitz-verlag.de

ISSN 0724-7001
ISBN 978-3-447-05922-0

Inhalt

VI   Inhalt

Einleitung

Wo Literatur ist, da sind Leidenschaften. Liebe und Zorn, Hass und Hingabe, In-brunst und Grausamkeit, Gier und Verachtung, Schaffenslust und Zerstörungswut – keine Regung ist der Literatur fremd, keiner der heftigen oder auch milden Affekte, die Leben wie Lesen bewegen. Literatur ist Schauplatz, aber vielfach auch Gegen-stand der Leidenschaften. Nicht nur handelt Literatur oft und nachhaltig von auf-wallenden Empfindungen aller Art; Literatur – und mit ihr das Medium Buch – weckt selbst immer wieder rege Zustimmung und lauten Dissens. Diese Ambivalenz zeigt sich im praktischen Umgang mit dem Buch, sei es im öffentlichen Bereich von Kritik, Empfehlung, Zensur, sei es im privaten Raum von Leseleidenschaft und Sammelwut. Sie zeigt sich in der literarischen Kultur eines Ortes, in der aktuellen wie historischen Auseinandersetzung mit dem Buch als einem der Brennpunkte des kulturellen Lebens einer Stadt.

Kloster und Stadt St. Gallen blicken auf eine lange Geschichte der Buchkultur und ihrer bisweilen bewegten Affektwirkungen zurück. Der vorliegende Band widmet sich der st. gallischen Buchkultur, indem er in einer Reihe von Aufsätzen Aspekte der Literatur, des literarischen Lebens sowie der Buchgestaltungs- und Schreibkultur St. Gallens von der hohen Zeit des Klosters bis in die unmittelbare Gegenwart erkundet und dabei stets auch die affektiven Beziehungen zu Buch und Text im Blick behält. Buchmarkt und Buchrezeption werden thematisiert; nach Liebe und Zorn wird gefragt von der mittelalterlichen Chronik bis zur kritischen Reportage, von der Heiligenvita bis zum historischen Liebesroman, von der lyri-schen Liebeserklärung bis zum Comic. Auf diese Weise gewährt der Band Ein-sichten in das Innenleben einer literarisch und publizistisch regen Stadt. Im Sinn eines exemplarischen „Falls" werden literarische Kultur und Buchkultur eines über-schaubaren urbanen Raums sichtbar gemacht.

Mit einigem Recht versteht sich St. Gallen als „Buchstadt". St. Gallen ist eine Stadt, in deren Geschichte das Buch und das Schreiben eine Rolle spielen wie in wenigen anderen Städten Europas. Die Hauptstütze des Selbstverständnisses der „Buchstadt" bildet die Stiftsbibliothek St. Gallen, die eine über tausendjährige Geschichte über-blickt und einen einzigartigen Fundus von Handschriften ihr eigen nennen kann. Aber auch die Kantonsbibliothek „Vadiana", 1551 gegründet, auf der Privatbiblio-thek Joachim von Watts (Vadianus) aufbauend und ebenfalls reiche Bücher- und Handschriftenschätze bergend, trägt zur Identität der „Buchstadt" St. Gallen bei. Das Kloster St. Gallen mit Notker Balbulus und Notker Teutonicus, mit Ekkehart I. und Ekkehart IV. einerseits, die Reformationszeit mit dem stadteigenen Reformator Joa-chim von Watt, ehemals Rektor der Universität Wien, andererseits schreiben der Ge-schichte der Stadt St. Gallen ein großes Kapitel Buchgeschichte ein.

Es ist indessen nicht nur die kulturelle Vergangenheit, die diese Identität stärkt; in jüngster Gegenwart hat das Buch in St. Gallen neue Aufmerksamkeit erfahren. 1999 erschien die erste umfassende Darstellung der Geschichte der literarischen Kultur St. Gallens.[1] 2006 wurden die Bestände des Deutschen Bucharchivs von München nach St. Gallen und in die „Vadiana" verlegt; dort werden sie von der neu geschaffenen Stiftung „St. Galler Zentrum für das Buch" betreut. Ebenfalls 2006 wurde im Kulturzentrum Sitterwerk auf der Basis privater Sammlungen eine neue Kunstbibliothek eröffnet. 2007 führte die Universität St. Gallen ein „Lehrprogramm Buchwissenschaften" als Zusatzausbildung auf der Bachelor-Stufe ein. 2008 schließlich präsentierte sich St. Gallen als Gastkanton an der Buchmesse in Genf, u.a. mit einer von Jost Hochuli konzipierten Ausstellung zur Buchgestaltung seit 1950, die im Anschluss an die Genfer Buchmesse auch in St. Gallen gezeigt wurde. Zudem wurde 2008 das Literaturfestival „Wortlaut" lanciert. Und im selben Jahr fand an der Universität St. Gallen die Jahrestagung der Internationalen Buchwissenschaftlichen Gesellschaft zum Thema „Buchgestaltung: Ein interdisziplinäres Forum" statt. Im Kontext dieser Veranstaltungen stand auch die öffentliche Vorlesungsreihe zu Literatur und Buchkultur an der Universität St. Gallen, aus der die vorliegende Publikation hervorgegangen ist.

St. Gallen ist keine große Verlagsstadt wie Frankfurt am Main, Berlin, München oder, für Schweizer Verhältnisse, Zürich. Aber St. Gallen ist eine Stadt, in der Bücher gemacht werden, vor allem in Kleinverlagen[2]; eine Stadt, in der auf internationalem Niveau Bücher gestaltet werden; eine Stadt, in der – wie in vielen mittelgroßen Städten mit gut ausgebautem Kulturangebot – das literarische Leben floriert, die Literaturfeste, Lyriknächte, Autorentage und einen Kulturpreis kennt, der schon mehrfach an Autorinnen und Autoren verliehen wurde.[3]

Das Medium Buch ist nicht nur Gegenstand einer Disziplin, der Buchwissenschaft, sondern vor allem ein kulturelles Objekt mit Integrationswirkung. Es versammelt

---

1   Wunderlich, Werner (Hrsg.): St. Gallen. Geschichte einer literarischen Kultur. Kloster – Stadt – Kanton – Region. 2 Bde. (Darstellung / Quellen). Konstanz: UVK Fachverlag für Wissenschaft und Studium, 1999.

2   Beispielhaft seien einige Anthologien zu St. Galler Literatur genannt: Butz Richard / Mägerle, Christian (Hrsg.): SchreibwerkStadt St. Gallen. Momentaufnahme Lyrik. St. Gallen: VGS Verlagsgemeinschaft St. Gallen, 1986; Kirchgraber, Jost / Wettstein, Martin: SchreibwerkStadt St. Gallen. Momentaufnahme Prosa. St. Gallen: VGS Verlagsgemeinschaft St. Gallen, 1987; Butz, Richard: Mein St. Gallen. Ein Lesebuch. St. Gallen: VGS Verlagsgemeinschaft St. Gallen, 1994; Butz Richard / Mägerle, Christian / Riklin, Adrian / Sonderegger, Liv / Überschlag, Doris (Hrsg.): Bäuchlings auf Grün: Lyrik aus dem Kanton St. Gallen im 20. Jahrhundert. St. Gallen: VGS Verlagsgemeinschaft St. Gallen, 2005.

3   Der Kulturpreis der Stadt St. Gallen wird seit 1954 alle vier Jahre verliehen. Schriftstellerinnen und Schriftsteller, die den Preis erhalten haben: Regina Ullmann (1954), August Steinmann (1958), Georg Thürer (1966), Hans Rudolf Hilty (1986), Niklaus Meienberg (1990), Eveline Hasler (1994). Vgl. http://www.stadt.sg.ch/home/inneres_und_finanzen/fachstelle_kultur/auszeichnungen/kulturpreis.html (08.06.2009).

um sich vielerlei Freunde und Verehrer wie etwa Leserinnen und Leser, Autoren und Kritikerinnen, Buchhändlerinnen und Buchhändler, Verlage und Lektoren, Buchgestalter und Graphikerinnen, Buchdrucker und Antiquarinnen, bei denen sich – darin liegt eine Eigenart des Mediums – Liebhaberei und Berufstätigkeit besonders oft und eng verbinden (auf der anderen Seite, jener des Zorns, wären Zensoren, Fanatiker, Fundamentalisten zu nennen). Das Buch stiftet Kommunikation (Feuilleton, Literatursendungen in Rundfunk und Fernsehen, Buchgeschenke), es bildet Identitäten (Bestseller, Kinder- und Jugendliteratur, Themenliteratur), und es fördert Wissensgemeinschaften (Fach-, Sach- und Lehrbücher).

Schließlich treffen sich in seiner Betrachtung verschiedene Interessen, Frageperspektiven und Disziplinen. Wenn das Medium Buch untersucht wird, kommen vielfältige Aspekte in den Blick: der Buchhandel mit Themen wie der Buchpreisbindung; das Verlagswesen (Verlagsgeschichte, Verlagspolitik); die Buchgestaltung mit ihren konzeptuellen, ästhetischen und technischen Fragestellungen; die kulturelle Öffentlichkeit und ihre dem Buch benachbarten ästhetischen und publizistischen Medien wie Presse, Theater, Film. Zu denken ist aber auch an die Vielfalt buchspezifischer Anlässe (Lesungen, Buchvernissagen, Literaturnächte, Lesezirkel etc.) und die mit dem Buch verknüpften Institutionen (Bibliotheken, Buchhandlungen, Schulen, Bühnen). Das Medium Buch vereinigt und generiert eine geradezu unüberschaubare Fülle an Themen, Fragestellungen, Beschäftigungen. Diese Fülle ist es, die den Reichtum einer Buchkultur spiegelt.

Unter die theoretischen Disziplinen, die dem Buch zugewandt sind, zählen insbesondere Schrift-, Schreib-, Druck- und Buchgeschichte, Literaturwissenschaft, Medienwissenschaft. Diese Disziplinenfülle erweist das Buch als idealen Gegenstand kulturwissenschaftlicher Forschung. Und die Buchwissenschaft als Disziplin, die sich ganz dem Buch widmet, ist gerade angesichts ihres interdisziplinären Charakters eine aktuelle Kulturwissenschaft: Sie steht in Austausch und Verbindung mit Medienwissenschaft, Publizistik, Kulturgeschichte, Schriftgeschichte, Kommunikationssoziologie, Bibliothekswissenschaft, Buchgestaltung etc.[4]

Dieser Pluralität gemäß ist auch der vorliegende Aufsatzband multidisziplinär angelegt. Vertreterinnen und Vertreter aus Literaturwissenschaft, Buchwissenschaft, Geschichte und Betriebswirtschaftslehre tragen dazu bei, die Vielfalt der „Buchstadt St Gallen" ins Licht zu rücken. Der Band ist in drei Teile gegliedert. Alle drei Teile handeln von Literatur und Buchkultur, allerdings in unterschiedlichen Akzentuierungen. Teil I befasst sich mit Liebe und Zorn im mittelalterlichen Kloster und in den Turbulenzen der Reformationszeit und dokumentiert den Affektgehalt der frühen st. gallischen Buchkultur. Teil II konzentriert sich auf das Medium Buch, auf Fragen von Schrift, Gestaltung und Markt, und zeigt das Buch als Objekt sachlich-fachkundigen Handelns, in diesem aber wiederum die Liebe zum Objekt. Teil III wirft Blicke auf das 19. und 20. Jahrhundert und die jüngste literarische Gegenwart

---

4 Vgl. Kerlen, Dietrich (Hrsg.): Buchwissenschaft – Medienwissenschaft. Ein Symposion. Wiesbaden: Harrassowitz, 2004 (Buchwissenschaftliche Forschungen 4/2004).

St. Gallens, thematisiert aber auch Aspekte des Mediums: Rezeptionsgeschichte, Verlagsgeschichte, Medienwechsel, literarische Öffentlichkeit. Auf diese Weise entsteht nicht eine systematisch vollständige Darstellung, kein Panorama der Buchkultur St. Gallens, wohl aber eine Komplementarität, eine assortierte Pluralität der Aspekte des Mediums Buch.

Die Geschichte St. Gallens beginnt gemäß ältesten Aufzeichnungen zu Gallus' Leben gewissermaßen mit einem Zornausbruch: Columban, Gallus' Lehrer und Führer, wirft diesem wutentbrannt vor, aus Liebe zur Gegend am Bodensee bleiben zu wollen, statt mit ihm über die Alpen weiterzuziehen. *Walter Berschin* eröffnet den ersten Teil des Bandes – „Himmlische Liebe, heiliger Zorn" – mit einem Blick auf diese folgenreiche Konfliktszene. Sichtbar wird dabei exemplarisch die lebensnahe Anschaulichkeit der frühesten biographischen Zeugnisse zu Gallus und Columban und damit der Anfänge der Buchkultur St. Gallens. Berschin erinnert auch an die zornmütigen Heiligen Korbinian von Freising und Bernhard von Clairvaux: Die Figur des zornigen Heiligen – immerhin zählt Zorn unter die Todsünden – kennt in den Vitae und Chroniken des Mittelalters weite Verbreitung. – *Ernst Tremp* porträtiert mit Notker Balbulus einen der Großen der Schreib- und Buchkultur des Klosters St. Gallen. Notker, der in St. Gallen als Lehrer der Klosterschule, Bibliothekar und Hospitar wirkte und vor allem durch seine Sequenzendichtung Berühmtheit erlangte, erweist sich in seinen *Gesta Karoli*, den *Taten Kaiser Karls*, als ebenso unterhaltsamer wie menschenkundiger Erzähler, dem das Wirken der Affekte nicht fremd ist. An Geschichten aus den *Gesta*, aber auch an anderen Texten Notkers zeigt Tremp dessen klaren Blick auf weltliche wie geistliche Dimensionen von Liebe und Zorn. – *Rudolf Gamper* befragt St. Galler Chroniken der Reformationszeit auf die Motive von Liebe und Zorn hin. Fünf Chronisten – unter ihnen Joachim von Watt (Vadianus) als der bedeutendste – und eine Chronistin sind es, an denen Gamper darlegt, wie im Horizont der Kontroverse zwischen altem und neuem Glauben Liebe und Zorn in theologischen Fragen wie in Belangen des städtischen Alltags, des Klosterlebens und der Politik in der lokalen Schreibkultur zum Austrag kommen.

Der zweite Teil – „Schrift, Buch, Markt" – beginnt mit einem Beitrag zur Schrift- und Schreibgeschichte des frühen Mittelalters. Anhand der Frage, weshalb Notker der Deutsche „aus Liebe zu seinen Schülern" lateinische Texte ins Althochdeutsche übersetzt hat, entwirft *Rupert Kalkofen* eine Sicht auf die sprach- und schriftgeschichtlichen Voraussetzungen des Schreibens und Übersetzens im Kloster St. Gallen zwischen germanischen Runen und mediterranen Alphabetschriften, zwischen einer am Latein orientierten christlichen Schriftkultur und der Volkssprache. Er zeigt, dass Notkers epochale Übersetzungsleistung eher der Hinführung zu lateinischen geistlichen Texten als einer Emanzipation der Volkssprache galt. – Schrift ist auch Thema der Buchgestaltung. *Roland Früh* zeichnet das publizistische Wirken des während Jahrzehnten in St. Gallen tätigen Buchgestalters Rudolf Hostettler nach. Dabei geht er besonders auf Stilkonflikte ein, die mit der Weiterentwicklung der an der Bauhaus-Ästhetik orientierten „Neuen Typografie" in der Schweiz einhergingen, und zeigt Hostettler als souveränen Moderator der vor allem zwischen Max Bill und Jan Tschichold prominent geführten Diskussion, die ein wichtiges Kapitel schweizerischer Buchgestaltungsgeschichte prägte. – *Jost Hochuli*, befragt von *Hans Peter Willberg*, entwickelt mit Bezug auf seine Tätigkeit für die Verlagsgemeinschaft St. Gallen und seine Gestaltung der neuen Thomas-Mann-Ausgabe (*Große kommentierte Frankfurter Ausgabe*) seine Vorstellung vom „perfekten Lesewerkzeug" aus der Sicht des Buchgestalters. Nicht Bibliophilie und ‚Buchkunst' sind sein Anliegen, sondern Handlichkeit, Funktionalität, Leserfreundlichkeit in jedem Aspekt der Gestaltung. – *Volker Mayr* und *Urs Fueglistaller* beleuchten in ihrem Essay über das Buch als Handelsgut die in der Schweiz besonders aktuelle Frage der Buchpreisbindung, vor allem aber skizzieren sie aus betriebswirtschaftlicher Sicht die eigentümliche Gattung des Buchhändlers und der Buchhändlerin, die mit ihrer Liebe zum Buch ökonomischer Rationalität – deren aktuellen Bedingungen ihr Zorn gilt – nur bedingt entsprechen.

Der dritte Teil des Bandes – „Literatur, Medien, Öffentlichkeit" – ist St. Galler Literatur- und Buchkultur des 19. und 20. Jahrhunderts gewidmet. *Werner Wunderlich* zeichnet Voraussetzungen und Rezeptionsgeschichte des 1855 erschienenen und höchst erfolgreichen *Ekkehard*-Romans von Josef Victor von Scheffel nach. Er untersucht die Verbindungen zwischen dem Autor, seinem Roman und der Kloster- und Buchkultur St. Gallens; er erschließt Hintergründe, Quellen (v.a. Ekkeharts IV. *Casus sancti Galli*), Romankonstruktion und lokale Rezeptionsfolgen des Romans. Besondere Beachtung schenkt er musikalischen Adaptionen des Romans, etwa in Opernkompositionen, um 1900. – *Rainer Stöckli* zeichnet das lyrische Werk des St. Galler Schriftstellers und Herausgebers Hans Rudolf Hilty im Kontext zeitgenössischer in der Ostschweiz publizierter Lyrik nach und hebt Motive des leidenschaftlichen „Brennens" und „Zürnens" vor allem an dessen *Kleinem Totentanz*, aber auch an der Lyrik von Hiltys Zeitgenossen hervor. Im Zug dieser Erschließung wirft Stöckli zugleich Streiflichter auf die Verlags- und Mediengeschichte St. Gallens. – *Andreas Härter* untersucht in seinem Beitrag über den aus St. Gallen stammenden Journalisten, Schriftsteller und Historiker Niklaus Meienberg dessen Konzept und Praxis journalistisch-literarischen Schreibens und legt dabei ein besonderes Augenmerk auf den Aspekt des Medienwechsels von der Tagespresse zum Buch. Zur Sprache kommen affektive Ambivalenzen des streitbaren Polemikers gerade mit Blick auf St. Gallen. – *Eva Bachmann* beschließt den Band mit einem Streifzug durch die aktuelle Literaturszene St. Gallens. Sie zeigt die wache Lebendigkeit der aktuellen literarischen Kultur, die Vielfalt der Stimmen und Stimmungen, die poetischen Reflexe auf die Stadt, ihre Geschichte, ihr Selbstverständnis, ihre Literatur. Lyrik und Prosa, Hochdeutsch und Mundart, Text und (Comic-)Bild verdichten sich zu einem facettenreichen Bild der Schreib- und Buchkultur St. Gallens.

Der Band vereinigt verschiedene Wissenschaftsdisziplinen. Dies zeigt sich diskret auch im Formalen. Um Respekt vor den Zitierkonventionen einzelner Disziplinen zu wahren, ist auf zwar weitgehende, aber nicht vollständige Einheitlichkeit in der Gestaltung der bibliographischen Nachweise geachtet worden. – Die Orthographie richtet sich in moderater Weise nach den Regeln der neuen Rechtschreibung. Die Schreibweisen in Zitaten wurden allerdings unverändert vom jeweiligen Original übernommen, was innerhalb einzelner Beiträge uneinheitliche Schreibungen zur Folge haben kann (zu beachten ist auch, dass manche schweizerischen Verlage grundsätzlich auf die ß-Schreibung verzichten).

Dank gilt allen, die an der Entstehung des Buches beteiligt waren: den Beiträgerinnen und Beiträgern, die dem Buch Gewicht und Maß verleihen; der Internationalen Buchwissenschaftlichen Gesellschaft, die dem Band einen Platz in ihrer Schriftenreihe gewährte; dem Harrassowitz Verlag, der das Buch zur Publikation annahm; der Forschungskommission der Universität St. Gallen, welche die Drucklegung mit einem Beitrag aus dem Dr. h.c. Emil-Zaugg-Fonds großzügig unterstützte; der Fachstelle Kultur der Stadt St. Gallen, die die Ausstattung des Bandes mit Abbildungen durch einen Zuschuss erleichterte; Prof. Dr. Werner Wunderlich, St. Gallen, der durch seine Vermittlung und Unterstützung das Projekt auf guten Weg brachte; Julia Guthmüller vom Harrassowitz Verlag, die die Formatierung des Buches mit Rat und Tat begleitete; schließlich Jana Steinmetz für die kompetente und effiziente Einrichtung des Buches.

St. Gallen, im Juni 2009   Andreas Härter

I. Himmlische Liebe, heiliger Zorn

Columban vs. Gallus oder Der Zorn des Heiligen

Walter Berschin

„Wer das Tischgebet nicht beachtet und nicht Amen sagt: 6 Schläge, […] wer seinen Löffel nicht segnet, mit dem er die Suppe isst: 6 Schläge, […] wer mit dem Messer in den Tisch schneidet: 10 Schläge, […] wer das Haus verlässt und sich nicht niederwirft, um ein Gebet zu erbitten, sich nach dem Segen nicht bekreuzigt und nicht zum [Hoch-]Kreuz [vor dem Kloster] geht: 12 Schläge, […] wer das Chrisam[büchslein] vergisst, wenn er weit weg zu einer Arbeit geht: 25 Schläge, […] Wer bei einer Untersuchung in seiner Einfalt eine Entschuldigung vorbringt und nicht sofort mit den Worten ‚Meine Schuld, es reut mich‘ Verzeihung erbittet: 50 Schläge, […] wer allein mit einer Frau ohne die Anwesenheit vertrauenswürdiger Personen vertraulich spricht, bekomme nichts mehr zu essen oder zwei Tage bei Wasser und Brot oder 200 Schläge.“[1] Es war nicht zu spaßen mit dem irischen Mönchsvater Columban, und nicht viel anders, als er im Kloster auftrat, gab er sich nach außen. Die Königin Brunichilde (566/567–613) brüskierte er, indem er sich – nach seinem Biographen Ionas von Bobbio[2] – nicht nur weigerte, ihre Enkel zu segnen, sondern die beiden Kinder auch noch als Hurensöhne beschimpfte. Der Vater der Kinder, Theuderich II. (596–612/613), versöhnlicher als Königin Brunichilde, meinte, „es sei besser, den Mann Gottes mit einer passenden Unterstützung zu ehren, als den Herrn [im Himmel] durch die Beleidigung seiner Diener zum Zorn zu reizen“[3]. Aber die königlich angerichteten Speisen werden samt kostbarem Geschirr von dem tobenden Gottesmann kurz und klein geschlagen. Das soll – nach dem Columban-Biographen – den Merowinger so beeindruckt haben, dass er Besserung seiner Sitten versprochen haben. Als der junge König das nicht im Sinne Columbans tat, wurde ihm brieflich[4] die Exkommunikation angedroht.

Einer der Mönche in Columbans Gefolge hieß Gallus. Aus seinem Mund hörte Ionas von Bobbio die Geschichte, wie er von Columban zu einem Bach geschickt wurde, um dort zu fischen, er aber – als erfahrener Fischer – es für besser hielt, zu

---

1 Columban, Regula coenobialis, ed. G.S.M. Walker, *Sancti Columbani opera*, Dublin 1957, p. 142–168 passim; französische Übersetzung A. de Vogüé, *Saint Colomban: Règles et penitentiels monastiques*, Abbaye de Bellefontaine 1989; deutsche Übersetzung I. Auf der Maur, *Columban von Luxeuil: Mönchsregeln*, St. Ottilien 2007.

2 Ionas v. Bobbio, Vita S. Columbani I 19, ed. B. Krusch, *Ionae vitae sanctorum*, Hannover / Leipzig 1905, p. 188: Theuderichs Söhne *de lupanaribus emerserunt*; ed. M. Tosi, Piacenza 1965, p. 58.

3 ... *Theudericus ait melius esse virum dei oportunis subsidiis honorare, quam dominum ex servorum eius offensam ad iracundiam provocare*, ed. Krusch, p. 188, ed. Tosi, p. 58/60.

4 Dieser Brief ist nicht erhalten.

einem anderen Gewässer zu gehen, wo er allerdings nichts fing. Vom Abt Columban gescholten wurde er nochmals zum Bach geschickt; nunmehr tat Gallus gehorsam, was ihm befohlen worden war, und er kam mit einem großen Fang zurück.[5]

Die Episode wurde um 642 geschrieben. Der Fischer Gallus könnte damals noch gelebt haben. Rund vierzig Jahre später werden neue Geschichten von Columban und Gallus geschrieben. Autor ist ein unbekannter Mönch; sein Werk, die *Vita S. Galli vetustissima* ist nur in Bruchstücken erhalten, bleibt aber im Inhalt gut rekonstruierbar, weil die Überarbeitungen von Wetti von der Reichenau (816–824) und Walahfrid Strabo (833)[6] ziemlich getreu sind.[7] – Gallus soll in jungen Jahren dem Columban zur Erziehung übergeben worden und mit ihm auf die Peregrinatio von Irland auf den Kontinent gegangen sein. Im Gefolge des Columban tritt Gallus hervor, sobald die Iren in Alemannien erscheinen. Die erste Station ist Tuggen, damals am Ufer eines „seichten Vorstaus des Zürichsees"[8] gelegen. Hier soll Gallus heidnische Heiligtümer angezündet und Opfergaben im See versenkt haben. Die also geschädigten Bewohner planen, Gallus umzubringen und Columban auszupeitschen zu verjagen. Dafür werden sie von Columban kräftig verflucht: noch bevor sie alt werden, sollen sie ihren Verstand verlieren.

Die zweite Station ist Arbon. Hier lebt ein christlicher Priester, der den wandernden Mönchen einen Aufenthalt in Bregenz schmackhaft macht und sie mit einem Boot ausstattet. In Bregenz finden die Peregrini eine christliche Aurelia-Kirche vor; daneben aber gibt es einen Tempel mit vergoldeten Götzenbildern. Columban beauftragt Gallus, gegen den heidnischen Tempelkult zu predigen, denn Gallus kennt neben dem Latein auch die „barbarische Sprache"[9]. Es leben in Bregenz also Alemannen neben Romanen, die jedenfalls zum Teil schon christlich (gewesen?) sind. Gallus missioniert in Bregenz mit Erfolg und fischt im Bodensee.

Doch wie in Tuggen regt sich Widerstand. Diesmal werden die Mönche beim Herzog verklagt, der in Überlingen residiert: Sie stören die Jagd. Den Mönchen wird eine Kuh gestohlen; zwei Mönche verfolgen die Diebe und werden erschlagen. Nun hat Columban genug vom Alemannenland: „Wir haben hier eine goldene Schale gefunden; die aber ist voller Schlangen."[10] Die goldene Schale ist der Bodensee, die Schlangen sind die Alemannen.

---

5 Vita S. Columbani I 11.

6 Die Präzisierung der Datierung (gegenüber früher „833/834") ist begründet in W.B., „Die karolingische Vita S. Galli metrica", *Revue Bénédictine* 117, 2007, p. 9–30, hier p. 13.

7 Vita S. Galli vetustissima, ed. Krusch, Monumenta Germaniae Historica (MGH), Scriptores rerum Merovingicarum t. 4, Hannover 1902, p. 251–256. Zur Datierung um 680 und zur Rekonstruktion aus Wetti und Walahfrid W.B., *Biographie und Epochenstil im lateinischen Mittelalter* t. 2, 1988, p. 94–99 und t. 3, 1991, p. 286–303.

8 H. Lieb, *Lexicon topographicum der römischen und frühmittelalterlichen Schweiz*, t. 1, Bonn 1967, p. 77.

9 Nämlich das Althochdeutsche bzw. Alemannische, cf. G. Hilty, *Gallus und die Sprachgeschichte der Nordostschweiz*, St. Gallen 2001, p. 73sq.

10 *Invenimus his concam auream, sed serpentinibus plenam*, Wetti, Vita (II) S. Galli c. 8 ;

Columban und Gallus auf der Überfahrt von Arbon nach Bregenz
(Stiftsbibliothek St. Gallen, Cod. Sang. 602, S. 33)

Columban zieht ins langobardische Italien. Zur Zeit des Aufbruchs ist Gallus fieber-
krank. Er wirft sich dem Abt zu Füßen und sagt, krank, wie er sei, könne er die
bevorstehende Reise nicht überstehen. Columban hält seinen Mönch für einen
Simulanten und glaubt den wahren Grund der Erkrankung zu kennen: Wegen seiner

Invenimus… his in partibus auream concam, sed venenatis serpentinibus plenam, Walahfrid,
Vita (III) S. Galli I 8, ed. Krusch (wie Fn. 7), p. 261 u. 291.

vielen Mühen hier habe er *Liebe* zu diesem Ort gefasst und deshalb scheue er die Fortsetzung der Peregrinatio.[11] Und sogleich trifft den widerspenstigen Mönch der Zorn des Heiligen mit seiner stärksten Keule, der Exkommunikation.[12] Solange Columban lebt, darf der Priestermönch Gallus keine Messe mehr feiern. – Der zurückgebliebene Gallus gesundet wieder, holt sich in Arbon Rat und findet seine Eremus an dem Ort, der später nach ihm St. Gallen heißt. So stehen am Anfang der Geschichte von St. Gallen Liebe und Zorn. Liebe zum Land und seinen Leuten, und Zorn des enttäuschten Meisters.

Columban ist nicht der einzige Heilige, der glaubt, dass der Zorn Gottes, von dem das Alte Testament so viel spricht, auch den Gottesmann ermächtige, seinem Zorn freien Lauf zu lassen. Der aus Gallien kommende Korbinian von Freising († um 725) ist solch ein zorniger Heiliger, wenn wir seiner Biographie trauen, die Arbeo von Freising um 750 schrieb und dem irischen Bischof Virgil von Salzburg widmete. Unbefangen nimmt Arbeo in sein Charakterbild Korbinians den Jähzorn auf (*ad irascendum velox*)[13] und liefert auch Beispiele für diesen Charakterzug: Fischer, die einem Begleiter des Bischofs seine Fischbeute abjagen wollen, werden ausgepeitscht[14]; ein Mahl beim Bayernherzog endigt abrupt, da der Herzog mit dem gesegneten Brot einen Hund füttert, worauf der wütende Korbinian „mit dem rechten Fuß dem Tischchen einen Tritt gab, sodaß die silbernen Gefäße des großartigen Gedecks über den Boden rollten"[15].

Eine hochgestellte Person darf trotz Heiligkeitsstreben schon einmal ihrem Zorn freien Lauf lassen. Die Königin Mathilde († 968) sieht von der Höhe in Quedlinburg eine Schar von Armen im Tal und erkundigt sich, ob diese schon etwas zu essen bekommen hätten. Die lakonische Antwort *Minime* des Verwalters erzürnt sie derart, dass sie ein Brot ergreift und es den Berg hinabschleudert – freilich nachdem sie ein Kreuz darauf gemacht und „den Namen des Herrn angerufen hatte, wie sie bei allem tat". Das Brot fällt einem Armen in den Schoß, und also ward der Zornausbruch ein Wunder.[16]

---

11 *eum pro laboris ibidem consummatis a m o r e loci detentum viae longioris detrectare laborem*, Walahfrid, Vita (III) S. Galli I 9 ; bei Wetti kein entsprechender Satz.

12 Die beiden karolingischen Bearbeiter haben das Wort *excommunicatio* vermieden; aus der Vita S. Galli vetustissima geht jedoch hervor, dass das die Sanktion Columbans war. Über *excommunicatio* in der Hagiographie des frühen Mittelalters W.B., „Columban und Gallus in Bregenz", *Mittellateinische Studien*, Heidelberg 2005, p. 57–63, hier p. 61sq.

13 Arbeo v. Freising, Vita (I) S. Corbiniani c. 8, ed. Krusch, Arbeonis… vitae sanctorum, Hannover 1920, p. 196. Es ändert nicht viel an der Aussage, dass der Zorn sich „gegen die Laster" richtet (*corde contra vitia ad irascendum velox*).

14 Vita (I) S. Corbiniani c. 18sq., p. 209sq.

15 *dextro pede trispicii calcem dedit, ut tante mense argentea vasula per pavimenta cenaculi volverentur*, Vita (I) S. Corbiniani c. 26, p. 218.

16 Vita (I) Mathildis reginae c. 12 [10], ed. R. Köpke, MGH Scriptores t. 10, Hannover 1852, p. 575–582, hier p. 579; ed. B. Schütte, *Die Lebensbeschreibungen der Königin Mathilde*, Hannover 1994, p. 130sq.

Schließlich Bernhard von Clairvaux. Bekannt ist die Szene, wie er „mit feurigem Antlitz und flammenden Augen, nicht bittend, sondern drohend" mit der geweihten Hostie durch die Kirche hindurch auf einen draußen stehenden französischen Grafen zugeht, den in die Knie zwingt und mit einem Fußtritt seine Anweisung beginnt, was der nun zu tun habe.[17] Ähnlich ergeht es einem deutschen Grafen, der zum Frieden mit der Stadt Metz gezwungen werden soll. Dabei wird Bernhard rot vor Wut[18]: *terror quidam et auctoritas supra hominem in eius facie rutilabat.*

Die drei Beispiele von zornigen Heiligen sind nicht repräsentativ für die gesamte Biographie und Hagiographie des frühen Mittelalters; man könnte die Gegenrechnung aufmachen mit absichtlich abschreckenden, also die Sündhaftigkeit unterstreichenden Porträts von zornwütigen Männern[19] und Frauen[20]. Auffällig aber bleibt die Tendenz jener Jahrhunderte des Christentums, eines der verheerendsten Laster als prophetischen Gestus oder heiligen Eifer zu tolerieren.

---

17 *vir dei iam non se agens ut hominem corpus domini super patenam ponit et secum tollit atque ignea facie et flammeis oculis non supplicans, sed minax foras egreditur et verbis terribilibus aggreditur ducem... Videns comes abbatem in spiritu vehementi procedentem... quasi amens solo provolvitur... Tum vir dei ad eum propius accedit et pede pulsans acclivem surgere iubet...*, Vita (I) S. Bernardi II 38, Migne, Patrologia Latina (PL) 185, Paris 1855, col. 290.

18 Vita (I) S. Bernardi IV 49, col. 349.

19 Einen „wuttrunkenen" Bischof, der „den Rausch seines Zorns ausspeit", schildert die erste spanische Mönchsbiographie, Braulio v. Saragossa, Vita S. Aemiliani (um 635–640), Migne PL 80, 1850, col. 699–714, hier c. 13, col. 706.

20 Die Engländerin Mildred begegnet im französischen Kloster Chelles einer Furie von Äbtissin nach der Vita deo dilectae virginis Mildrethae des Goscelin v. St. Bertin († nach 1107), ed. D.W. Rollason, *The Mildreth Legend*, Leicester 1982, p. 108–143, hier c. 10–14, p. 122–127.

Menschliche Größe und Schwäche
bei Notker Balbulus († 912)

Ernst Tremp

Wo von Literatur und Buchkultur in St. Gallen die Rede ist, darf Notker der
Stammler nicht fehlen. Der gelehrte Mönch gehört zu den bedeutendsten Schrift-
stellern und Dichtern, welche die spätkarolingische Epoche hervorgebracht hat.
Seine Sequenzendichtungen hatten epochalen Erfolg und vermochten ein ganzes
Zeitalter zu prägen. Die europaweite Verbreitung von Notkers Dichtungen endete
erst mit der offiziellen Beschränkung der Sequenzen in der römischen Liturgie auf
vier durch das Tridentinische Konzil (1545–1563). Mit dem Tod Notkers I. am 6.
April 912 ging im Kloster St. Gallen zwar noch nicht eine Ära zu Ende, aber das
Ausklingen der ersten großen Blütezeit kündigte sich an. In den zwei folgenden
Jahrzehnten sollten hereinbrechende Katastrophen – der Ungarneinfall von 926 und
der Klosterbrand von 937 – auch das geistige und literarische Leben im Galluskloster für einige Zeit zum Erliegen bringen.

Aber der Obertitel der Publikation, „Liebe und Zorn" – passt er überhaupt zur
Persönlichkeit und zum Werk Notkers? Die Klostertradition zeichnet von ihm ein
durchgeistetes Bild. Ekkehart IV., der glänzende Erzähler der *St. Galler Klostergeschichten* (*Casus sancti Galli*) um die Mitte des 11. Jahrhunderts, schildert Notker
als eine humane, sanftmütige, durch und durch vergeistigte Persönlichkeit. Bereits
bei Ekkehart sind, überhöht durch anderthalb Jahrhunderte Distanz und Traditions-
bildung, Zeichen für eine kultische Verehrung sichtbar. Später hat man Notker vollends zu einem Heiligen gemacht: Die im frühen 13. Jahrhundert geschriebene ano-
nyme *Vita Notkeri* dürfte unmittelbar im Hinblick auf ein Kanonisationsverfahren
entstanden sein, das dann aber aus politischen Gründen unterblieb.[1] Notkers Selig-
sprechung erfolgte schließlich im Jahr 1513 durch den Bischof von Konstanz. Damit
hielt Notker der Stammler spät auch offiziell Einzug in den St. Galler Heiligen-

---

1 Vgl. Lechner, Elmar: Vita Notkeri Balbuli. Geistesgeschichtlicher Standort und historische
 Kritik, St. Gallen 1972. – Zu Notker dem Stammler allgemein: Haefele, Hans F.: Notker I. von
 St. Gallen. In: Die deutsche Literatur des Mittelalters. Verfasserlexikon, Bd. 6, Berlin/New
 York ²1987, Sp. 1187–1210; Duft, Johannes: Der Dichter Notker Balbulus († 912). In: Ders.,
 Die Abtei St. Gallen, Bd. 2: Beiträge zur Kenntnis ihrer Persönlichkeiten, Sigmaringen 1991, S.
 127–148; Ochsenbein, Peter: Klosterliteratur der Blütezeit. In: St. Gallen. Geschichte einer
 literarischen Kultur, hrsg. von Werner Wunderlich, 2 Bde., St. Gallen 1999, Bd. 1: Darstellung,
 S. 161–180; Krohn, Rüdiger: Notker Balbulus. In: Enzyklopädie des Märchens, Bd. 10, Berlin/
 New York 2002, Sp. 112–116.

himmel, nach Gallus, Otmar und Wiborada. Seinen Triumph erfuhr er zusammen mit diesen im großartigen Kuppelgemälde im barocken Neubau der Stiftskirche, der heutigen Kathedrale. Hier ist er unter die Sanftmütigen eingereiht und hält den zerbrochenen Stab des heiligen Koluman in den Händen.[2]

Vom späteren, verklärenden Bild des Heiligen haben wir Abstand zu nehmen, wenn wir nach den großen Gefühlen suchen. Liebe und Zorn, menschliche Größe und Schwäche vertragen sich schlecht mit den abgeschliffenen Konturen der Heiligkeit. Wir müssen vielmehr zunächst die nüchternen zeitgenössischen Quellen befragen, um den äußeren Rahmen für Notkers Leben abzustecken und seine familiären Verhältnisse, seinen Werdegang und seine Laufbahn im Kloster darzustellen. Dann können wir uns erst seinen eigenen Werken zuwenden, seine Stimme vernehmen, ihn selber auftreten lassen. Und auch Ekkehart IV. wird noch zu Wort kommen; denn er weiß trotz der zeitlichen Distanz einiges über die Persönlichkeit Notkers zu berichten, das dessen Mitbrüder wahrgenommen und in der Klostertradition überliefert haben.

Zum Leben Notkers des Stammlers

Notker wurde kurz vor der Mitte des 9. Jahrhunderts als Spross eines begüterten thurgauischen Geschlechts von Grundherren geboren. Die engere Heimat war wohl die Gegend um Jonschwil im heutigen unteren Toggenburg; hier wird das Gedächtnis an den berühmten Landsmann heute noch durch eine Notkerstatue auf dem Burghügel und ein Notkerfenster im Chor der katholischen Pfarrkirche gepflegt.[3] Das Geschlecht der Notkere stellte Centenare und Vögte, gehörte also zur adeligen Führungsschicht des Landes.[4] Der Bruder Notkers namens Othere errichtete in Jonschwil als Herr des Ortes ein kleines Benediktinerkloster, das um 903/908 ein einziges Mal erwähnt wird und bald darauf wieder einging.[5] Notkers Vater scheint früh gestorben zu sein. Denn wie er selbst in der Vorrede zum zweiten Buch der *Taten Karls des Großen* (*Gesta Karoli Magni imperatoris*) schreibt, wurde er als kleiner Bub von einem alten Kriegsmann namens Adalbert aufgezogen. Adalbert hatte noch unter Karl dem Großen (768–814) an den Kriegen gegen die Sachsen und Slawen und am Feldzug gegen die Awaren teilgenommen: Dem Knaben erzählte er viel von den Erlebnissen und Heldentaten und nährte damit die kindliche

2 Flury, Theres: St. Galler Heiligenhimmel. In: Fürstabtei St. Gallen – Untergang und Erbe 1805/2005, St. Gallen 2005, S. 225–236, hier S. 230.

3 Holenstein, Albert: Notker Balbulus, ein mittelalterlicher Musikpionier aus dem Toggenburg. In: Toggenburger Jahrbuch 2009, Wattwil 2008, S. 9–26, hier S. 10f.

4 Urkundenbuch der Abtei Sanct Gallen, Teil. I, Jahr 700–840; Teil. II: Jahr 840–920, hrsg. von Hermann Wartmann, Zürich 1863, 1866, Nrn. I, 335, 375; II, 388, 426, 478, 503, 523, 578, 617, 619, 648, 691, 692, 697, 708, 718 u.a.; vgl. May, Ulrich: Untersuchungen zur frühmittelalterlichen Siedlungs-, Personen- und Besitzgeschichte anhand der St. Galler Urkunden (= Geist und Werk der Zeiten, Nr. 46), Bern/Frankfurt a.M. 1976, S. 124ff.

5 Urkundenbuch (wie Anm. 4), II, Nr. 727; Helvetia Sacra III, 1/2: Frühe Klöster, die Benediktiner und Benediktinerinnen in der Schweiz, zweiter Teil, Bern 1986, S. 762f.

Einbildungskraft. Notker mochte, wie er selber schreibt, Adalberts Geschichten nicht anhören und wäre lieber davongelaufen.[6] Doch in seinem Gedächtnis blieb manches haften, das später in die Erzählungen über Karl den Großen einfloss.

Aus Adalberts Obhut wurde der etwa sechs- bis siebenjährige Knabe dem Kloster St. Gallen übergeben. Solches geschah damals häufig und war schon in der Regel des heiligen Benedikt vorgesehen.[7] Als *puer oblatus* oder *nutritus* war Notker für die Mönchslaufbahn bestimmt, aber noch nicht Mönch, sondern Zögling der Klosterschule. In der Schule lernten die Knaben vor allem die Vatersprache, das Latein. Die Akkulturation der jungen Alemannen an die lateinische Sprache war ein langer und vielschichtiger Vorgang.[8] Nicht alle waren so begabt und brachten es im Dichten und Erzählen später zu solcher Meisterschaft wie Notker. Die Schüler wurden in die Grundfächer der Wissenschaften eingeführt, in das Trivium (Grammatik, Dialektik und Rhetorik) und später in das Quadrivium (Arithmetik, Geometrie, Astronomie und Musik), d.h. die „sieben freien Künste" („artes liberales").[9] Neben dem Lesen und Reden lernten sie auch das kunstvolle Schreiben und das Singen der Psalmen und Hymnen. Zugleich wurden sie in das künftige Mönchsleben eingeübt. Als Sängerknaben nahmen sie an den Gottesdiensten der Mönche teil und als Vorleser traten sie in den Kapitelsversammlungen und im Refektorium auf. Aus dieser Gruppe der *nutriti* formte sich innerhalb der Klostergemeinschaft die Schicht der *litterati*, der gebildeten Mönche. Diese bildeten die geistige Elite im Kloster, und aus ihnen wurden die Inhaber der leitenden Ämter rekrutiert.

Des jungen Notker hat sich im Kloster auch ein Verwandter besonders angenommen, Adalberts Sohn namens Werinbert († 884). Dieser war seit 837 Mönch in St. Gallen, er hatte zusammen mit dem späteren Dekan und Abt Hartmut in Fulda studiert und dort Freundschaft mit Otfrid von Weißenburg geschlossen, der den beiden St. Galler Mönchen sein Evangelienbuch widmete.[10] Auch Werinbert erzählte dem jungen Verwandten unermüdlich von Karl dem Großen, nicht von dessen

---

6 Notker der Stammler: Gesta Karoli Magni imperatoris / Taten Kaiser Karls des Großen, hrsg. von Hans F. Haefele (Monumenta Germaniae Historica, SS rer. Germ. N.S.), Berlin 1959, II, Vorrede, S. 48–50. – Deutsche Übersetzung: Einhard / Notker der Stammler, Leben und Taten Karls des Großen, mit einem Nachwort von Hermann Schreiber, München 1965, S. 73f.

7 Regula Benedicti / Die Regel des Hl. Benedikt, hrsg. im Auftrag der Salzburger Äbtekonferenz, Beuron ⁶1990, c. 59, S. 119f.

8 Vgl. Geheimnisse auf Pergament. Katalog zur Jahresausstellung in der Stiftsbibliothek St. Gallen (3. Dezember 2007 – 9. November 2008), St. Gallen 2008, bes. S. 43ff.: Sprachkenntnisse auf, und S. 95ff.: Dazugehören, Bescheid wissen, Spuren hinterlassen – die Rolle(n) der Schrift im frühen Mittelalter.

9 Vgl. Das Kloster St. Gallen und seine Schulen. Zum 200. Geburtstag der Katholischen Kantonssekundarschule „Flade". Katalog zur Jahresausstellung in der Stiftsbibliothek St. Gallen (1. Dezember 2008 – 8. November 2009), St. Gallen 2009, bes. S. 31–71.

10 Von den Steinen, Wolfram: Notker der Dichter und seine geistige Welt, Darstellungsband und Editionsband, Bern 1948; Darstellungsband, S. 33; Schaab, Rupert: Mönch in St. Gallen. Zur inneren Geschichte eines frühmittelalterlichen Klosters (Vorträge und Forschungen, 47), Ostfildern 2003, S. 77, Nr. 251.

Kriegstaten wie sein Vater, aber von des Kaisers Frömmigkeit, Bildungseifer und Sorge für die Kirche.[11] Als hervorragende Lehrer hatte Notker die Mönche Iso und Marcellus. Iso, Magister der äußeren Schule, war ein engerer Landsmann Notkers und wie er von Kind auf im Kloster; er hat seit der Mitte des Jahrhunderts den Ruhm der St. Galler Klosterschule mitbegründet. Der andere Lehrer, Marcellus, war Ire und hieß eigentlich Moengal. Als er auf der Rückreise von einer Romfahrt in die Heimat zum Grab seines Landsmanns Gallus wallfahrte, entschloss er sich zum Bleiben, und man übergab dem gelehrten Mann die Leitung der inneren Schule. Marcellus lehrte mit Erfolg die Musik und führte wohl auch das Studium des Griechischen in St. Gallen ein.[12]

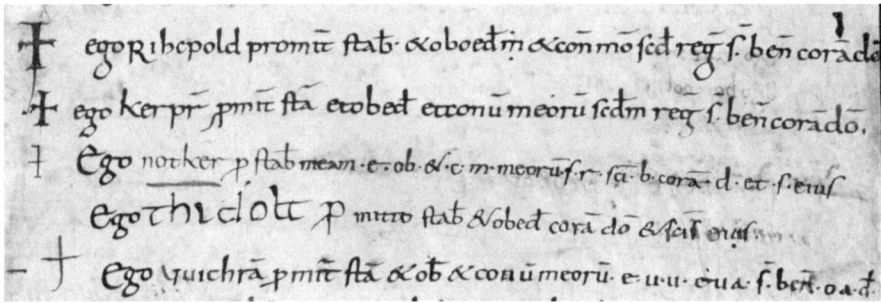

Abb. 1: Professeintrag Notkers des Stammlers im ältesten Professbuch der Abtei
St. Gallen um 858: + Ego Notker promitto stabilitatem meam et obedienciam et
conversacionem morum meorum secundum regulam sancti Benedicti
coram Deo et sanctis eius

(Stiftsarchiv St. Gallen, Cod. Class. 1. Cist. C. 3, S. XVII, Zeile 3)

Im Alter von etwa 15 Jahren legte der inzwischen mündig gewordene Notker nach dem Noviziat, der eigentlichen Einübung in das Klosterleben, die feierliche Profess ab und wurde Mönch. Dies geschah gemäß neuer Forschungen von Rupert Schaab im Jahr 858.[13] Im ältesten Professbuch der Abtei St. Gallen, das im Stiftsarchiv aufbewahrt wird, kann heute noch sein eigenhändiger Eintrag mit der Professformel betrachtet werden. Von jetzt an verlief Notkers Leben im engen Rahmen der klösterlichen Klausur. Er hatte mit den Mönchsgelübden in der Profess die „stabilitas" versprochen und hielt sich auch daran. Nach eigenen Aussagen lebte er als „eingeschlossener Mönch" (*ego inclusus*) mit eng begrenztem räumlichem Horizont und bewegte sich „langsam und weit träger als eine Schildkröte" (*lentus ego et testudine*

---

11 Notker, Gesta (wie Anm. 6), II, Vorrede, S. 48; Taten Karls des Großen (wie Anm. 6), S. 73.
12 Vgl. Berschin, Walter: Griechisch-Lateinisches Mittelalter. Von Hieronymus zu Nikolaus von Kues, Bern/München 1980; ders.: Griechisches in der Klosterschule des alten St. Gallen. In: Ders.: Mittellateinische Studien, Heidelberg 2005, S. 179–192.
13 Schaab, Mönch in St. Gallen (wie Anm. 10), S. 84, Nr. 331.

tardior).[14] Damit stimmt auch die Beschreibung seiner Persönlichkeit bei Ekkehart IV. überein: Im Unterschied etwa zum reise- und abenteuerlustigen Mitbruder Tuotilo war Notker furchtsam. Er fühlte sich am sichersten in der Geborgenheit seines Klosters. Und drohte einmal auch hier Ungemach oder stand eine Rauferei bevor wie im Fall des nächtlich lauschenden Sindolf, schickten Tuotilo und Ratpert ihren Freund Notker zum Beten in die Kirche, bevor das Handgemenge losging.[15] Wir haben also davon auszugehen, dass Notker nur widerstrebend und auf ausdrückliches Geheiß des Abtes, wenn dies erforderlich war, die schützende Klausur je verließ.

Notkers Laufbahn und Wirken im Kloster

Im Kloster übte Notker im Laufe der Jahrzehnte entsprechend seinen Fähigkeiten und seiner wachsenden Gelehrsamkeit verschiedene Tätigkeiten aus und wurden ihm entsprechende Ämter übertragen. Er war Urkundenschreiber, seine Hand ist in einer Reihe von St. Galler Urkunden im Stiftsarchiv aus der Zeit von 858 bis 909 und auch in Handschriften der Stiftsbibliothek nachzuweisen.[16] Im Jahr 895 ist er als Priester bezeugt. Als verehrter Lehrer an der Klosterschule formte er die junge Mönchsgeneration und bildete auch künftige Prälaten wie Bischof Salomo III. von Konstanz und dessen Bruder Bischof Waldo von Freising aus. Sein Lehren soll so begehrt und die Schüler sollen so wissbegierig gewesen sein – weiß Ekkehart zu berichten –, dass diese zu allen passenden und unpassenden Zeiten, auch des Nachts, auf der Lauer waren, um mit einem Buch in Händen sich mit ihm zu unterhalten. Notker suchte solche Verstöße gegen das Schweigegebot der Regel durch Zischen und Scharren von sich abzuwenden, auf Befehl des Abtes musste er aber die wissbegierige Jugend an sich heranlassen.[17] Der Ehrentitel *magister* („Lehrer") wurde Notker in den Einträgen zu seinem Todestag in den Klosterannalen und im Totenbuch (Nekrologium) ebenso wie in späteren Epitaphien verliehen.[18]

---

14 Notker, Gesta (wie Anm. 6), I, 30, 34, S. 41, 47; Taten Karls des Großen (wie Anm. 6), S. 67, 71.

15 Ekkehart IV.: Casus sancti Galli / St. Galler Klostergeschichten, hrsg. und übersetzt von Hans F. Haefele, Darmstadt 1980, ⁴2002, c. 36, S. 82f.

16 Berschin, Walter: Notker Balbulus. In: La Trasmissione dei Testi Latini del Medioevo I, Florenz 2004, S. 306–316, hier S. 313f.; Schaab, Mönch in St. Gallen (wie Anm. 10), S. 84, Nr. 331; Rankin; Susan: „Ego itaque Notker scripsi". Notker as Scribe. In: Revue Bénédictine 101 (1991), S. 268–298; von Euw, Anton: Die St. Galler Buchkunst vom 8. bis zum Ende des 11. Jahrhunderts (Monasterium Sancti Galli, 3), 2 Bde., St. Gallen 2008, Bd. 1 (Textband), S. 174–186.

17 Ekkehart, Casus (wie Anm. 15), c. 37, S. 84–87.

18 von den Steinen, Notker der Dichter (wie Anm. 10), Darstellungsband, S. 503; Schaab, Mönch in St. Gallen (wie Anm. 10), S. 84f.; Haefele, Notker I. von St. Gallen. In: Verfasserlexikon (wie Anm. 1), Sp. 1187f.

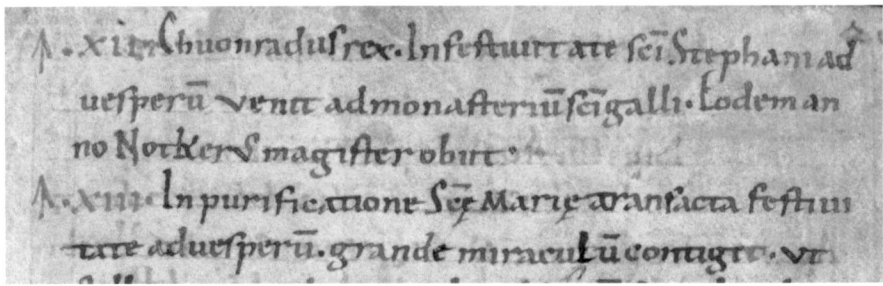

Abb. 2: Eintrag in den *Annales Sangallenses maiores* zum Tod Notkers
im Jahr 912: *Eodem anno Notkerus magister obiit*
(Stiftsbibliothek St. Gallen, Cod. 915, S. 208, Zeile 2/3 / Codices Electronici Sangallenses:
www.cesg.unifr.ch)

Mit dem Amt des Bibliothekars, das er von vor 883 bis wenigstens 890 innehatte[19], bekleidete Notker eines der wichtigsten Ämter im Kloster. Seiner Obhut waren die Hunderten von kostspieligen und wertvollen Handschriften anvertraut, er war zuständig für das Skriptorium, wo Schreiber und Buchkünstler neue Codices anfertigten, für den Austausch und den Leihverkehr von Handschriften mit anderen Klöstern, die Herstellung von Kopien, die Instandhaltung der Bücher, die Ausstattung des Bibliotheksraumes usw. Als Bibliothekar hatte er auch naturwissenschaftlich-enzyklopädische Aufgaben. Er verwaltete den Kalender und damit die liturgische Zeit, die das geistliche Leben bestimmte. Dafür hatte er sich in der Zeitrechnung und im astronomischen Schrifttum auszukennen. Aus Notkers Bibliothekarszeit ist mit der St. Galler Handschrift Nr. 250 eine groß angelegte, durchgestaltete astronomisch-komputistische Enzyklopädie mit vielen schönen Diagrammen, Tabellen und Zeichnungen von Himmelsbildern erhalten.[20] Notker hatte auch das Martyrologium zu verwalten, das Verzeichnis der Märtyrer und anderen Heiligen, das mit kurzen Lebensbeschreibungen versehen war, die Tag für Tag im Kapitel vor dem versammelten Konvent verlesen wurden. Zu seinen Aufgaben gehörte es ebenfalls, das Nekrologium nachzuführen, das Totenverzeichnis für das liturgische Gedenken an die verstorbenen Mitbrüder, die Mönche in den verbrüderten Klöstern sowie Wohltäter, die auch in dieses „Buch des Lebens" aufgenommen wurden.

Als letztes nachweisbares Amt hatte Notker der Stammler schon im vorgerückten Alter, in den Jahren 892 bis 894, das Amt des Hospitars inne.[21] Damit war er verantwortlich für die Betreuung der Gäste und der zahlreichen Pilger und Armen, die das Galluskloster besuchten. Gastfreundschaft und Armenfürsorge gehörten neben der Krankenpflege zu den wichtigsten äußeren Diensten des Klosters für die

---

19 Schaab, Mönch in St. Gallen (wie Anm. 10), S. 211.
20 von Euw, St. Galler Buchkunst (wie Anm. 16), Textband, S. 178–184.
21 Schaab, Mönch in St. Gallen (wie Anm. 10), S. 206–208.

Welt. Seit den Zeiten des heiligen Otmar existierte in St. Gallen ein eigenes Ge-
bäude für die Aufnahme der Gäste. Im Klosterplan aus der Zeit um 820 sind zwei
Gebäude zu diesem Dienst eingetragen, ein Gasthaus für die vornehmen Gäste in der
Nähe des Abtspalastes auf der Nordseite, und auf der anderen Seite der Kirche eine
Herberge für die Pilger und gewöhnlichen Gäste. Der Hospitar verfügte über eigene
Einkünfte und über Mitarbeiter zu seiner Unterstützung. An hohen Festtagen wie
dem Gallustag am 16. Oktober mussten Hunderte von Pilgern und Armen betreut
und versorgt werden. Wie der Pförtner hatte der Gästepater durch seine Funktion
täglichen Kontakt mit der Außenwelt. Das war für ihn nicht ohne Gefahr. Schon der
heilige Benedikt sah in seiner Regel vor, man solle für diese Außenposten einen
„erfahrenen älteren Bruder" bestimmen, der „Bescheid zu geben und zu empfangen"
wisse, „und den die Reife seines Charakters vor dem Herumschweifen bewahre".[22]

Bei aller Durchgeistigung und Entrücktheit, die Notkers Persönlichkeit nach dem
Zeugnis der Klostertradition bestimmten, war er offenbar doch nicht so weltab-
gewandt und weltfremd. Er war über das Geschehen außerhalb der schützenden
Klostermauer auf dem Laufenden und kannte das Leben, wie es an ihn als Hospitar
täglich herangetragen wurde. Auch mit seiner Familie hielt er die Verbindung
aufrecht. Sein im weltlichen Stand gebliebener Bruder Othere war es, der anregte,
dass Notker seine Sequenzendichtungen sammelte und zu einem Buch der Hymnen
(Liber Ymnorum) zusammenstellte, um dieses dem kaiserlichen Erzkapellan Bischof
Liutward von Vercelli zu widmen.[23] Im Jahr 906 trat mit Notker II., später als
Notker der Arzt berühmt geworden, ein naher Verwandter, vielleicht ein Neffe
unseres Notker, ins Kloster St. Gallen ein.[24] Die Verbindungen der Notkeriden zum
Galluskloster brechen auch nach Notkers I. Tod am 6. April 912 nicht ab. Otheres
Tochter Kerhilt, also eine Nichte Notkers, ließ sich wenige Jahre später bei der St.
Mangenkirche neben Wiborada als Reklusin einschließen.[25]

Der Beiname „Stammler"

Bevor wir uns den Werken Notkers zuwenden und nach den Leitmotiven „Liebe und
Zorn" forschen, ist noch die Frage zu erörtern, worauf sein Beiname „Balbulus",
„der Stammler", beruht. Als Ekkehart IV. in den Casus sancti Galli das Porträt
unseres Gelehrten zeichnete, war der Beiname längst fixiert: „Notker, dürr an Leib,
aber nicht an Seele, stammelnd in der Rede, aber nicht im Geiste" (voce non spiritu
balbulus).[26] Die Bezeichnung selbst entspricht einer Reihe von übereinstimmenden
Selbstaussagen Notkers, die in seinen Werken verstreut sind. Wenn er eine Urkunde
im Jahr 909 – das letzte Lebenszeichen, das wir von Notker haben – mit der

---

22 Regula Benedicti (wie Anm. 7), c. 66, S. 132f.
23 Prooemium zum Liber Ymnorum; von den Steinen, Notker der Dichter (wie Anm. 10),
   Editionsband, S. 10f.
24 Schaab, Mönch in St. Gallen (wie Anm. 10), S. 97, Nr. 484.
25 Im Jahr 920; Ekkehart, Casus (wie Anm. 15), c. 79, S. 164f.
26 Ekkehart, Casus (wie Anm. 15), c. 33, S. 78.

eigenartigen Formulierung *ego Notker infans et sancti Galli famulus* unter-
zeichnete[27], war das nicht einfach ein Ausdruck seines Alters oder ein Topos der
Bescheidenheit, sondern ein versteckter Hinweis auf die erste Bedeutung von *infans*
(„Kind"): „nicht sprechend", „lallend". *balbus* und *balbulus* war denn auch wirklich
der Beiname, den er selber sich mehrfach schriftlich zugeteilt hat. Notker war also
ein Stammler oder Stotterer.[28]

Auf die Frage nach der Ursache dieser persönlichen Schwäche hinterließ Notker
selber die Antwort. Um das Jahr 883 nannte er sich, damals in den Vierzigern, in
einer für ihn typischen, übertreibenden Selbstironie „teils durch Krankheit und teils
durch Alter schon halb zahnlos (*edentulus*), halb blind (*caeculus*) und zittrig
(*tremulus*) sowohl an den Fingern als auch an den Zehen". Um dieselbe Zeit bezeichnete er sich als stammelnd und halb zahnlos (*ego balbus et edentulus*). Teils
beklagt er seinen Sprach- bzw. Zahnfehler ernsthaft, teils sucht er ihn ironisch zu
überspielen und rhetorisch zu überhöhen als Gegensatz zu seinen jugendlich blühen-
den Schülern. An einer anderen Stelle offenbart er gleich auch die Ursache für sein
Stammeln, wenn er schreibt: „stammelnd, halb zahnlos und deshalb mit der Zunge
anstoßend (*balbus, edentulus et ideo blesus*) oder, damit ich es zutreffender sage, ein
halber Plapperer (*vel, ut verius dicam, semiblaterator*)".[29] Sein Stammeln war also
nicht ein Sprachfehler, sondern ein Zahnfehler.

Aus diesen für die damalige Zeit recht klaren Selbstzeugnissen hat ein heutiger
Facharzt den folgenden Befund abgelesen: „Notker war in der Jugend ein körperlich
zarter und schmächtiger Astheniker. Sein so genanntes Stammeln ist offenbar eine
Folge seiner durch frühes und häufiges Kranksein bedingten vorzeitigen Zahnlosigkeit gewesen. So hat Notker nicht im heutigen Sinn gestammelt und gestottert,
er hat, mangels eines prothetischen Ausgleichs seiner Zahnlosigkeit, wie sicher viele
Menschen seiner Zeit, schon mit etwa 40 Jahren in typischer Weise durch eine
allgemeine Artikulationsunschärfe genuschelt und wahrscheinlich auch gelispelt
(*blesus*). Dieser Zustand war, als damals häufig vorkommend, auch dem Kaiser Karl
III. so vertraut, dass Notker trotz solcher sprachlicher Mängel lange Gespräche mit
ihm hat führen dürfen."[30]

Notkers Werke

In der Erinnerung seines Klosters und seiner eigenen Nachwelt war Notker der
Mann, der die Sequenzen geschaffen hatte. Im Nekrolog wurde der Eintrag zu seinem Todestag: *Obitus ... Notkeri magistri* mit dem späteren Zusatz *qui sequentias
composuit* versehen.[31] Seine übrigen Schriften verschwanden dahinter und wurden

---

27 Urkundenbuch (wie Anm. 4), II, Nr. 761.
28 Belege bei von den Steinen, Notker der Dichter (wie Anm. 10), Darstellungsband, S. 519f.
29 Duft, Johannes: Notker der Arzt. Klostermedizin und Mönchsarzt im frühmittelalterlichen St.
    Gallen, St. Gallen 1972, S. 25.
30 Zit. bei Duft, Notker der Arzt (wie Anm. 29), S. 25f.
31 Von den Steinen, Notker der Dichter (wie Anm. 10), Darstellungsband, S. 503.

erst im 19. und 20. Jahrhundert Stück für Stück wieder gefunden oder als anonym überlieferte Werke ihm zugeordnet.

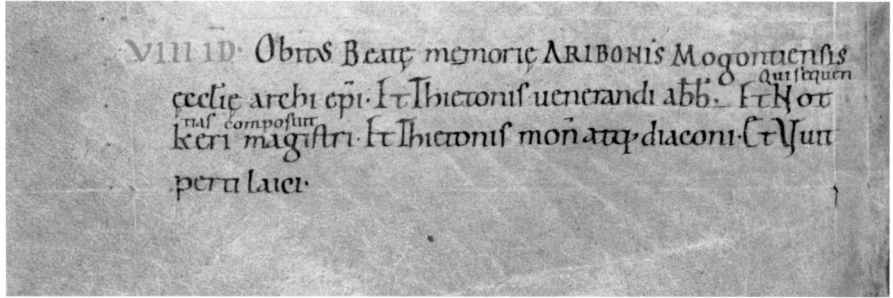

Abb. 3: Eintrag im Nekrolog der Abtei St. Gallen zum Todestag Notkers am 6. April: *Obitus [...] Et Notkeri magistri qui sequentias composuit*
(Stiftsbibliothek St. Gallen, Cod. 915, S. 313 / Codices Electronici Sangallenses: www.cesg.unifr.ch)

Notkers fruchtbarste Jahre fallen zwischen 880/881 und 888. Während dieser Zeitspanne hat Notker das meiste geschaffen, dazu auch bereits früher Begonnenes abgerundet und vollendet. Nicht zufällig entspricht dieser Zeitraum der Dauer des Kaisertums Karls III. „des Dicken". Insbesondere der Kaiserbesuch im Galluskloster im Dezember 883 war eine Sternstunde für das literarische Schaffen Notkers. Der letzte Karolingerherrscher, der das ganze Imperium noch einmal in Händen hielt, verbrachte damals drei festliche Tage an der Steinach. Mit dem Besuch Karls III. und seines Hofes sind nicht weniger als drei Hauptwerke Notkers des Stammlers verknüpft: Für den Kaiser selbst waren die *Gesta Karoli* bestimmt, die *Taten Kaiser Karls*. Diese ursprünglich auf drei Teile angelegte Geschichte über Karls III. Urgroßvater Karl den Großen ist wahrscheinlich von Anfang an Fragment geblieben. Notker will darin in anekdotischen Episoden und fabulierenden Berichten ein Bild Karls als Priester- und Kriegerkönig, als Reformer und Politiker entwerfen, das dem mittelalterlichen Ideal eines Herrschers entspricht. Es handelt sich um ein Werk der Literatur, das nicht „Wahrheiten" über Karl den Großen berichten, sondern seinen Zeitgenossen und insbesondere Karl III. sagen will, wie er seine Welt im Spiegel seines berühmten Vorfahren sehen und gestalten soll. In virtuoser Erzählung werden Parabeln, Humoresken und andere unterhaltsame Motive ausgebreitet.

Sein zweites, nachmals berühmtestes Werk, das Sequenzenbuch (*Liber Ymnorum*), widmete Notker dem kaiserlichen Erzkapellan Bischof Liutward von Vercelli, seinem Landsmann. Es enthält Teile frühester Notker-Dichtung, die er gedichtet hatte als Schüler von Iso und Marcellus und von diesen gefördert. Gefolgt werden die frühen Hymnen von weiteren Hymnen „in Stufen wachsender Könnerschaft"[32]. Mit seinen liturgischen Dichtungen wollte Notker die Feste des Kirchen-

---

32 Haefele, Notker I. von St. Gallen. In: Verfasserlexikon (wie Anm. 1), Sp. 1190.

jahrs sinnvoll ausschmücken. Vierzig Hymnen sind als authentische Notker-
Dichtungen anerkannt und ragen aus der Fülle der ihm nachträglich zugeordneten
Sequenzen heraus. Als drittes Werk versprach Notker dem Kanzler Liutward das
Metrum de vita sancti Galli, eine kunstvoll zwischen Prosa und Poesie wechselnde
Lebensbeschreibung des heiligen Gallus – auch dieses Werk blieb unvollendet und
ist außerdem nur bruchstückhaft überliefert.

Abb. 4: Ältestes Autorenbild Notkers als Dichter, im aufgeschlagenen Buch ist der
Beginn der Pfingstsequenz zu erkennen: *Sancti Spiritus assit nobis gratia*;
Tropar und Sequentiar für Bischof Sigebert von Minden,
geschaffen 1024/1027, Beginn des Sequentiars
(Berlin, Staatsbibliothek / Krakau, Biblioteka Jagiellonska, Ms., theol. lat. qu. 11, fol. 144r)

An weiteren Hauptwerken Notkers seien genannt und kurz vorgestellt: Die Dichtung
De sancto Stephano, das Formelbuch und das Martyrologium. Die viergliedrige

Dichtung auf den heiligen Stephan, den Schutzpatron der Metzer Kirche, schuf Notker für den im Jahr 883 zum Bischof der Karolingerstadt erhobenen St. Galler Mönch Ruodbreht († 917). Die Hymnen waren zur erbaulichen Lektüre bestimmt und erzählen aufgrund verschiedener literarischer Quellen von Stephans Martyrium, von der Auffindung seines Leibes und von den Wundern des Protomärtyrers in Nordafrika und im Frankenreich. Die Stoffkenntnis und die kunstvollen Strophen erweisen den Zyklus als Gelehrtenwerk.

Unter dem Titel *Notkers Formelbuch* ist eine Sammlung verschiedenartiger Teile enthalten, die Notker für seinen Schüler Salomo als Erinnerungsgeschenk zu dessen Erhebung zum Bischof von Konstanz und Abt von St. Gallen im Jahr 890 bestimmt hatte. Der erste Teil, die *Notatio de viris illustribus*, ist eine auf Übersicht angelegte Literaturgeschichtsschreibung – die einzige ihrer Art, die aus der Karolingerzeit überliefert ist. Sie gibt zunächst eine Anleitung zum Studium der Heiligen Schrift und ihrer Auslegung in der christlichen Wissenschaft. Das Lektüreprogramm setzt Schwerpunkte und wählt aus, es reicht von der Patristik bis zu Autoritäten der Karolingerzeit, z.B. Alkuin († 804), also fast bis zu Notkers eigener Zeit. Dann stellt das Verzeichnis Titel und Autoren aus der Märtyrer-, Heiligen- und Kirchenväterliteratur vor. Das bildungsgeschichtlich bedeutsame Dokument bezeichnet einen Grundstock christlichen Wissens. Nach Notkers Wunsch sollten wenigstens die Bischöfe, die Spitze des Klerus, über diesen Wissensstock verfügen. An die Literaturgeschichte schließt sich eine Sammlung von Urkundenformularen an, von stilisierten Musterbriefen für Königs-, Kloster- und Bischofsurkunden. Darin breitet Notker seinem Schüler Salomo das Weltbild aus, von dem dieser sich leiten lassen und innerhalb dessen er sich bewegen solle: mit den Fixpunkten Bischöfe, Äbte, Mönchsgemeinschaft, Volk und dem alle überragenden Herrscher.[33] Die Sammlung des Formelbuches beschließen Prosabriefe und Briefgedichte Notkers an das Brüderpaar Waldo und Salomo, sehr persönlich gehaltene Zeugnisse der Freundschaft zu seinen beiden Zöglingen und Selbstzeugnisse in einem.[34]

Das Martyrologium schließlich, Notkers sechstes Hauptwerk und zugleich sein gelehrtestes Werk, dürfte ihn Jahre der Ausarbeitung gekostet haben. 896 war es noch in Arbeit und blieb Fragment. Als Bibliothekar verfügte Notker über viele Handschriften mit einer Fülle hagiographischer Quellen. Dies nutzte er zum ehrgeizigen Versuch, wie Beda Venerabilis, Hrabanus Maurus und Ado von Vienne ein historisches Martyrologium zu schaffen, d.h. ein mit historischen Angaben zum Leben und Sterben der Märtyrer und Heiligen der Kirche versehenes umfassendes Verzeichnis, geordnet nach den Festen des Kirchenjahrs. In wissenschaftlicher Manier verglich er die Tausenden von Notizen der Vorlagen, verbesserte und ergänzte sie durch weitere Quellen der Heiligenliteratur. Zu ihm besonders nahen

---

33 Ladner, Pascal: Die Welt Notkers des Dichters im Spiegel seiner Urkunden. In: Deutsches Archiv für Erforschung des Mittelalters 41 (1985), S. 24–38; die Untersuchung erstreckt sich über die ersten fünf Formulare für Herrscherurkunden.

34 Haefele, Notker I. von St. Gallen. In: Verfasserlexikon (wie Anm. 1), Sp. 1194–1198.

Heiligengestalten wie Maximin von Trier, Desiderius, Columba, Afra von Augsburg und natürlich Gallus – bis Otmar (16. November) ist das unvollendet gebliebene Werk nicht gekommen – schuf Notker umfangreichere und literarisch ausgefeilte Notizen. Das Ganze war von der genialen Idee geleitet, „den gesamten hagiographischen Vorrat zu einer einzigen Textsammlung zusammenzufassen"[35], eine Art von „Acta Sanctorum" für den Heiligenkreis des Jahres zu schaffen.[36]

Nach dieser ausführlichen Einführung in das Leben und Werk Notkers des Stammlers sollen nun seine eigenen Worte folgen, Ausschnitte aus seinem Werk im Originalton zu Liebe und Zorn, zu menschlicher Größe und Schwäche. Gerade im Menschlich-Nahen, Erzählerischen und Unterhaltsamen der *Taten Kaiser Karls* ist eine Fülle von einschlägigen Geschichten und Geschichtchen enthalten. Aber auch in den anderen, „seriöseren" Werken Notkers und in den Berichten seiner Mitbrüder über ihn, vermittelt durch Ekkehart IV., kommt immer wieder das Humane zum Vorschein. Es widerspiegelt die reiche, langjährige Erfahrung des weisen Mönchs und Lehrers. Die Auswahl, die ich hier vorlege, gliedert sich in drei konzentrische Kreise. Der erste, äußere Kreis umfasst die Erfahrungswelt außerhalb des Klosters, die weltliche Gesellschaft und die Kirche. Den zweiten Kreis bildet der Mikrokosmos des Klosters, die St. Galler Mönchsgemeinschaft zu Notkers Zeiten. Der dritte und innerste Kreis wird von den Heiligen bevölkert, denen Notker seine schönsten Schöpfungen gewidmet hat.

Liebe und Zorn in Gesellschaft und Kirche

Die *Gesta Karoli* enthalten in ihrem ersten Buch viele Bischofsgeschichten, in denen sich König Karl als weiser Lenker und Richter, als „rex philosophus", erweist. Unter den Erzählungen von eitlen, geizigen, törichten oder lasterhaften Prälaten gibt es auch solche, die von (verbotenen) Beziehungen zum weiblichen Geschlecht handeln, beispielsweise die Geschichte von jenem an sich tugendhaften Bischof, der ausgerechnet in der Osternacht den Reizen einer schönen Frau erlag (*Gesta* [wie Anm. 6], I, 22, S. 59f.):

> *In derselben Gegend war ein anderer Bischof von unvergleichlicher Heiligkeit. Dieser ließ in unbedachter Sicherheit, da er das weibliche Geschlecht schon kaum mehr kannte, junge Nonnen so gut wie alte Priester des Unterrichts halber mit sich verkehren. Als er aber am Osterfest nach dem Gottesdienst, den er bis nach Mitternacht fortgesetzt hatte, jenen Elsässer Sigoltsheimer etwas zu reichlich genossen und zugleich mit diesem starken Falerner eines sehr schönen Weibes Angesicht und buhlerische Gebärden, ach zu widerstandslos! in sich aufgenommen hatte, rief er sie, als die anderen weggingen, an sein Bett und sündigte mit ihr zu seinem Verderben. Beim*

---

35 Berschin, Walter: Biographie und Epochenstil im lateinischen Mittelalter, Bd. 3: Karolingische Biographie 750–920 n. Chr., Stuttgart 1991, S. 414.

36 Vgl. MacCulloh, John: Das Martyrologium Notkers als geistesgeschichtliches Dokument (Konstanzer Arbeitskreis für mittelalterliche Geschichte, Protokoll Nr. 246), Konstanz 1981.

*Schein der Morgenröte sprang er schnell auf, reinigte sich nach der Sitte der
Heiden im Bade und trat mit beflecktem Gewissen vor das allessehende Auge
des wahren Gottes. Aber als die Gesänge beendigt waren und er nun selbst
nach seinem Amt den himmlischen Lobgesang anstimmen sollte, da ver-
stummte er voll Entsetzen, legte das priesterliche Gewand auf den Altar, und
zum Volke gewandt, bekannte er sein Vergehen. Dann stürzte er nieder auf
die Stufe des Altars und vergoß unendliche Tränenströme. Das Volk aber
drängte ihn aufzustehen und beteuerte mit furchtbaren Eiden, es werde nicht
dulden, daß an diesem Tag von einem anderen als dem Bischof selbst die
Messe gefeiert werde; er konnte den Platz nicht verlassen, und nachdem
dieser Kampf fast drei Stunden gedauert hatte, erbarmte sich endlich die
himmlische Gnade über die Bitten des frommen Volkes und das zerknirschte
Herz des Bischofs und bekleidete ihn so, auf dem Boden liegend, wieder mit
dem Meßgewand und gab ihm auf diese Weise voll Barmherzigkeit, da er der
Vergebung gewiß geworden war, die Zuversicht, das selbst Himmlischen
furchtbare Amt zu verrichten, zum Beispiel einer wahren Buße und zur
Warnung vor der Sicherheit, die nie und nirgends auf dieser Erde unge-
fährdet, sondern immer eitel ist.*

Schlechter erging es einem anderen Bischof, der unter Missachtung des Zölibats-
gebots mit einer Frau zusammenlebte und seinen Lebenswandel nicht ändern wollte
(*Gesta* I, 25, S. 62):

*Der in mannigfacher List wohlerfahrene Widersacher, der auf dem Pfad, den
wir wandeln, uns immer Schlingen zu legen pflegt, läßt nie davon ab, den
einen durch diese, den andern durch jene Sünde zu Fall zu bringen. Einem
Priester, denn den Namen Bischof muß man in solcher Sache lieber
vermeiden, machte man den Vorwurf der Unzucht. Als nun dieses schon so
ruchbar geworden war, daß es durch verschiedene Berichte auch dem Bischof der Bischöfe, dem frommen Karl, sehr bekannt geworden war, wollte
doch dieser weise Herr eine Zeitlang die Sache nicht merken und leerem
Gerede keinen Glauben schenken. Da aber „Fama, die nirgend an Schnell'
ein anderes Scheusal besieget", von einer kleinen Meise schon über Adlers-
größe anwuchs, so daß es durchaus nicht mehr unbeachtet bleiben konnte,
schickte Karl, der strenge Handhaber der Gerechtigkeit, zwei von seinen
Paladinen ab mit dem Auftrag, abends in der Nähe der Stadt einzukehren,
sodann am nächsten Morgen unvermutet zu dem Priester zu gehen und von
ihm zu fordern, daß er ihnen selbst eine Messe lese, weigere er sich dann
durchaus, so sollten sie ihn in seinem Namen zwingen, in eigener Person das
hochheilige Sakrament zu verrichten. Der Priester wußte nicht, was er tun
sollte, da er vor den Augen des himmlischen Richters in derselben Nacht
gesündigt hatte und doch nicht gegen jene zu verstoßen wagte; er fürchtete
aber die Menschen mehr denn Gott, benetzte seine heißen Glieder mit kaltem
Wasser und rüstete sich zur Feier des furchtbaren Sakraments. Und siehe,*

mochte nun das Bewußtsein sein Herz erschüttern oder das kalte Wasser in die Adern eindringen, er wurde von solchem Frost ergriffen, daß keine ärztliche Hilfe ihm zustatten kam, sondern durch die grimmigste Fieberkrankheit zum Tode gebracht, wurde er durch den Beschluß des strengen und ewigen Richters gezwungen, seinen Geist aufzugeben.

Notkers große erzählerische Begabung kommt nicht nur in den *Gesta Karoli*, die unterhaltsam und belehrend zugleich sein wollen, voll zum Zuge. Auch in seinem „seriösen" und gelehrtesten Werk, dem *Martyrologium*, benützt er sich bietende Gelegenheiten, um Geschichten über Heilige auszuweiten und mit anekdotischen, ja humorvollen Elementen anzureichern. Dabei spürt man seine Freude, wenn er in Heiligenlegenden verpackt Missstände der eigenen Zeit aufs Korn nehmen kann. Ins Kapitel der Kritik am schlechten Lebenswandel von Bischöfen gehört jener Bericht über den heiligen Goar, der zum 6. Juli im *Martyrologium* Notkers enthalten ist. Goar lebte als Einsiedler im Bistum Trier und wurde nach der Vita, die Notker als Quelle verwendete, wegen seines heiligen Lebens und seiner Wunder vom Bischof Rusticus beneidet. Deshalb beschloss der Bischof, den Heiligen auf die Probe zu stellen. Um zu beweisen, dass er ein Mann Gottes und kein Zauberer sei, sollte Goar die Eltern eines drei Tage alten Waisenkindes benennen. Er beschwor den Säugling im Namen der Dreifaltigkeit, worauf dieser mit klarer Stimme (*absolutissimo sermone*) zu sprechen anfing und sagte: „Mein Vater ist dieser Bischof Rusticus und meine Mutter ist jene Nonne." Notker erzählt diese Geschichte in allen Einzelheiten und schmückt sie genüsslich mit direkter Rede aus.[37]

Hier wie in den *Taten Kaiser Karls* prangert Notker den Lebenswandel von Bischöfen an. Sein Bild von den Frauen, von Ehe und Familie wird dadurch nicht getrübt. Die Ehe gehört für ihn zu den tragenden Säulen der weltlichen Gesellschaft, da sie die Nachkommenschaft sichert. Zusammen mit dem Gebrauch der Waffen, d.h. der Sicherung von Frieden und Eintracht im Innern und nach außen, gehört sie zu den grundlegenden Aufgaben insbesondere des Königs – Aufgaben, „ohne die der irdische Staat nicht bestehen kann" (*Gesta*, II, 10). Die Sorge um den Fortbestand der Herrscherdynastie rechtfertigte es beispielsweise für Notker wie für seine Zeitgenossen, dass Karl der Große seine erste Ehefrau, die Tochter des Langobardenkönigs Desiderius, wieder nach Hause schickte: „Weil sie kränklich und zur Fortpflanzung seines Namens untauglich war, verstieß er sie nach dem Rat der weisesten Priester wie eine Tote" (*Gesta*, II, 17, S. 96). Das führte bekanntlich zum Krieg gegen die Langobarden und zur Eroberung des italischen Königreichs durch Karl. In der anschließenden Schilderung des Triumphzugs des „eisernen Karl" vor die Tore von Pavia, der langobardischen Königsstadt, gelingt Notker eine seiner

---

37 Canisius, Heinrich: Antiquae lectiones, t. VI, Ingolstadt 1604, S. 870; danach Migne, Jacques-Paul: Patrologia Latina, t. 131, Paris 1853, Sp. 1115 B/C; vgl. MacCulloh, Martyrologium (wie Anm. 36), S. 5f.

großartigsten Geschichten, ein phantastischer Text, theatralischer Höhepunkt der *Gesta Karoli*.

Die zweite Gattin Karls des Großen war die Schwäbin Hildegard, die Mutter seiner legitimen Nachkommen und Erben. Die später als Heilige hochverehrte Hildegard erscheint bei Notker nicht in einem besonders vorteilhaften Licht. An ihr schildert er die Ränke weiblicher List, womit sie bei ihrem Gemahl, dem König, ihren Kandidaten bei der Besetzung eines Bischofsstuhls durchzusetzen suchte (*Gesta*, I, 4, S. 42):

> *[...] Endlich sandte auch die Königin Hildegard Fürsten des Reiches zum König und kam dann zuletzt selbst zu ihm, um jenes Bistum [das neu zu besetzen war] für einen ihrer Geistlichen zu erlangen. Da er nun ihre Bitte sehr freundlich aufnahm und sagte, er wolle und könne ihr nichts abschlagen, aber jenem Schreiberlein [dem er das Bischofsamt bereits versprochen hatte] wolle er sein Wort halten, da wurde sie zornig, wie es ja aller Frauen Art ist, daß sie wollen, ihre Absicht und ihr Wunsch solle den Beschlüssen der Männer vorgehen; sie verbarg aber ihren Zorn, die laute Stimme wurde weinerlich, durch zärtliche Gebärden suchte sie den festen Sinn des Kaisers zu erweichen und sprach: „Mein Herr und König, wozu willst du jenem Knaben das Bistum geben, daß er es verderbe? Aber ich bitte dich, mein süßester Herr, du mein Ruhm und meine Zuflucht, gib es deinem treuen Diener, jenem, für den ich bitte." [...]*

Im Sittengemälde des fränkischen Klerus, das Notker im ersten Buch der *Taten Kaiser Karls* zeichnet, konnte auch die Sünde „wider die Natur" – was immer das heißen mochte – nicht fehlen. Diskret und ohne auf Einzelheiten einzugehen, tönt Notker den Sachverhalt in der folgenden Geschichte an. Sie endete tragisch, und am tragischen Ausgang hatte König Karl Mitschuld, wofür er sich nachher eine öffentliche Buße auferlegte (*Gesta*, I, 32, S. 69f.):

> *Ein Diakonus, der nach Gewohnheit der Cisalpinen gegen die Natur zu handeln pflegte, ging ins Bad, ließ sich den Bart ganz glatt abnehmen, reinigte die Nägel und schnitt die Haare ganz kurz, wie mit einem Zirkel abgerundet; dann legte er sehr weißes Leinen und Chorhemd an, und weil er es nicht vermeiden konnte oder vielmehr um dadurch um so mehr zu glänzen, wagte er es freiwillig, vor dem höchsten Gott und seinen heiligen Engeln und im Angesicht des strengsten Königs und seiner Großen das Evangelium, wie die Folge zeigt, mit beflecktem Gewissen zu lesen. Während er aber las, ließ sich von der Decke eine Spinne an ihren Fäden plötzlich nieder, traf auf seinen Kopf und zog sich schnell nach oben zurück. Der strenge Karl bemerkte dieses zum zweiten und dritten Male, ließ es aber stillschweigend geschehen, und der Geistliche, der aus Furcht vor ihm nicht wagte, sich zu schützen, besonders weil er glaubte, es sei nicht eine Spinne, sondern Fliegen, was ihn störe, las das Evangelium zu Ende und vollendete auch das*

übrige seines Amtes. Als er aber die Kirche verlassen hatte, schwoll sein
Kopf an, und innerhalb einer Stunde starb er. Der fromme Karl aber legte
sich selbst als eines Totschlags schuldig eine öffentliche Kirchenbuße auf,
weil er es gesehen und nicht verhindert hatte.

Neben der „Liebe" in ihren verschiedenen Ausprägungen kommt der „Zorn" in
Notkers Erzählungen über Karl den Großen erstaunlicherweise kaum vor. „Zorn"
widerspricht eigentlich Notkers Karlsbild – und wohl auch seinem eigenen Menschenbild. Sein heldenhafter König ist wachsam, fordernd, prüfend, belehrend,
unbestechlich, aber auch nachsichtig und milde, ein weiser Herrscher. Nur eine
Szene in den *Taten Kaiser Karls* zeigt den zornentbrannten Herrscher. Es ist bezeichnenderweise eine völlig theatralische Szene, die zwar auf Kinder Eindruck
machen sollte, aber bei Erwachsenen (und wohl heimlich auch bei Karl selbst) ein
mildes Lächeln hervorrief – ich meine die berühmte Geschichte von der Schul-
visitation (*Gesta*, I, 3, S. 40f.):
      Bei seinem Besuch in der Schule lässt sich Karl die „Briefe und Gedichte" der
Knaben vorlegen und stellt fest, dass „die von mittlerer und niederer Herkunft" gut
gearbeitet, die Vornehmen „laues Zeug voller Torheit" produziert haben. Die einen
stellt er zu seiner Rechten. Ihnen werden Bistümer und Abteien versprochen. Den
anderen, zu seiner Linken, hält er eine flammende Mahnrede und schwört ihnen,
dass er sich nicht viel um ihren Adel und ihre Schönheit scheren werde, „wenn ihr
nicht noch eure frühere Nachlässigkeit durch wachsames Studium wettmacht,
werdet ihr bei Karl nichts Gutes haben". Karl ist ein Abbild des Weltenrichters auf
Erden.[38]

Menschliches und Dämonisches in Notkers mönchischem Umfeld

Um zum zweiten, inneren Kreis, dem engeren Lebensraum im Kloster, voranzu-
schreiten, können wir uns nicht auf Selbstzeugnisse Notkers stützen. Wir nehmen
hier stattdessen den Bericht in Ekkeharts IV. *St. Galler Klostergeschichten* zu Hilfe.
Die anekdotenreichen Erzählungen vermitteln zwar eine spätere, idealisierte Sicht,
aber sie sind aus der lebendigen Haustradition geschöpft und fügen sich im Falle
Notkers fugenlos zum Bild, das wir bis jetzt aus seinen eigenen Werken gewonnen
haben.
      Die erste ausgewählte Geschichte handelt von einem Ereignis, das sich an der
Nahtstelle der Welt außerhalb und innerhalb der Klausur ereignet hat, anlässlich des
Besuchs Kaiser Karls III. vom Dezember 883 im Kloster St. Gallen. Sie ist ein
Lehrstück für das Sprichwort „Hochmut kommt vor dem Fall" und zeigt, wie leicht
man im Leben draußen, wo Erfolg, Bildung und eine glänzende Laufbahn lockten,
das stille, beschauliche Leben Notkers im Kloster unterschätzte und verachtete – mit
den entsprechenden Folgen... (*Casus* [wie Anm. 15], c. 38, S. 87/89):

---

38 Vgl. Berschin, Biographie (wie Anm. 35), S. 392f.

Selbiger König [Karl] erschien im Kloster, um nach seiner Gewohnheit für die Brüder Liebesmahle zu halten, und aus Achtung vor den Konventualen verweilte er daselbst drei volle Tage und bedachte, wie auch Ratpert schreibt, unsere Heiligen mit Geschenken, und als er nun nach bereits vollzogenem Abtwechsel zum Aufbruch rüsten ließ, kam eben jener hochmütige Kapellan an Notker vorbei und sah den Gottesmann wie gewöhnlich am Psalterium sitzen. Und da er sich darauf besann, daß es der war, welcher tags zuvor auf die vielen Fragen Karls die gesuchten Lösungen gab, sprach er zu seinen Begleitern: „Seht, sage ich, da ist der, von dem man behauptet, es gebe im Reich Karls keinen Gescheiteren. Doch wenn ihr wollt, werde ich den so alles überragenden Kopf für euch zum Spotte auf die Probe stellen und etwas fragen, was der hochberühmte Mann überhaupt nicht weiß." Jene aber drängten voll Neugier, es zu tun, und miteinander gingen sie hin und begrüßten ihn. Demütig erhob sich Notker und fragte nach ihrem Begehr. Aber er, der Unglückselige, von dem wir sprachen, sagte: „Uns ist bekannt, gelehrtester Mann, daß du alles weißt. Was aber der liebe Gott im Himmel jetzt gerade tut, das möchten wir von dir erfahren, falls du es weißt." „Ich weiß es", entgegnete Notker, „und zwar weiß ich es ganz genau. Jetzt gerade nämlich tut er, was er immer tat und wie er alsbald auch dir tun wird: Er erhöht die Demütigen und demütigt die Stolzen." Da zog jener Versucher und Spötter unter dem Spott der Seinigen ab, ohne viel darauf zu geben, was ihm nach Notkers Worten noch blühen würde.

Gleich darauf ertönte das Zeichen zur Sammlung und zu den Laudes für den scheidenden Kaiser. Jener, schon dicht vor seinem Unglück, ergriff die Fahne seiner Abteilung, die an dem Tage dem Herrn voranziehen sollte. Und auf stolzem Rosse dahinsprengend, kam er vor dem Tore der Stadt [St. Gallen] zu Fall, verletzte sich elendiglich im Gesicht und brach das Bein. Man übergab ihn zur Pflege dem neuen Abt Bernhard als dem Nachfolger Hartmuts. Und ihm offenbarte er endlich selber Notkers Prophezeiung und den ganzen Sachverhalt und wünschte danach von dem Gottesmann sehnlichst Vergebung und persönliche Segnung, falls er ihn überhaupt besuchen wolle. Was er über Notker hörte, nahm Bernhard aber abschätzig auf, und indes er versicherte, es sei ihm durch dessen Weissagung nichts Böses geschehen, vermochte jener Bruch durch keine Umschläge zusammenzuwachsen, durch keine Verbände zusammenzuheilen. Mitten in einer Nacht endlich wandte man sich, voller Erbarmen über sein Schreien, bittflehend an Notker. Dieser kam, und als er das Bein tastend berührt hatte, spürte der Verunglückte es sogleich zusammenwachsen und lernte so auf herbe Weise, künftighin demütig zu denken.

Die zweite Geschichte aus dem Klosterleben Notkers, die ich hier vorstellen möchte, hat einen traurigen Inhalt. Sie rückt aber die „caritas", die hingebungsvolle Liebe zu den Mitbrüdern im Sterben und über den Tod hinaus, in ein helles Licht. Vor allem zu einem Mitbruder, der „gefallen" ist, im wörtlichen wie im übertragenen Sinn. Ausgangspunkt zu der von Ekkehart berichteten Erzählung ist der Eintrag in den Klosterannalen zum Jahr 876: *Wolo cecidit* – „Wolo ist gefallen" – oder „Wolo hat sich zu Tode gestürzt". Es geht um einen jungen, hochbegabten, aber unsteten Mitbruder von vornehmer Herkunft, der von Heimweh gequält und in Verzweiflung vom Glockenturm stürzte und sich dabei den Hals brach[39] (*Casus*, c. 43, 44, S. 99/101):

> *[...] Als sie ihn hinaustragen und zum Krankensaal bringen wollten, sagte er: „Laßt mich zuvor die heiligen Jungfrauen anrufen! Denn sie wissen, daß ich bei all meiner Verruchtheit doch nie ein Weib berührte." Derweil er laut wehklagte, eilte Notker herbei, und ihm streckte Wolo die Hände hin: „Dir, mein Herr", sagte er, „und den heiligen Jungfrauen, die Du allezeit lieb hattest, befehle ich meine sündige Seele." Aber Notker warf sich bei ihm nieder und sprach: „Ihr heiligen Jungfrauen, auf euch vertraue ich, und so nehme ich die Vergehen dieses Bruders auf mich und gebe uns beide in eure Hände." Und bei diesen Worten weinte und klagte er laut. Und da man Wolo hinausbrachte, bat er vor dem Portal um eine Weile Rast, und während er Notker ganz fest bei der Hand hielt, gab er unter den Gebeten der Brüder seinen Geist auf.*

> *Bei der Totenfeier war es Notker, der ihn wusch und auf die Bahre legte; selber hielt er das Totenamt und besorgte sein ganzes Begräbnis, und immer, sein Leben lang, hat er dargetan, daß er in seiner Person die Pflichten zweier Mönche zu erfüllen habe. Während nun eben an Wolos Sterbetag die Komplet zu Ende ging, trug einer der Väter, der etwas beschränkt war, das Gebet vor, worin es heißt: „So froh wie wir den Tag verlebten, so froh mögen wir auch die Nacht verbringen"; da sprang der Gottesmann auf: „Was begehrst du da", sagte er, „was begehrst du, wundersamer Bruder? Für heute möchte es mit des Tages Plage genug sein und mehr als genug; du aber erbittest dasselbe auch noch für die Nacht?"*

Die dritte und letzte Geschichte ist wohl die berühmteste Legende um Notker. Sie ist auch in das Kuppelgewölbe in der barocken Kathedrale eingegangen, wo wir Notker mit dem zerbrochenen Stab des heiligen Kolumban sehen: Es ist der Kampf mit dem Dämon in der Kirche. So wie Notker in seinen *Taten Karls des Großen* den gewaltigen Herrscher nicht in furchtbaren Zornesausbrüchen darstellt, sondern als gestrengen, aber milden Herrn und Erzieher seines Volkes, ist Notker selbst in seiner Sanftmut ein „Antiheld". Er ist nicht fähig, sich zu wehren und zu kämpfen wie sein Mitbruder Tuotilo, als dieser von Räubern überfallen wurde, oder gar in blindwütigen Zorn auszubrechen. Nur in einem Fall überwindet er seine Natur, als er

---

[39] Vgl. Haefele, Hans F.: Wolo cecidit. Zur Deutung einer Ekkehard-Erzählung. In: Deutsches Archiv für Erforschung des Mittelalters 35 (1979), S. 17–32.

gegen den Teufel anzukämpfen glaubt, der in Hundegestalt nächtens in die Kirche und in die Krypta eingedrungen ist. In diesem Ringen mit dem Hund nimmt er in „heiligem Zorn" den Stab des heiligen Kolumban zu Hilfe, eine der kostbarsten Reliquien des Klosters. Diesen Stab hatte Kolumban einst auf dem Sterbebett seinem Schüler Gallus zugeeignet, als Zeichen der Versöhnung, nachdem sie im Streit auseinander gegangen waren und Gallus von seinem Abt mit der Exkommunikation bestraft worden war.[40] An den Schlägen Notkers für den Hund zerbricht der heilige Stab – eine urkomische Szene, würdig einer Komödie von Plautus oder Terenz! (*Casus*, c. 41, S. 93/95):

Notker war tapfer im Geiste, und soviel Tuotilo gegen Menschen, soviel vermochte er gegen Dämonen; im übrigen aber war er bei all seinem Fasten und Wachen von zartem und schmächtigem Körper. Nun geschah es aber, daß er eines Nachts vor der Zeit in die Kirche kam und nach seiner Gewohnheit von Altar zu Altar ging, während er laut betete. Als er jedoch in die Krypta der zwölf Apostel und des heiligen Kolumban gelangte und nächst dem Altar noch heftiger in Tränen zerfloß, war ihm, als höre er einen Hund knurren. Und da er dazwischen die Stimme eines grunzenden Schweines unterschied, erkannte er den Versucher und sagte: „Bist du abermals da? Wie recht ist dir geschehen, Elender, wenn du jetzt knurren und grunzen mußt, nach jenen strahlenden Stimmen, die du im Himmel besessen!" Und er zündete ein Licht an und suchte, in welchem Winkel er stecke. Als er aber nahe an die linke Ecke kam, zerriß ihm jener wie ein toller Hund die Kleider. „Wohlan", sprach Notker, „ich muß es dir außerhalb der Krypta besorgen. Jene Strafen, die du angeblich schon leidest, wirken offenbar nicht: ich will dir etwas Schärferes verpassen. Ich befehle dir aber im Namen dieser Heiligen und meines Herrn [Gallus], daß du in der gleichen Hundegestalt, die du jetzt angenommen hast, auf mich wartest." Und jener sagte: „Ich tu's, wenn ich mag." Notker aber entfernte sich rasch mit den Worten: „Ich vertraue auf den Herrn; da wirst du mich erwarten, ob du magst oder nicht." Er ging aber eilig zum Altar des Gallus und holte sich des Heiligen und dessen Meisters Krummstab, den Vollstrecker vieler Wunder, mitsamt jener berühmten Kugel des heiligen Kreuzes; und nachdem er die Kugel am Eingang der Krypta zur Rechten hingelegt hatte, wandte er sich mit dem Stock nach links wider jenen Teufel in Hundegestalt. Als er aber anfing, ihn mit dem heiligen Stabe zu schlagen, steigerte dieser die früheren Töne zu noch lauterem Kläffen und Grunzen. [Der Teufel] versuchte aber zu entfliehen und kam schließlich im Zurückweichen vor dem Schlagenden zu der heiligen Kugel, und weil er nun nicht weitergehen konnte, stand er still, bis er so viele Hiebe

---

40 Vita sancti Galli vetustissima, hrsg. von Iso Müller, Die älteste Gallus-Vita. In: Zeitschrift für Schweizerische Kirchengeschichte 66 (1972), S. 209–249, hier S. 213.

und Prügel nicht mehr ertrug und auf deutsch herausschrie: „Au weh mir, weh!"

Doch hatte unterdessen der Küster die Kirche betreten, und wie er die schrecklichen Stimmen hörte, nahm er rasch ein Licht in die Hände und eilte zur Krypta. Gerade aber hatte Notker dem Teufel den letzten Streich versetzt, als er den heiligen Stab auf der Stelle zerbrach. Und hätte nicht der Küster die Kugel bemerkt und aufgehoben und so den Hund entwischen lassen, hätte Notker ihn noch weiter schlagen können. Der Küster aber schaute auf den Stock und fragte betroffen: „Den heiligen Stab, mein Herr, hast du an einem Hunde entehrt?" Und als jener schwieg, setzte er hinzu: „Wer war denn jener, der ‚Ach weh!' geschrieen hat?" Und in der Meinung, daß Notker aus Güte nur irgendeinen Dieb decke, ging er Schritt um Schritt durch die ganze Kirche, begierig den Dieb zu erwischen. Allein, er fand weder Dieb noch Hund, und während er dahinschritt, nahm es ihn wunder, was sich wohl zugetragen haben mochte, da er doch die Kirche beim Eintreten hinter sich abgesperrt hatte. Dennoch wollte er sich nicht erdreisten, den regelgetreuen Mann, der ihm schon einmal bloß mit Schweigen begegnet war, noch weiter anzureden. Und Notker, demütig und klug, wie er war, bedeutete dem Küster hinauszukommen, nahm ihn auf die Seite und sprach, nachdem er ihm zuvor den Segen erteilt: „Nun ich den Stab zerbrochen habe, mein Sohn, müssen meine Geheimnisse zutage treten, wenn du mir nicht beistehst. Aber weil es nicht meine Art ist, in großen Dingen zu wandeln, die mir zu hoch sind, vertraue ich dir unter dem Siegel der Verschwiegenheit an, was geschehen ist!" Und so erläuterte er ihm die Sache und ihren Hergang bis ins einzelne. Während aber der Stock durch den Schmid insgeheim wiederhergestellt wurde, verschwieg der Küster zunächst, was sich zugetragen. Im Laufe der Zeit jedoch kam die Sache, so wie sie war, ans Licht.

Die Heiligen und die Liebe

Kehren wir nach den Erzählungen über Notker wieder zu ihm selbst zurück und schließen zugleich den innersten der drei Kreise auf. In seinen Dichtungen und insbesondere in den Sequenzen streift Notker die umständliche, überschwängliche, variationsreiche, diminutiv-beladene, kunstvolle Prosasprache ab und schreibt ein reines, musikalisches Latein. Der „Stammler" wird hier zum „Dichter", weshalb Wolfram von den Steinen in seinem großen Notker-Werk von 1948 ihn auch lieber als „Notker den Dichter" bezeichnet. Der glasklaren, durchschimmernden Sprache in seinen Hymnen entsprechen auch reine, hehre Gefühle der Liebe – Zorn ist aus dieser Gattung Texte ohnehin vollständig verbannt. In wunderschönen Bildern werden die Heiligen besungen. Dabei erstrahlt auch die keusche, sublimierte Liebe zwischen Mann und Frau, zwischen Eltern und Kindern, in dichterischem Glanze.

Abb. 5: Notker im Kampf mit dem Teufel
(Kupferstich als Illustration zur Kurzvita in Heinrich Murers *Helvetia Sancta*,
gedruckt 1648 in Luzern, S. 204)

Drei Hymnen seien ausgewählt, die hier in der Nachdichtung von den Steinens (wie Anm. 10) wiedergegeben werden:

1. Die Rachelklage, Klagehymne einer Jungfrau auf einen Märtyrer (S. 87).

Warum weinst du,
Jungfrau, Mutter,   *Deren Mienen*
Rahel, du schöne,   *Jakob stets lieb hat?*

Wie wenn der ältlichen Schwester   *Schlimme Augen ihn freuten!*

Trockne, Mutter,   *Darf ein Gram denn*
die strömenden Augen!   *die Wangen dir furchen?*

„Weh, weh, weh,   *Da ich beraubt bin*
warum scheltet ihr, es flössen   *meines Sohns, der meiner Armut*
mir Tränen vergebens,   *der einzige Hort war:*

Er, der Feinden nie   *Er, der für die Schar*
einen Streif   *Törichter*
preisgab der kargen Flur,   *Brüder, die ich zum Leid*
die mein Herr   *auferzog,*
mir gewonnen hat: *Stütze sein gesollt!"*

          Soll man denn den beweinen,
          Der thront in den himmlischen Reichen?
          Ihn, der den armen Brüdern
          mit seinen Fürbitten
          bei Gott selber zu Hilfe kommt?

2. Die Frauenhymne, zum Festtag heiliger Frauen (S. 91)

Eine Leiter, zum Himmel aufgerichtet, von Folterwerkzeugen umrändert –

Ihren Fuß zu hüten wacht vorsichtig stets ein Drache, daß keiner unverletzt auch nur auf ihre erste Stufe treten kann –

Ihre Ersteigung verwehrt ein Mohr mit gezogenem Schwert, Vernichtung drohend – über ihre Spitze neigt sich ein leuchtender Jüngling, einen goldenen Zweig in der Hand –

Diese Leiter also ward durch die Liebe Christi den Frauen so besteigbar, daß sie dem Drachen aufs Haupt tretend und an des Mohren Schwert vorbeischreitend

Durch jede Art Folterwerkzeuge hindurch die Himmelssteile zu erreichen und aus der Hand des stärkenden Königs den goldenen Lorbeer zu empfangen vermögen.

Was hat es dir nun geholfen, heillose Schlange, daß du einst jene eine Frau betrogen, wenn die Jungfrau den verleiblichten Einen Sohn Gottvaters geboren hat, den Herrn Jesus?

Der nahm dir die Beute und durchbohrt dir mit der Spange die Kinnlade, daß den Evaskindern ein Ausgang werde, die du festhalten möchtest.

Jetzt also erlebst du Neidling, wie Mädchen dich besiegen und Ehefrauen gottgefällige Söhne gebären.

Und jetzt stöhnst du über die unversehrte Treue der Witwen zu ihren Gatten, der du ein Mädchen zur Verleugnung der Treue gegen ihren Schöpfer überredetest.

Frauen siehst du jetzt in dem gegen dich eröffneten Kriege als Führerinnen, die ihre Söhne anstacheln, daß sie tapfer deine Foltern besiegen.

Und sogar deine Gefäße, die Dirnen, reinigt der Herr und geruht, sie sich zum geläuterten Tempel zu machen.

Für diese Wohltaten wollen jetzt wir den Herrn gemeinsam verherrlichen, die Sünder so wie die Gerechten, ihn, der die Sehenden kräftigt und zugleich den Ausgeglittenen die Hand hinstreckt, daß wir uns wenigstens nach den Missetaten aufrichten.

3. Die Jüngerhymne, zum Fest Johannes des Evangelisten am 27. Dezember (S. 17)

> *Johannes, Jesu Christi*
> *Geliebter, keuscher, reiner:*
>
> *Du, Ihm nur entzündet, verließest,*
> *Im Schiffe den leiblichen Vater.*

Du hast den zärtlichen Busen
der Braut verschmäht,
dem Heiland zu folgen,

Auf daß dir an seinem Busen
vom heilgen Quell
zu trinken vergönnt sei.

Du, ein auf Erden
stehender, augenhaft
sahst den Sohn du in Gottes
*   Verklärung,*

Wie sie im Leben
über den Zeiten nur,
sagt der Glaube, die Seligen
*   schauen.*

Dich hat Christus,
als am Kreuz er den Sieg fand,
seiner Mutter zum Hüter gegeben,

Daß der Reinen
als der Reine du pflegtest
und mit Sorge sie treulich umhegtest.

> *Du, gemartert*
> *in Kerker und Feuer,*
> *warst nur freudenvoll,*
> *da du für Christus zeugtest.*
>
> *Dir entschleiert*
> *allen verschwiegenes,*
> *Sein Wort, der Vater der Höhe.*
>
> *Und nun weckest*
> *du Tote zum Leben,*
> *ja und starkes Gift*
> *brichst du in Jesu Namen.*
>
> *Du vertraue*
> *immerdar alle uns*
> *Gott an mit währenden Bitten,*

> *Johannes, Christi Liebling!*

Ein allerletztes Zeugnis führt uns vom Heiligenhimmel wieder zurück nach Alemannien und in Notkers Kloster. Es ist ein Hymnus, der manchen St. Gallern vertraut ist; denn er wird alljährlich am Gallusfest (16. Oktober) in der Kathedrale gesungen. In der Gallus-Sequenz gelingt es Notker dem Dichter in knappen Worten, die Geborgenheit in Ehe und Familie hervorzurufen. Darauf verzichtet der Ire Gallus, um fernab der Heimat in Schwaben eine neue Heimat zu gewinnen. Dieser Abschnitt aus der Gallus-Sequenz wird hier in der moderneren Übersetzung von Iso Baumer wiedergegeben:

> *[...]*
> *Du hast dem fordernden Ruf*
> *Jesu Christ gehorcht und hast*
> *auf das Erbgut des Vaters,*
> *die Liebe der Mutter,*
> *die Fürsorge der Gattin,*
> *das Spiel des Kindes verzichtet*
> *und bist als Armer*
> *dem armen Herrn gefolgt*
>
> *und hast das Kreuz*
> *verführerischen Freuden vorgezogen.*
>
> *Doch Christus lohnt das*
> *mit hundertfachem Preis,*
> *wie dieser Tag bezeugt,*
> *an dem wir alle dir dankbar*
> *Zuneigung erweisen,*
> *an dem er dir, Gallus, das liebliche*
> *Schwaben zur Heimat gab,*
> *an dem er im Himmel als Mitrichter*
> *dich im Chor der Apostel*
> *eingesetzt hat.*
> *[...]*

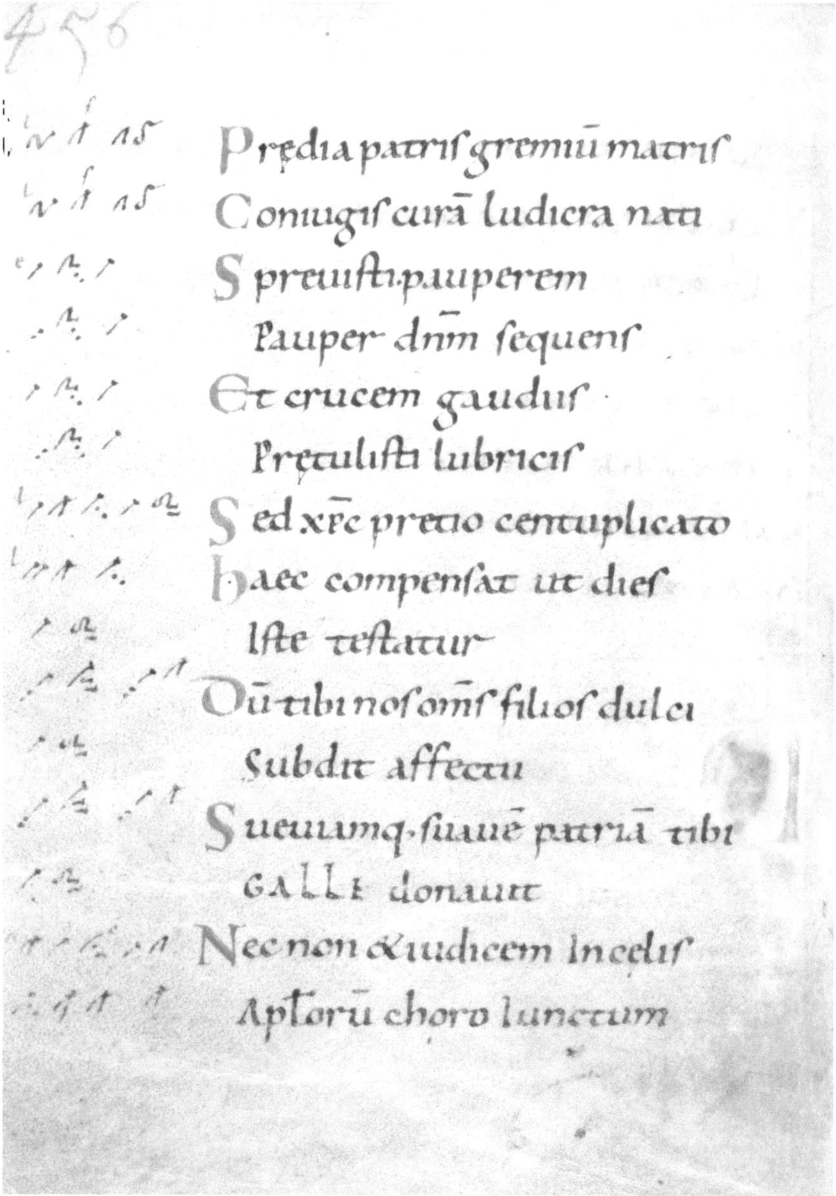

Abb. 6: Notkers Gallus-Sequenz (Ausschnitt) in einer der bedeutendsten Musikhandschriften des frühen Mittelalters, die um 940 in St. Gallen entstanden ist und eine Sammlung von Hymnen, Tropen und Sequenzen enthält, darunter vierzig Sequenzen, die Notker zugeschrieben werden können

(Stiftsbibliothek St. Gallen, Cod. 381, S. 456 / Codices Electronici Sangallenses: www.cesg.unifr.ch)

Wir gehen wohl nicht fehl in der Annahme, dass Notker in den Hymnus seines hochverehrten Hausheiligen Gallus seine tiefe persönliche Erfahrung hineingedichtet hat: Auch Notker hat auf das Erbgut des Vaters verzichtet, auf die Liebe der Mutter, die Fürsorge der Gattin, das Spiel der Kinder. Wie Gallus hat Notker in der geistigen Geborgenheit seines Klosters inmitten seines lieblichen, geliebten Schwaben eine neue Heimat gefunden.

Ergebnisse

Es wäre vermessen, im Rahmen eines Aufsatzes das reiche Werk Notkers des Stammlers angemessen darstellen und würdigen zu wollen. Der Mönch von St. Gallen hat Großes geschaffen. Er darf sich mit den Großen messen, die das frühe Mittelalter hervorgebracht hat. Die Scholle Alemanniens, von der er in seinem *Gallus-Metrum* sagt, „sie sei rau in den Leuten, rau im Glauben, besonders rau in der Erdscholle" (*dura viris et dura fide, durissima gleba*)[41], besitzt in seiner Person einen Erzähler und Dichter von Weltrang. Er hat, wie Johannes Duft einst formulierte, an der Metamorphose Alemanniens zum Land christlicher Kultur mitgebaut.[42]

Die Suche nach menschlicher Größe und Schwäche hat einen neuen, fruchtbaren Zugang zu Notkers Werk geöffnet. Dadurch hat auch seine Persönlichkeit neue Konturen bekommen. Seinem erzählerischen und dichterischen Werk kann heute noch Aktualität abgewonnen werden[43], Notkers Humanität bleibt über das Zeitverhaftete und Zeitbedingte hinaus gültig.

---

41 Berschin, Walter: Notkers Metrum de vita S. Galli. Einleitung und Edition. In: Florilegium Sangallense. Festschrift für Johannes Duft zum 65. Geburtstag, St. Gallen/Sigmaringen 1980, S. 71–121, hier S. 96.

42 Duft, Johannes: Notker Balbulus in den Sankt-Galler Manuskripten. In: Konstanzer Arbeitskreis (wie Anm. 36), S. 12.

43 Vgl. als jüngstes Beispiel die vom amerikanischen Komponisten Erling Wold geschaffene „Missa Beati Notkeri Balbuli Sancti Galli Monachi", die am 12. April 2008 in der Kathedrale St. Gallen uraufgeführt wurde und worüber das „St. Galler Tagblatt" am 15. April 2008 unter dem bezeichnenden Titel „Ode an den scheuen Mönch" berichtete.

Liebe und Zorn – Menschliche Regungen und die Allmacht Gottes in den St. Galler Chroniken der Reformationszeit

Rudolf Gamper

Die Chronistik bildet keine klar umrissene literarische Gattung. Sie umfasst verschiedene Arten der Darstellung, die nur eines gemeinsam haben: Chroniken erzählen, was sich ereignet hat, mit dem Anspruch, das Geschehene wahrheitsgetreu wiederzugeben und es verständlich zu machen, sei es in Latein oder in Deutsch, in Versen, in anspruchsvoller Prosa oder in einfacher Sprache.[1] Gemeinsam ist den St. Galler Chronisten der Reformationszeit (und der einzigen Chronistin) die Prägung durch die erlebte Gegenwart, gleichgültig ob sie Gegenwartschronistik betrieben oder ob sie die Vergangenheit aus der Optik der Gegenwart darstellten. Alle erlebten die Reformation als markanten Einschnitt in ihr Leben und ihre Lebenswelt, sie empfanden offenbar weitgehend unabhängig voneinander das Bedürfnis, für die Nachwelt aufzuzeichnen, was sich ereignet hatte. Man zählt nicht weniger als sechs St. Galler Autoren und eine Autorin. Eine solche Flut von gleichzeitigen chronikalischen Aufzeichnungen hatte es in St. Gallen früher nie gegeben; zur gleichen Zeit war selten mehr als ein Autor tätig gewesen: In der Reihe der *Casus Sancti Galli* löste ein Autor den vorangehenden vom 9. bis zum 14. Jahrhundert ab und führte das große Werk weiter; die *Casus* sind – ohne den deutschsprachigen Abschluss der *Nüwen Casus* des Cristan Kuchimeister – in den Handschriften als fortlaufende Geschichte eingetragen.[2] Nach dem Ende dieser auf das Kloster konzentrierten Aufzeichnungen gaben kriegerische Ereignisse den Anstoß zu chronikalischen Aufzeichnungen: die Appenzeller Kriege sind in der *Reimchronik* dargestellt[3], die

---

1 Unter Chronistik fasse ich hier zusammen, was in der Quellenkunde normalerweise unter Annalen, Chroniken und Tagebüchern separat behandelt wird. Siehe etwa Lhotsky, Alphons: Quellenkunde zur mittelalterlichen Geschichte Österreichs. Graz / Köln 1963, S. 116–123. In der Übersicht von Feller, Richard; Bonjour, Edgar: Geschichtsschreibung der Schweiz. 2. Aufl. Basel 1979, der keine gattungsmässige Abgrenzung zugrunde liegt, werden alle unten besprochenen Werk aufgeführt.

2 Url, Eberhard: Das mittelalterliche Geschichtswerk *Casus sancti Galli*, eine Bestandesaufnahme. Neujahrsblatt. Hrsg. v. Historischen Verein des Kantons St. Gallen 109 (1969), S. 1–58; Schmuki, Karl: Klosterchronistik und Hagiographie des 11.–13. Jahrhunderts. In: St. Gallen. Geschichte einer literarischen Kultur. Hrsg. von Werner Wunderlich, St. Gallen, Bd. 1, 1999, S. 181–205; von Scarpatetti, Beat Matthias: Die Handschriften der Stiftsbibliothek St. Gallen. Bd. 1, Wiesbaden 2003, S. 186–209.

3 Reimchronik des Appenzellerkrieges (1400–1404). Hrsg. v. Traugott Schiess. Mitteilungen zur Vaterländischen Geschichte 35/1. St. Gallen 1913; Feller; Bonjour (wie Anm. 1), S. 90; Lutz,

Burgunderkriege mit langer Vorgeschichte in der Chronik Meinrads[4] sowie der
Schwabenkrieg in der kürzlich entdeckten Chronik des Kaspar Frey.[5]

Die sechs St. Galler, die um 1530 zur Feder griffen, gehörten unterschiedlichen
Gruppen an: Joachim Vadian (1484–1551) war Bürgermeister, der Laientheologe
Johannes Kessler (1502/03–1574) arbeitete als Sattler und war später als Schulmeister tätig, Johannes Rütiner (1501–1556/57) war Leinwandhändler, Hermann
Miles (1463–1533) amtete als Propst an der Kirche St. Mangen, Fridolin Sicher
(1490–1546) war Priester und Organist im Dienste des Abts und Rudolf Sailer (†
1532) stand der äbtischen Kanzlei vor. Einige Jahr später verfasste Wiborada Fluri
(vor 1504–1550), die Oberin des franziskanischen Tertiarinnenklosters St. Leonhard
vor den Toren der Stadt St. Gallen, ihre Gegenwartschronik.[6] Außer Rudolf Sailer
schrieben alle aus eigenem Antrieb, ohne Auftrag und ohne Lohn: Vadian und Kessler als Bannerträger der Reformation, Miles und Rütiner als breit interessierte Zeitgenossen und Parteigänger des neues Glaubens, Sicher, Sailer und Fluri als An-
hänger des alten Glaubens mit seiner Verankerung in Brauchtum und Liturgie. Zur
Zeit, als die Chronisten ihre Aufzeichnungen begannen, hatte die Bewegung der Reformation in der Eidgenossenschaft und im Bodenseeraum ihren Siegeszug an-
getreten; das Galluskloster schien dem Untergang geweiht. Alle Chronisten erlebten
den Umschwung nach der Niederlage der Reformierten in der Zweiten Schlacht bei
Kappel im Herbst 1531 und die Rückkehr des Benediktinerkonvents in die traditi-
onsreiche Klosteranlage sowie die vertragliche Regelung des Verhältnisses zwischen
Fürstabtei und Stadt. In den 1530er Jahren hören die Aufzeichnungen auf, die Chronisten und die Chronistin legten die Feder weg, ohne die Chroniken mit einem wichtigen Ereignis oder einem Schlusskommentar abzuschließen; die Chroniken hätten
beliebig weiter fortgesetzt werden können. Nur Vadian setzte seine Studien fort und
vertiefte sich in die historischen Quellen; nach intensiven Forschungen gelangte er
zu einer neuartigen Deutung der St. Galler Geschichte. Diese Pioniertat der Früh-
mittelalterforschung und deren Integration in die umfassende Darstellung der
Kloster- und Stadtgeschichte in Vadians *Kleinerer Chronik* wird hier nicht behandelt.[7]

Eckart Conrad: Spiritualis fornicatio. Heinrich Wittenwiler, seine Welt und sein *Ring*.
Sigmaringen 1990, S. 147–153.

4   Stettler, Bernhard: Die Chronik Meinrads. Eine St. Galler Quelle aus der Zeit der Burgunderkriege. In: Schriften des Vereins für Geschichte des Bodensees und seiner Umgebung 119
(2001), S. 139–160.

5   Gutmann, André: *wie ouch so vil und groß blutvergiessung ufferstanden ist us den schantlichen,
unchristnlichen worten*. Die Schwabenkriegschronik des Kaspar Frey und ihre Stellung in der
eidgenössischen Historiographie des 16. Jahrhunderts. Erscheint 2009.

6   Zu den Chronisten und der Chronistin: Feller; Bonjour (wie Anm. 1), S. 181–196; Rüsch, Ernst
Gerhard: Städtische Chronistik in St. Gallen in der Reformationszeit. In: Schriften des Vereins
für Geschichte des Bodensees und seiner Umgebung 112 (1994), S. 45–57; Frohne, Renate:
Städtische Chronistik zur Zeit der Reformation. In: St. Gallen. Geschichte einer literarischen
Kultur (wie Anm. 2), Bd. 1, S. 299–328.

7   Siehe Gamper, Rudolf (Hrsg.): Vadian als Geschichtsschreiber. St. Gallen 2006 (Vadian-

Zum Deutungsrepertoire der Chronisten und der Chronistin gehören Emotionen wie Liebe und Hass oder Sanftmut und Zorn; die enge Verbundenheit, ja Liebe zur eigenen Gemeinschaft, sei es die Reichsstadt, das Benediktinerkloster oder das franziskanische Schwesternhaus, ist allen eigen. Wer aber einen nuancierten Umgang mit Gefühlen erwartet, wird bald enttäuscht. Im städtischen und klösterlichen Umfeld, in dem sich die Chronisten und die Chronistin bewegten, wurde offenbar die Sprache der Liebe und des Zorns nicht kultiviert; die deutschsprachigen Werke der Literatur, die Heldinnen und Helden in ihrer Gefühlswelt differenziert behandeln, standen nicht in ihren Bibliotheken. So neigten die Chronisten im Umgang mit Gefühlen zu einfacher und plakativer Darstellung. Es lohnt sich, auf die Bedeutung der Wörter zu achten. Während „Zorn" in der Sprache der Reformationszeit der heutigen Wortbedeutung im Ganzen entspricht, hat das Wort „Liebe" in den letzten 500 Jahren eine starke Einengung der Bedeutung erfahren. Es bezeichnete damals in der Geschichtsschreibung nur selten das starke, ja unwiderstehliche Gefühl des Hingezogenseins oder eine tiefe Gefühlsbeziehung, meistens drückt „Liebe" in den Chroniken der Reformationszeit nur eine Geneigtheit und Freundlichkeit aus und wird im politischen Schriftverkehr häufig in der formellen Anrede verwendet. „Liebe" als Gefühl bezieht sich bereits damals ebenso auf Personen wie auf Sachen, wobei die Liebe zu Geld und Macht als wichtiger Faktor im politischen Handeln im Vordergrund steht.

Darüber hinaus rechneten die Menschen der Reformationszeit immer damit, dass ihr Denken und ihr Handeln von Gott beobachtet und beurteilt wurde, dass sie für ein Leben in Frieden und Prosperität von der Liebe Gottes abhingen und dass Gott, wenn er ihnen zürnte, sie jederzeit mit schweren Strafen belegen konnte, indem er Stadt und Land mit Pestzügen, mit Hungersnöten und mit Kriegselend überzog. Die Liebe Gottes und sein Zorn entschieden letztlich über das Wohlergehen der ganzen Gesellschaft, was der politischen Führung im Selbstverständnis der Zeit eine besondere Verantwortung für die Aufrechterhaltung der öffentlichen Ordnung und für die Durchsetzung des sittsamen Lebenswandels in der gesamten Bevölkerung aufbürdete.

Joachim Vadian: *Größere Chronik der Äbte des Klosters St. Gallen*

Der bekannteste und bedeutendste St. Galler Chronist in der Reformationszeit war Bürgermeister Joachim von Watt, genannt Vadian.[8] Er war mit der klassischen

---

Studien 17), v.a. die Beiträge von Peter Erhart, Hannes Steiner und Christian Sieber. Die *Kleinere Chronik* ist der amtlichen Historie zuzuordnen. Sie war sehr einflussreich; ihr prägender Einfluss war bis ins 20. Jahrhundert wirksam. Zur amtlichen Geschichtsschreibung im Gebiet der Eidgenossenschaft: Schmid, Regula: Geschichte im Dienste der Stadt. Amtliche Historie und Politik im Spätmittelalter. Zürich 2009, bes. S. 20–30 und S. 204–262.

8 Zu Vadian: Näf, Werner: Vadian und seine Stadt St. Gallen. 2 Bde. St. Gallen 1944–1957, Nachdruck 1984; Wenneker, Erich: Artikel Vadian (von Watt), Joachim. Biographisch-Bibliographisches Kirchenlexikon. Bd. 12. Nordhausen 1997, Sp. 1003–1013; Kohnle, Armin: Artikel Vadian. In: Theologische Realenzyklopädie. Bd. 34. Berlin 2002, S. 489–492; Maissen,

Geschichtsschreibung der römischen Antike vertraut. Als Dozent behandelte er an der Universität Wien während mehrerer Semester historische Werke; in seiner Bibliothek standen alle Klassiker der römischen Historiographie.[9] Nachdem er sich 1518 in St. Gallen niedergelassen hatte, befasste er sich beiläufig mit der Schweizer Geschichte, eine größere Arbeit, zu der er aufgefordert wurde, nahm er aber nicht in Angriff.[10] Erst zehn Jahre später wandte er sich wieder der Geschichte zu, diesmal weniger aus humanistischem Gelehrteninteresse als aus politischem Antrieb.[11] Nach der Abschaffung der Messe, der Einsetzung der reformierten, von der Stadt kontrollierten Kirchenorganisation und der Vertreibung des Benediktinerkonvents aus der Stadt galt es, die juristischen und historischen Verhältnisse aufzuarbeiten. Als Vadian nach der Erwerbung des Klosterbezirks durch die Stadt Zutritt zum äbtischen Archiv erhielt, konnte er die Entwicklung nach den Dokumenten verfolgen und die Argumentation der äbtischen Verwaltung in juristischen Fragen nachvollziehen.[12] Im zuerst verfassten Teil seiner *Größeren Chronik der Äbte des Klosters St. Gallen* behandelte Vadian die Regierungszeit von Abt Ulrich VIII. (*Ulrich Rösch*, 1457/63–1491) mit der Vorgeschichte unter Abt Kaspar von Hohenlandenberg.[13] Er bemühte sich keineswegs, eine ausgeglichene und wohl abgewogene Darstellung zu geben, seine Absicht war es, den Abt als machtgierigen,

Thomas: Humanist, Reformator, Bürgermeister, Patriot. Zum 450. Todestag Vadians. In: Neue Zürcher Zeitung (6. April 2001), S. 66.

9 Näf, Werner: Vadianische Analekten. St. Gallen 1945 (Vadian-Studien 1), S. 27–43; Bibliotheca Vadiani. Hrsg. v. Verena Schenker-Frei. St. Gallen 1973 (Vadian-Studien 9), S. 131–172.

10 Stettler, Bernhard: Einleitung zur Neuedition der *Größeren Chronik der Äbte*. Erscheint Ende 2009 / Anfang 2010.

11 Die ältere Forschung geht von der Vorstellung aus, Vadian habe mit der Arbeit an der *Grösseren Chronik der Äbte des Klosters St. Gallen* um 1525 begonnen. Eine genauere Untersuchung dieser Chronik hat gezeigt, dass Vadian sich erst 1529 mit der Erforschung der Geschichte des Klosters und der Stadt St. Gallen befasste. Gamper, Rudolf: Vadians Auswertung der spätmittelalterlichen Chroniken zur Landesgeschichte. In: Gamper, Vadian (wie Anm. 7), S. 21–41; Stettler, Einleitung (wie Anm. 10).

12 Stettler, Einleitung (wie Anm. 10).

13 Zur Entstehungsgeschichte der *Größeren Chronik*: Stettler, Einleitung (wie Anm. 10). Die Einleitung Bernhard Stettlers enthält auch eine umfassende Würdigung der Arbeit Vadians. Gamper, Rudolf: "Da ist dem gotzhus der todstich geben." In: Schatzkammer Stiftsarchiv St. Gallen. Miscellanea Lorenz Hollenstein. Hrsg. v. Peter Erhart. St. Gallen 2009, S. 53–56. Ältere Arbeiten: Fueter, Eduard: Geschichte der neueren Historiographie. 2. Aufl. München und Berlin 1925 (Handbuch der mittelalterlichen und neueren Geschichte, Abt. I. Allgemeines), S. 218; Feller; Bonjour (wie Anm. 1), S. 189–196; Peyer, Hans Conrad: Der St. Galler Reformator Vadian als Geschichtsschreiber. Pragmatische und mythische Geschichtsauffassung in der Schweiz des 16. Jahrhunderts. In: Schweizer Monatshefte 65, 1985, S. 315–328; Rüsch, Chronistik (wie Anm. 6), S. 46–50; Frohne, Chronistik (wie Anm. 6), S. 318; Gamper, Vadian (wie Anm. 7), v.a. die Beiträge von Rudolf Gamper, Alexa Renggli, Stefan Sonderegger, Renate Frohne, Martin Peter Schindler und Christian Sieber. Die Bewertung von Vadians Geschichtsschreibung in der Forschung beruht vorwiegend auf den späteren Werken, die hier nicht berücksichtigt werden.

unchristlichen Tyrannen zu entlarven.[14] Dabei ließ er sich in der Diktion und im Ton von der religionspolitischen Polemik der 1520er Jahre inspirieren. Vadian attestierte dem Abt *ain angeborne liebe zů rechnen und rechten* (zum Kalkulieren und Prozessieren) und stellte fest, dass *er eergitig was, demnach on underlaß trachtet, wie er zů gwalt* [Macht und Herrschaft] *komen möcht.*"[15] (siehe Abb. 1) Reichtum und *liebe zů der welt* kennzeichne die Fürstabtei, während doch die Mönche sich gemäß ihren Gelübden und Eiden aus der Welt zurückziehen und von aller weltlichen Pracht verabschieden müssten. Aber dies sei nun – kommentiert Vadian – Gott sei Dank vorüber; man sei inzwischen imstande, solchen Betrug, solches Unrecht und solche Heuchelei zu erkennen und als gegen Gott und sein in der Bibel festgehaltenes Wort gerichtet zu erkennen und zu verstehen.[16]

Über die Liebe zur Welt und die christliche Gottes- und Nächstenliebe hatte Vadian unter dem Einfluss Luthers bereits 1522 im großen Kommentar zur Geographie des Pomponius Mela im Anschluss an den Abschnitt über das Gold in Äthiopien einen Exkurs verfasst, in dem er dezidiert gegen die kirchliche Macht- und Prachtentfaltung Stellung bezog. In einem Satz, dessen Konstruktion im Deutschen überladen wirkt, stellte er die Liebe der Menschen zum Gold der Verachtung der Heiligen für materielle Güter gegenüber und flocht die ökonomische Überlegung ein, das Gold verdanke seinen hohen Geldwert dem seltenen Vorkommen des Metalls:

> *Wir, die wir uns zu Christus bekennen, überziehen, [...] weil Gold bei uns seltener vorkommt [als in Äthiopien], und weil eine stille Übereinkunft der Menschen nun einmal der Liebe zum Gold gilt, [...] die Heiligenbilder mit Gold und verkleiden die Gebeine der Heiligen mit Blattgold, als würden diese im Himmel endlich das Gold zu lieben beginnen, welches sie, solange sie unter den Menschen waren, doch zutiefst verachteten.*[17]

---

14 Rüsch, Ernst Gerhard: „Aines pfisters son von Wangen". Ulrich Rösch in den Äbte-Chroniken Vadians. In: Vogler Werner (Hrsg.): Ulrich Rösch. St. Galler Fürstabt und Landesherr. Beiträge zu seinem Wirken und zu seiner Zeit. St. Gallen 1987, S. 203–215 charakterisiert die Darstellung Vadians als Vita nach antiken Mustern, „imponierend in ihrem Kenntnisreichtum, ihrer hohen Kunst der oft breit angelegten, oft gedrängt-spannenden Erzählung, großartig in ihrer Leidenschaftlichkeit, Streitbarkeit, Einseitigkeit" (S. 212).

15 Von Watt (Vadian), Joachim: Chronik der Aebte des Klosters St. Gallen. St. Gallen 1875–1877, Bd. 2, S. 168.

16 Von Watt, Chronik (wie Anm. 15), Bd. 2, S. 200.

17 Frohne, Renate: Das Welt- und Menschenbild des St. Galler Humanisten Joachim von Watt / Vadian (1484–1551), Kap. 3.3.a, in Vorbereitung. Übersetzung Renate Frohne.

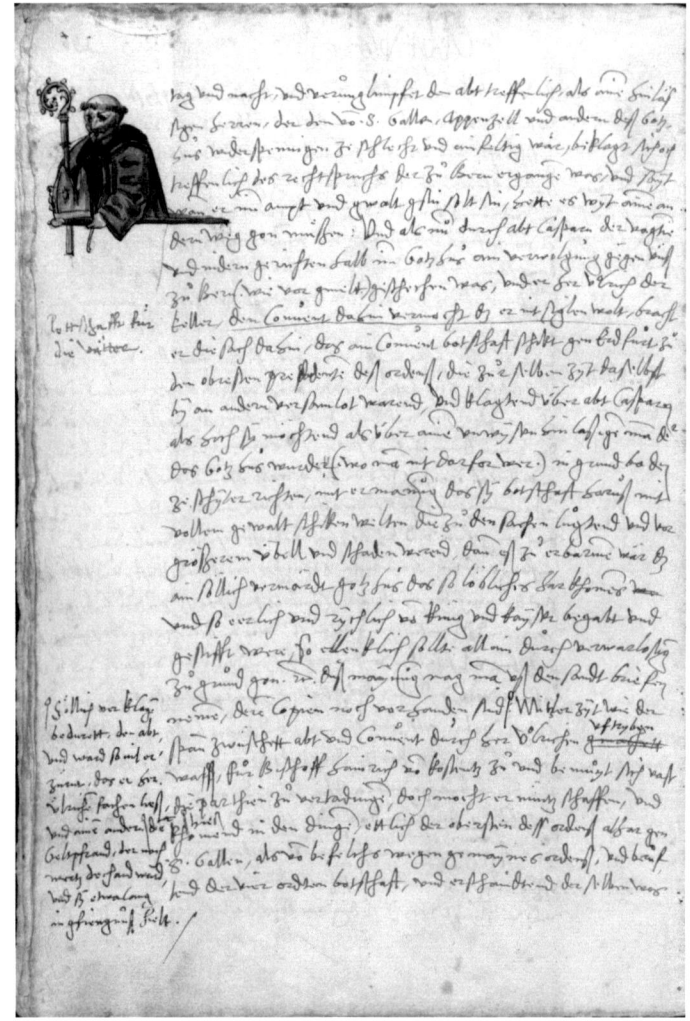

Abb. 1: Ulrich VIII. (Ulrich Rösch) mit Abtstab, Inful und dem Schwert
als Zeichen der weltlichen Herrschaft, die sich nach Vadians Auffassung
nicht mit dem geistlichen Auftrag des Abtes verträgt.
Nachträglich angebrachte kolorierte Federzeichnung im Autograph
von Vadians *Größerer Chronik der Äbte des Klosters St. Gallen.*
(Kantonsbibliothek St. Gallen [Vadiana], VadSlg Ms. 43, 396v.)

Vadian breitet nun seine ganze Gelehrsamkeit aus um zu zeigen, dass diese Kritik
sich auf römische Autoren wie Cicero und Persius ebenso stützen konnte wie auf
frühe Kirchenlehrer wie Laktanz. Am Ende regt er für die bildliche Darstellung wie

für das Leben eine Umkehr zur Einfachheit an; nur sie führe zum Glauben an die
Liebe Gottes und des Nächsten:

> *Warum erteilt ihr hohen Herren den Malern nicht den Auftrag, Christus ohne*
> *Verwendung von Gold zu malen – vergoldet ist er nie einhergeschritten –,*
> *und nicht den eigenen Stimmungen, sondern allein der Güte Christi Ausdruck*
> *zu verleihen? Mit einfacher überzeugender Farbe mögen sie ihn darstellen,*
> *wie er mit nackten Füßen einherschritt, in einfachster Kleidung das Unrecht*
> *gegen den Himmel vertrieb; dann werden sie jenes Gesicht abbilden, geprägt*
> *von der unsterblichen Lehre; das vernachlässigte Haar, den struppigen Bart,*
> *den dunklen Körper. Und sie sollen die Jünger dazu malen, wie sie mit ihren*
> *auf Christus gerichteten Augen, ihren aufmerksamen Herzen und den ge-*
> *spitzten Ohren die geistige Nahrung für eine wiederauferstehende Seele auf-*
> *nahmen; wie sie lernten, den Reichtum der Welt für gering, den Hochmut für*
> *hassenswert, den Ehrgeiz für nichtig zu halten, alles Verfeinerte als nur*
> *schattenhaft zu verstehen, und, um alles zusammenzufassen, die Welt selbst*
> *als unbedeutend zu vernachlässigen [...]; und schließlich aus dem Glauben*
> *heraus so zu leben, dass sie, die sich zu Christus bekennen, sich ja nicht*
> *ertappen lassen, besorgt um den Körper und befangen in der Liebe zu diesem*
> *irdischen Leben, vielmehr, wie sie durch den Glauben an die Liebe Gottes*
> *und des Nächsten in Widrigkeiten unerschütterlich und unbesiegt herbeieilen,*
> *solange ihr Leben währt.*[18]

In Vadians historischen Werken erscheint die Liebe nicht als positive Kraft, das
Wort „Liebe" wird – neben der formelhaften Verwendung in Anreden – häufig für
den unwiderstehlichen Hang kirchlicher Würdenträger zu Macht und Reichtum
verwendet. Liebe als Grundlage einer Beziehung zwischen Menschen ist in der
Chronik kein Thema. Ganz anders das Gegenteil: der Hass. Hass ist häufig Handlungsmotiv, gelegentlich in der Paarformel *hass und ufsatz* (Hass und Feindschaft)
und verbunden mit zornigem Aufbegehren. Vadian erkannte im Hass des Abtes
Ulrich Rösch auf die Stadt St. Gallen dessen Antrieb zum Handeln, was er durch
ausführliche Zitate aus Dokumenten aus dem Klosterarchiv belegte, *damit ain*
frommer leser verneme, was hasses und ufsatzes abt Uolrich zů unser stat ghebt.[19]
Natürlich gilt auch die Umkehrung: Die Stadt lebte in den Krisenzeiten in Hass und
Feindschaft mit dem Kloster. Vadian sah aber die Ursache der Feindschaft einseitig
im Geiz und der Herrschsucht von Abt Ulrich und charakterisierte ihn als Werwolf,
wobei in seinen Formulierungen die biblische Warnung vor falschen Propheten in
Matthäus 7,15 anklingt: *Sehend euch für vor den fal[s]chen propheten die zů euch*
kommend in den schaaffs kleydern / innwendig aber sind sy reyssend wölff.[20] Dieses

---

18 Frohne, Welt- und Menschenbild (wie Anm. 17), Kap. 3.3.b. Übersetzung Renate Frohne.
19 Von Watt, Chronik (wie Anm. 15), Bd. 2, S. 312.
20 Bibel Teütsch, Zürich (Christoph Froschauer d. Ä.) 1534. Teil 2, fol. CLXXIIIv (Mt 7,15).
    Vadian nannte Abt Ulrich VIII. mehrfach einen Wolf und beklagte seine *wolfsstüklinen*: Von

Bild hatte Luther bereits 1520 in seinen Schriften für kirchliche Würdenträger und für die Werkheiligkeit verwendet.[21] Den Papst und die römische Kurie nannte Luther „reißende Wölfe", für die er alttestamentliche Strafen für angemessen hielt: *Es were nit wunder, das got vom hymel schwebel und hellisch fewr regnet, und Rom in abgrundt vorsenckt, wie er vorzeytten Zodoma und Gomorren thet.*[22]

Vadian kannte die Frühschriften Luthers, in denen dieser das antichristliche Wesen des Papsttums theologisch analysierte und polemisch anprangerte. Er übernahm die Argumentation Luthers und bezeichnete die Päpste als Antichrist (*Endchrist* oder *Antchrist*).[23] Als Historiker stieß er auf die Frage, weshalb Gott jene, die den Niedergang der Kirche verursacht hatten, in seinem Zorn nicht – wie einst die Sünder in Sodom und Gomorrha – mit Pech und Schwefel ausgetilgt, sondern das Unrecht habe geschehen lassen. Der so genannte Mendikantenstreit an der Universität Paris in den 1250er Jahren gab Vadian Anlass zu einer Erläuterung, weshalb der Irrtum über die Wahrheit gesiegt habe. Dies war nach seiner Auffassung deshalb geschehen, weil Gott nach Inhalt und Wortlaut der Heiligen Schrift den Antichrist gleichermaßen in Erscheinung treten lassen wolle wie die Wahrheit, denn die Undankbarkeit der Menschen habe seinen Zorn wohl verdient.

> *Also sind von anfang der iertůmben alweg lüt gsin in der kirchen Christi, die das iertům gsechen hand und doch die warhait wider die selb nit erhalten mögen. Welichs wir darum geschechen sin achten wellend, daß Gott nach lut und sag der geschrift den antchristen hat glichermaß an den tag komen wellen laßen und den grüwel [Greuel] an der hailgen stät, von dem Daniel [9,24–27] geredt und Christus gemeldet, in sin sterke bringen; wie dan unser undankbarkait sinen zorn wol verdient hat.*[24]

Vadians Ausführungen über den Heilsplan Gottes und über die Undankbarkeit der Menschen, die den Zorn Gottes verdienten, stehen in der Chronik nicht an zentraler Stelle. Sie gehören zu den Exkursen, die sich in Vadians *Größerer Chronik* an das zentrale Thema der St. Galler Klostergeschichte im Rahmen der Kirchen- und Landesgeschichte lose anschließen und dazu dienen, die Geschichtsdarstellung zu bereichern und wichtige Einsichten zu vermitteln. In derartigen Exkursen versuchte

---

    Watt, Chronik (wie Anm. 15), Bd. 2, S. 167 (*werwolf und röuber*), S. 207 (*wolfsstüklinen*; die *in schafsklaidern wandln*), S. 292 (*diser wolf*), S. 297 (*und diser wolf uf diß vart dadannen nünt rißen mocht*), S. 298 (*Die wolfsklauwen hand sich umerdar für den schafbalg ußhar glaßen*), S. 311 (*Das was nun die schafhut, under welcher sich der wolf zů verbergen understůnd*).

21 Luther, Martin: Werke, Bd. 6. Weimar 1888, S. 419 und 567; Werke, Bd. 7. Weimar 1897, S. 33f. und 63.

22 Luther, Martin: An den christlichen Adel deutscher Nation von des christlichen Standes Besserung. In: Werke, Bd. 6. Weimar 1888, S. 419 und 421. In Vadians Exemplar (heute St. Gallen, Stiftsbibliothek, FF m I 4/2; Bibliotheca Vadiani [wie Anm] 9, Nr. 857) finden sich keine Marginalien.

23 Von Watt, Chronik (wie Anm. 15), Bd. 1, S. 447, 513, 518 und 561.

24 Von Watt, Chronik (wie Anm. 15), Bd. 1, S. 318f.

Vadian, wie Bernhard Stettler zeigt, die Grundprobleme und die Gesamtentwicklung der Epoche, die er darstellte, zu ergründen. Vadian war aber kein systematischer Denker, der die gewonnenen Erkenntnisse konsequent auf alle ähnlich gelagerten Fälle anwendete. Wo es an anderen Stellen galt, unverdientes Unglück zu erklären, verwies Vadian auf die Strafe Gottes als direkte Vergeltung für das sündhafte menschliche Leben, ohne den Zorn Gottes ausdrücklich zu nennen, so etwa nach der verheerenden Niederlage der St. Galler gegen Abt Ulrich 1491:

> *Darnach [...] erhůb sich in unser stat ain witerer jamer und was nit gnůg, daß wir vergangens jars so vil laids und schadens erliten hattend; vilicht sölichs um Got mit unserem süntlichen leben verschult und nit bessers zů erwarten.*[25]

Die Einsicht in Gottes Heilsplan war für Vadian auch ein Grund zur Hoffnung. Er erkannte in der hussitischen Bewegung des späten 14. und frühen 15. Jahrhunderts in Böhmen eine Vorläuferin der Reformation, die durch die Verurteilung und Verbrennung von Hus am Konzil von Konstanz zwar einen Rückschlag erlitten hatte, aber der Wahrheit den Weg und den Menschen die Augen geöffnet hatte – ein Werk der Gnade Gottes, in der sich seine Liebe zu den Menschen ausdrückte.

> *Nun was die bar, luter und götlich warhait uf der pan, wie wir zů unsern ziten uß den gnaden Gotes mit der geschrift erfaren hand. Doch mocht si dozmal nit kainen fürgang han; was ouch Gotes will noch nit, und ist des entchristz macht und ansechen ufrecht und zům tail unerkant bliben, biß uf das 1518 jar hat Got durch dri man, namlich doctor Erasmus von Roterdam, doctor Martin Luther in Saxen und Huldrichen Zwinglin in der Aidgnoschaft die kraft sines wortz an den tag komen laßen, der hofnung zů Got, das übel werde nit witer richsnen so gwaltiklich und der mönchen trug gar zů grund fallen. Warlich aber, ja warlich mag sich ain jeder christ, so er etwas in sich selbs gat und erwigt das gebieten Gotes, hoch und groß verwundern, wie es doch hette on ain sonderbar straf Gotes sin mögen, daß wir stokblind worden werind und in unsern sinnen so verstopt, daß wir die lüt für gaistlich und sonderbar diener Gotes geachtet hettend ...*[26]

In der Reformation verbinden sich für Vadian die Erleuchtung des Glaubens mit dem Zusammenbruch der äbtischen Herrschaft, was der Stadt neue Entwicklungsperspektiven bot – Perspektiven, die mit dem politischen Umschwung nach dem Zweiten Kappeler Krieg im Herbst 1531 einer völlig anders gearteten Realität wichen. Vadian zog die Konsequenz und brach seine Arbeit an der *Größeren Chronik der Äbte* ab.

---

25 Von Watt, Chronik (wie Anm. 15), Bd. 2, S. 369.
26 Von Watt, Chronik (wie Anm. 15), Bd. 1, S. 469f.

Johannes Kessler: *Sabbata*

Die Chroniken Vadians und Kesslers haben auf den ersten Blick wenig gemeinsam außer den enormen Umfang, wobei Kessler Vadian noch übertraf. Vadian befasste sich mit dem Hoch- und Spätmittelalter, während Kessler eine Gegenwartschronik schrieb. Vadians Darstellung beruht weitgehend auf Archivstudien und älteren Chroniken, während Kessler neben Flugschriften und offiziellen Dokumenten mündliche Berichte und eigene Beobachtungen verarbeitete. Vadian begann seine Quellenstudien 1529 nach der Erwerbung des Klosterbezirks durch die Stadt und schrieb zuerst den umfangreichen Schlussteil, dem er die früheren Teile Stück um Stück voranstellte, während Kessler vermutlich durch die Täuferunruhen und den Bauernkrieg zum Chronisten wurde und die Chronik zeitlich nach vorn und nach hinten ausweitete. Vadian schrieb innerhalb von eineinhalb Jahren unter Zeitdruck, was ihn offenbar zu besonderen Leistungen stimulierte und ihn nicht hinderte, lange und gelegentlich komplizierte, oft am Latein orientierte Satzperioden aufs Papier zu bringen, während Kessler seine Mußestunden über mindestens 15 Jahre hinweg seinem Geschichtswerk widmete und auf sorgfältige, gut verständliche Formulierung achtete. Vadians Werk blieb ein Torso in der ersten, mit vielen Korrekturen und Ergänzungen versehenen Reinschrift, während Kessler seiner Chronik ein doppeltes Vorwort voranstellte, in einem theologischen Einleitungsteil den Offenbarungscharakter der Reformation begründete und dem Werk in einer repräsentativ ausgestatteten Reinschrift eine verbindliche Form gab, Bibelzitate und Hinweise zum Inhalt auf den Rändern vermerkte und den gesamten Inhalt durch ein Register erschloss. – Trotz der großen Unterschiede in der Form der Chroniken stimmen Vadian und Kessler in ihrer Haltung zu den wichtigen religiösen und gesellschaftspolitischen Fragen ihrer Zeit völlig überein; Kessler argumentierte stärker theologisch, stützte seine Begründungen häufiger und direkter auf der Bibel ab als Vadian und ließ seine Berichte immer wieder in eine predigtartige Ermahnung ausmünden.

Johannes Kessler (1502/03–1574)[27] war als Zwanzigjähriger von Martin Luthers Verständnis der christlichen Botschaft so sehr beeindruckt, dass er als armer Student für ein Jahr nach Wittenberg zog, um die neue Lehre an ihrer Quelle kennen zu lernen. Nach der Rückkehr nach St. Gallen legte er in seinen *Lesinen* als Laie die Bibel aus, bis die Obrigkeit einschritt und Kessler öffentliches Auftreten untersagte. Dies tat seinem Engagement keinen Abbruch. Als Handwerker verdiente er seinen Lebensunterhalt; in den freien Stunden widmete er sich seiner großen Gegenwartschronik, die er *Sabbata* (Freizeitssachen) nannte.[28]

---

27 Gamper, Rudolf; Gantenbein, Urs Leo: Jehle, Frank: Johannes Kessler. Chronist der Reformation, St. Gallen 2003; Bächtold, Hans Ulrich: Art. Kessler, Johannes. e-HLS (online): www.hls-dhs-dss.ch (2007).

28 Johannes Kesslers Sabbata, mit kleineren Schriften und Briefen. Hrsg. von Emil Egli und Rudolf Schoch, St. Gallen 1902. Wissmann, Ingeborg: Die St. Galler Reformationschronik des Johannes Kessler (1503–1574). Stuttgart 1972; Feller; Bonjour (wie Anm. 1), S. 186–189; Rüsch, Chronistik (wie Anm. 6), S. 50–52; Frohne, Chronistik (wie Anm. 6), S. 308–318;

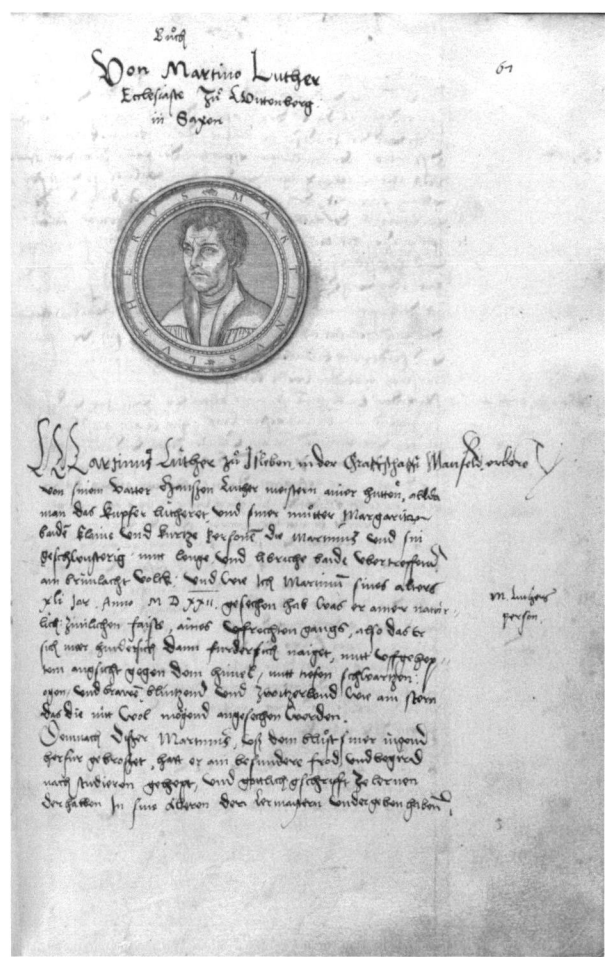

Abb. 2: Martin Luther, nach Johannes Kesslers Auffassung berufen, der Welt die Offenbarung der evangelischen Wahrheit zu bringen. Ausgeschnittener und eingeklebter Holzschnitt als Illustration im Autograph von Kesslers Reformationschronik (*Sabbata*).

(Kantonsbibliothek St. Gallen [Vadiana], VadSlg Ms. 72, 67r.)

Auf den ersten Seiten der *Sabbata* erklärte Kessler den Sündenfall und die Erlösung der Menschen durch Christus in Anlehnung an den Epheserbrief (Kapitel 2) mit den Begriffen Liebe, Zorn und Gnade. Gott hatte dem Menschen *zů lieb* die übrigen

---

Gamper, Rudolf: Chronikreinschriften in der Reformationszeit. In: Aegidius Tschudi und seine Zeit. Hrsg. von Katharina Koller-Weiss und Christian Sieber. Basel 2002, S. 276–278.

Kreaturen erschaffen. Der Teufel habe durch seinen listigen Plan erreicht, dass *die sach mit dem menschen anderst uβgeschlagen*, als es Gott angeordnet hatte, und dass darauf die positive Ausrichtung des Menschen ins Gegenteil verkehrt worden sei: Gunst in Ungunst, Seligkeit in Verdammung, Freiheit in Knechtschaft, Leben in Tod usw., so dass *wir als* [?] *kinder des zorns geboren werden und zů allen gůten werken durch aigens vermügen untüchtig worden*.[29] Nun wolle der von Natur aus barmherzige Gott nicht ewig mit uns hadern und zürnen (nach Psalm 103), sondern habe in seiner Güte und Gnade aus eigener, von ihm selbst angezündeter Liebe durch seinen geliebten Sohn den Menschen sich selbst wieder angenehm gemacht (nach dem ersten Johannesbrief, Kapitel 4 und Epheserbrief, Kapitel 1). In der Folge erläutert Kessler kurz die zentralen Aussagen der biblischen Geschichte bis zum Erscheinen und zum Tod Christi, fasst die Grundlagen des christlichen Glaubens und des christlichen Gottesdienstes (im Sinne der Reformation) zusammen und hält am Ende fest: *Wer aber sollichs obgemelte werk der erlösung nit globen, nit darum vertruwen wurd, der hat kainen hailand, kainen erlöser, kainen überwinder; dem lebt der tod, die sünd* [...], *ja der zorn Gottes unversůnt blibt ob im, und alles, so er thůt im schin gůt, ist sünd*.[30]

In der Chronik nimmt Kessler diesen Gedankengang an einer wichtigen Stelle auf. Das zentrale Geschehen seiner Zeit – das auch sein eigenes Leben bestimmte – war für ihn die Reformation, in seinen eigenen Worten die *offenbarung der warhait*. Gott habe sich vorgenommen, vielerlei Irrtümer ans Licht zu bringen und auszutilgen (*offenbaren und uβrüten*) und sie durch die Wahrheit zu ersetzen. Im Vorwort erklärt Kessler diese Erleuchtung in seiner Deutung von Platons Höhlengleichnis. Die aus der dunklen Höhle und ihrer Schattenwelt befreiten Gefangenen seien zur *rainen, luteren erkantnus Jesu Christi* empor gestiegen, die in der Höhle Zurückgebliebenen hätten auf die *überflüβigen ceremonien und menschensatzungen* vertraut, mit denen sie seit ihrer Kindheit gelebt hätten. Diese Mehrheit scheue allerdings *den hellen glanz evangelischer warhait*; Kessler geht ausführlich auf die Widerstände ein, die sich *Gottes wort* entgegenstellen; er vertraute aber auf die Wirkung der evangelischen Predigt.[31] Gott habe, führt er an anderer Stelle aus, als Voraussetzung einige Personen dazu bestimmt, die alten Sprachen, Griechisch und Hebräisch, in ihrer ursprünglichen Form zu erlernen und zu lehren, nur so lasse sich das richtige Verständnis der Bibel sichern. *Dann warlich, warlich, wil man gottliche gschrift suber und rain och in irem aingebornen verstand behalten, so pflanze man und behalte der zwaien sprachen, baide hebraisch und kriecheschen, wissenhait.* Die Übersetzung der Bibel reiche nicht; oft schleiche sich unbemerkt ein Irrtum ein. So müsse die Sprachkenntnis unbedingt erhalten und erweitert werden, denn sollte diese

---

29 Kessler, Sabbata (wie Anm. 28), S. 19. Zur Lesung *als kinder des zorns*: Im Original steht, *daβ wir alle kinder des zorns geboren werden*. In diesem Abschnitt finden sich mehrere offensichliche Schreibfehler; möglicherweise ist *alle kinder* ein Verschrieb für *als kinder*.
30 Kessler, Sabbata (wie Anm. 28), S. 27.
31 Kessler, Sabbata (wie Anm. 28), S. 84 und 6f.; Frohne, Chronistik (wie Anm. 6), S. 313f.

fruchtbar und schöne gab uß gottlicher erbermd verlichen durch den zorn Gottes widerumb entzuckt [gewaltsam entrissen] *werden – o wee der armen welt.* Wie rasch würde doch, fürchtet Kessler, der Irrtum wiederkehren, wenn diese grundlegende Kenntnis verloren ginge. Am Ende seiner weit ausgreifenden Reflexionen zur Bedeutung der Sprache für die Verbreitung der biblischen Botschaft kehrt er zu Gottes Lenkung des Weltlaufs zurück. Wenn Gott die Welt habe strafen wollen, habe er *oftmals mit entziechung der sprachen sinen zorn bewiset*, so etwa an den ehrgeizigen Babyloniern.[32]

Kessler erkennt Gottes lenkende Hand immer wieder in den Ereignissen; Gottes Zorn wird dort sichtbar, wo eine natürliche Erklärung versagt. Im ältesten Teil der Chronik, der Geschichte der Täufer und des Bauernkriegs, in dem sich Kessler häufig in der Ich-Form an seine Leser wendet, beschreibt er das Bibelverständnis der Täufer, in dem ungebundene Freiheit und prophetische Eingebung die hergebrachten Normen des gesellschaftlichen Zusammenlebens sprengten. Kessler drückt sein Unverständnis und seinen Widerwillen deutlich aus, bekennt aber:

> *Doch müß ich sprechen und verjechen, das ich von disen fleischlichen bilder- und comedispiler etwas gelernet hab, namlich den hochen und grimen zorn Gottes über die, so sin namen und hailiges wort mißbruchen, und den Gott hoch ze fürchten. Dann ich nit globt hette, das die ihenigen, so anfangs nach gottlicher warhait strebtend, möchtend widerumb in so grob, offenlich, unverschampte irthumb fallen. Ja Herr, din urtail sind un zwifel ain verborgne tiefe; ja frilich verhertestu, wen du wilt, und erbarmst dich, wes du wilt. Wolan, by dir ist macht und gwalt, brechen, rißen, ufrichten und buwen. Dir sije lob in ewigkait!*[33]

Im Bericht über den Bauernkrieg ist Kesslers Gedankengang, wie Gott dazu kam, in seinem Zorn die aufständischen Bauern vernichten zu lassen, verschlungener und tiefgründiger. Am Anfang habe der barmherzige Gott durch sein heiliges Evangelium die Bosheit sowie die tückische und heuchlerische Verführung des antichristlichen Papsttums in deutschen Landen offenbart. Viele Fürsten, besonders die geistlichen, hätten aber diese Lehre zu unterdrücken versucht und die Verbreitung der evangelischen Lehre in der Predigt verboten. Das habe sich gerächt. Hätten sich die Fürsten ein *fridsam, underthenig und gehorsam volk* gewünscht, hätten sie besser die evangelischen Prediger unterstützt, denn durch die Predigt des Evangeliums lerne man, dass man *der oberkait, als Gottes dienerin, und iren ordnungen, ja och den ungeschlachten herren, sölle underthon und gehorsam sin.* Da man nun die wahren, wackeren und frommen Prediger und Diener Gottes *so grusam veracht, vertriben und umbbracht, hat Got entgegen in sinem zorn falsche und verkerte propheten uferweckt, die den buren in irem fürnemen recht gaben.* Diese falschen Propheten – Kessler nennt namentlich Thomas Münzer – hätten das Volk aufgewiegelt

---

32 Kessler, Sabbata (wie Anm. 28), S. 84–86.
33 Kessler, Sabbata (wie Anm. 28), S. 163, ähnlich zum Bauernkrieg, Sabbata, S. 172.

und ihm vorgegaukelt, sie brächten himmlische Offenbarung. So erfüllten sich die Worte Christi, *die er gesprochen von krieg und kriegsgschrai und embörungen aines volks wider das ander mit vil jamer und trůbsal, als vorzaichen sines bald künftigen letsten urtails.* Kessler spielt damit auf die Endzeit an, wie sie Jesus in den Evangelien ankündigt (Matthäus 24, 4ff., Markus 13, 3ff. und Lukas 21, 7ff.).[34] In den ersten, den Täuferunruhen und dem Bauernkrieg vorangestellten Kapiteln, die in den späten 1520er Jahren, sicher vor 1533 entstanden waren, ist häufig vom Antichrist die Rede. Kessler lebte damals im Bewusstsein, dass möglicherweise das Weltende bevorstehe, er deutete es aber nur an und vermied genaue Aussagen darüber. Er kommt in den späteren Teilen der Chronik ab und zu auf den Zorn Gottes zu sprechen, z.B. beim Erscheinen des Kometen 1531, den er als Zeichen Gottes verstand, der *über uns erzürnt* [sei] *und sin zorn* [sei] *über uns entbrunnen* [entbrannt]; mit dem Himmelszeichen gebe Gott eine väterliche Warnung und eine Mahnung zur Umkehr.[35]

Auf die Liebe kommt Kessler im Zusammenhang mit dem Gottesdienst zu sprechen:

> *Und alles, so wir zitlichen und liblichen diensts halb im bewisen wellen, das sollen wir uß innerlichen und waren trüw und lieb unseren durftigen nechsten, die wir in disem vil bresthaften jomertail schwebend, ußtailen [...] und die liebe als brůderen und glidern ains libs so richlich under uns sin, das man uns hieby jünger Christi erkennen sol.*[36]

Die brüderliche Liebe der christlichen Gemeinde zeige sich in der Bereitschaft, Almosen zu spenden[37], aber auch in der gemeinsamen Bibellesung in den sogenannten Lesinen[38], die Aufspaltung der christlichen Gemeinden in der Reformationszeit bedeutete *zerrüttung brůderlicher liebe.*[39]

Die Chroniken Vadians und Kesslers repräsentieren die Sicht der städtischen Führung in gekonnter Darstellung. Sie zeigen Zusammenhänge, die Handlungsstränge sind aufeinander bezogen und in eine klare Vorstellung über den Geschichtsverlauf eingebettet. Es ist kein Zufall, dass sich die Geschichtsschreibung späterer Zeiten bis in die Gegenwart vor allem an den Werken dieser zwei Chronisten orientiert und sich mit ihren Wertungen auseinandergesetzt hat.

Johannes Rütiner: *Diarium*

Die Aufzeichnungen von Johannes Rütiner haben einen völlig anderen Charakter. Sie bestehen aus kleinen Sequenzen von Handlungsabläufen oder kurzen Informatio-

---

34 Kessler, Sabbata (wie Anm. 28), S. 171f.
35 Kessler, Sabbata (wie Anm. 28), S. 362; ähnlich S. 271.
36 Kessler, Sabbata (wie Anm. 28), S. 27.
37 Kessler, Sabbata (wie Anm. 28), S. 49 und 116.
38 Kessler, Sabbata (wie Anm. 28), S. 107.
39 Kessler, Sabbata (wie Anm. 28), S. 112.

nen, die inhaltlich untereinander keine Verbindung haben und ohne erkennbare Ordnung aufgereiht sind. Anders als die Chroniken Vadians und Kesslers will Rütiner nicht erzählen oder belehren. Er richtet sich nie an eine Zuhörerschaft und schreibt auch im Gegensatz zu Vadian und Kessler nicht deutsch, sondern ein kunstloses, aber dennoch nicht einfaches Latein, „kurzatmig, holprig, oft nur nach langer Einfühlung einigermaßen zu verstehen".[40] Je näher und vertrauter Rütiner die Menschen waren, desto knapper fallen die Aufzeichnungen aus; bei den Einträgen über St. Galler Begebenheiten handelt es sich oft mehr um Gedankenstützen für die lebendige Erinnerung als um Erzählungen für ein Publikum. Rütiners Aufzeichnungen haben privaten Charakter; im Gegensatz zu Vadians und Kesslers Chroniken waren sie auch weder seinen Bücherfreunden noch dem Rat bekannt. Der Inhalt der zwei kleinen, handlichen Oktavbändchen lässt sich erst durch das moderne, von Ernst Gerhard Rüsch zusammengestellte Register überblicken; zu Rütiners Zeit konnte wohl nur der Verfasser selbst sich darin zurechtfinden.

Die Aufzeichnungen enthalten eine bunte Mischung von Wissenswertem aus ganz verschiedenen Lebensbereichen. Sie berichten über Ereignisse aus der Sphäre des Politischen, die sich auch bei Vadian und Kessler finden, sie handeln aber vorwiegend von ungewöhnlichen Begebenheiten am Rande des Alltagslebens. Sie berichten über all das, was den Menschen aller Schichten seiner Stadt zustieß: über verhängnisvolle und glückliche Zufälle und Verstrickungen, über Zwischenmenschliches in allen Schattierungen – ein Kaleidoskop des Lebens der Stadt St. Gallen und der Ostschweiz mit einigen Ausblicken auf Aufsehenerregendes in ganz Europa in den Jahren 1529 bis 1539 und Rückblicken bis ins spätere 15. Jahrhundert. Nur über sich selbst erzählt Rütiner nichts. Man erfährt weder etwas über seine Familie, noch über seine beruflichen Tätigkeit und über seine öffentlichen Ämter. Deshalb ist auch die Bezeichnung „Diarium" irreführend. Es ist weder ein Amtstagebuch noch eine private Aufzeichnung dessen, was den Verfasser berührte; es ist vielmehr eine Art Protokoll dessen, was Rütiner im Gespräch auf der Gasse oder in geselligen Runden am Abend erfuhr. Er war vielseitig interessiert und belesen; er hatte in seiner Ausbildung auch fünf Jahre in Basel verbracht und dort Vorlesungen an der Universität besucht. Er las Bücher aller Art.[41] Warum er an Weihnachten 1529 anfing, aufzuzeichnen, was er vernahm, verrät er nicht. Johannes Kessler erinnert sich in der Vorrede der *Sabbata* an einen gemeinsam besprochenen Plan (*dinen samethaften ratschlag*)[42], nach dem er die Gegenwartsgeschichte nach wahrheitsgetreuen Berichten aufzeichnen und sie dann auch Rütiner zugänglich machen wolle. Das mag diesen angeregt haben, seinerseits Aufzeichnungen anzulegen. Einiges deutet darauf hin, dass ihm ein Zug zum Sammeln eigen war. Er bewahrte seine Schulhefte auf und ließ sie so einbinden, dass nichts daraus verloren

---

40 Rütiner, Johannes: Diarium. Hrsg. v. Ernst Gerhard Rüsch. St. Gallen 1996, Kommentarbd., S. 37.

41 Rütiner, Kommentarbd. (wie Anm. 40), S. 21–24.

42 Kessler, Sabbata (wie Anm. 28), S. 15.

ging. Er legte Auszüge aus den Chroniken von Vadian und Kessler an. Er kopierte auch Listen der Bücher in der städtischen Bibliothek und in St. Galler Privatbibliotheken; möglicherweise verfasste er selbst solche Listen. Das Aufzeichnen der „Histörchen und Kurzgeschichten"[43] war auch ein Sammeln von Wissenswertem. Was diese Sammlung speziell auszeichnet, sind die genauen Quellenangaben. Nach jedem Abschnitt sind die Gewährsleute genannt, was auch auf diese ein Licht wirft.

In diesen knapp gehaltenen Aufzeichnungen von Wissenswertem aus Straßen- und Tischgesprächen in knorrigem Latein darf man keine feinsinnigen Empfindungen erwarten. Ein typische Geschichte lautet im Original und in der Übersetzung von Ernst Gerhard Rüsch:

> *Wibrat Goldenstainin illius quae Bummans scortum fuit matertera, quae eciam eam educavit, semper habuit bacchantes, a quibus corrupta. Proba ipsa fuit. Amavit den Fackler sellularium, duxisset eciam eum qui leprosus deinde.*
> *Eadem [Barbara Vonwillerin]*

> *Wibrat Goldenstainin war die Tante jener, die Bumans Buhlerin war. Sie hat sie auch erzogen. Immer hatte sie fahrende Schüler [bei sich zur Herberge], von denen sie [die Nichte] verdorben wurde. Sie selbst war wacker. Sie liebte den Fackler, den Sattler, hätte ihn geheiratet, doch er wurde dann aussätzig. Dieselbe [Barbara Vonwillerin]*[44]

Die Notiz setzt viel Wissen voraus. Wibrat Goldenstein und ihre hier namenlose Nichte kommen in den Aufzeichnungen Rütiners sonst nicht vor; man erfährt nicht mehr über sie. Mit wem aus der Familie Buman die namenlosen Nichte liiert war, wird auch nicht klar. Der am Ende genannte Sattler Fackler muss – nach einer Bemerkung in anderem Zusammenhang – ein stolzer Mensch gewesen sein. Als er als Aussätziger ins Siechenhaus am Linsebühl eintrat, trug er Buschfedern, genauso wie der Basler Patrizier Hieronymus Zscheckenbürlin, als er für seine Umgebung überraschend ins dortige Kartäuserkloster eintrat.[45] Die verkürzte Form der Aufzeichnungen bringt es mit sich, dass der Leser, dem die nötigen Hintergrundinfomationen fehlen, oft nur ahnt, was die Geschichte aufzeichnenswert machte.

Das Wort „amor" kommt nicht oft vor, „scortum" dagegen häufig. Rütiner vertraute seinem Buch gern allerlei Geschichten an über sexuelle Beziehungen außerhalb der Ehe und über uneheliche Kinder, ohne den trockenen Stil seiner Berichterstattung zu ändern. Er enthielt sich eines expliziten Kommentars und formulierte weder Zustimmung noch Verurteilung.

---

43 Rütiner, Kommentarbd. (wie Anm. 40), S. 13; vgl. Feller; Bonjour (wie Anm. 1), S. 196; Rüsch, Chronistik (wie Anm. 6), S. 52–54.
44 Rütiner, Johannes: Diarium. Hrsg. v. Ernst Gerhard Rüsch, St. Gallen 1996, Textbd. 1, S. 97, Nr. 167.
45 Rütiner, Textbd.1 (wie Anm. 44), Textbd. 1, S. 87f., Nr. 149.

Unter den Hunderten von Geschichten wird ab und zu auch der Zorn wirksam, nur bei Männern, die sich nicht unter Kontrolle hatten, z. B. Hans Schlumpf:

> *Hans Schlumpf war ein höchst hemmungsloser Mensch, im Spielen, im Lieben – auch verheiratete Frauen – im Trinken, so daß er vor dem dreißigsten Jahr keine Frau gefunden hätte […]. In Bregenz verdiente er sich jene [seine] Frau: mit Singen wurde sie betört […]. Beim Mann hatte sie viel zu leiden. Einmal hatte sie ein sehr schönes Obergewand von den Eltern. Der Mann, durch irgend etwas erzürnt, hieß sie das Gewand beibringen, schnitt es in Stücke, warf sie wie Würfel in ein Becken, hieß die Frau, sie ohne Murren in den Fluß hinaustragen.*[46]

Auch hier hat die Leserschaft den Eindruck, die Episode sei nicht vollständig erzählt, es fehle einiges, was die Geschichte verständlich machen würde. Ein Mann demütigt seine Ehefrau im Zorn mehrfach: Er lässt sie das Kleid, das ihr viel bedeutet, von ihr herbeibringen, er zerschneidet es offenbar vor ihren Augen und befiehlt ihr am Ende, es in den Fluss zu tragen, wobei nicht klar ist, ob sie es dort ins Wasser werfen soll. Jedenfalls zeigt die Geschichte einen Akt sinnloser Zerstörungswut.

In der Schilderung von Episoden, in denen Liebe, Zorn und andere Gefühle das Handeln der Menschen bestimmen, legt Rütiner keine überzeugende Darstellung vor. Er war kein Schriftsteller, der seinen Stoff zu gestalten vermochte; seine Aufzeichnungen bilden das Gerippe von Geschichten, denen Haut und Fleisch fehlen. Man weiß nicht, ob ihm der Wille zur Gestaltung, die Fähigkeit zur Formulierung oder die differenzierte Wahrnehmung der Gefühle fehlte – jedenfalls gehören Liebe und Zorn in der Vielfalt der Lebensäußerungen, die Rütiner festhielt, nicht zu den Höhepunkten seiner Darstellung.

Hermann Miles, Fridolin Sicher, Rudolf Sailer

Die zwei großen Chroniken von Vadian und Kessler sowie die Aufzeichnungen von Rütiner haben zu Recht große Beachtung gefunden; sie bieten eine Fülle von Informationen, die je in einer eigenständigen Darstellungsform zusammengestellt sind. Die Aufzeichnungen von Hermann Miles, Fridolin Sicher und Rudolf Sailer dagegen sind inhaltlich und formal bescheidener; das emotionale Engagement in der Darstellung und die theologische Deutung der Ereignisse fehlen weitgehend, Liebe und Zorn werden nur am Rand angesprochen.

Die Chronik von Hermann Miles (1463–1533), Priester in der Kirche St. Mangen[47], ist nicht im Original, sondern nur in mehrfach überarbeiteter und

---

46 Rütiner, Textbd.1 (wie Anm. 44), Textbd. 1, S. 48f., Nr. 92. Übersetzung Ernst Gerhard Rüsch.
47 Feller; Bonjour (wie Anm. 1), S. 181f.; Rüsch, Chronistik (wie Anm. 6), S. 54f.; Frohne, Chronistik (wie Anm. 6), S. 303–308; Schmid Keeling, Regula: Art. Miles, Hermann, e-HLS (online): www.hls-dhs-dss.ch (2008).

ergänzter Form erhalten.[48] Die Aufzeichnungen, die auf Miles zurückgehen, beginnen in jedem Abschnitt monoton mit der Datierung. Die Inhalte sind kurz und klar in einfacher Sprache formuliert; die Ereignisse stehen in annalistischer Form unverbunden hintereinander. Miles folgte der städtischen Politik und übernahm deren Wertungen. Gelegentlich tritt sein Stolz auf die Stadt hervor, etwa im Abschnitt *Von dem herlichen geselenschießen bi uns zů s. Gallen* im Jahr 1527.[49] Groß ist die Enttäuschung über den Ausgang des Kriegs gegen die Innerschweizer 1531. Hier holt Miles etwas weiter aus. Er schildert beim ersten Auszug 1529, wie Vadian dem St. Galler Aufgebot ehrenhaftes Verhalten einschärfte und die Männer vor dem liederlichen Soldatenleben warnte. 1531 ließen sich die Soldaten zu *ungehorsam, spilen, kistenfegen* [d.h. plündern] verleiten, *darum zů besorgen ist, Got hab sin zorn an uns erzaigt*.[50]

Auch Fridolin Sicher (1490–1546) war Priester. Er hatte sich zuvor zum Organisten ausbilden lassen.[51] Im Auftrag von Abt Franz Gaisberg schrieb er ca. 1516–1520 das mehrbändige *Directorium chori* mit der Gottesdienstordnung des Klosters[52]; er war den Umgang mit Büchern gewohnt. In den 1520er Jahren befasste er sich mit den theologischen Thesen der Reformatoren; er kopierte Vadians Vorlesung über die Apostelgeschichte[53], verweigerte 1525 dem Abt den Treueeid, blieb aber altgläubig.[54] Um 1530 verfasste er eine Gegenwartschronik[55], die sich bis 1515 an die ältere Chronik Heinrich Forrers aus Lichtensteig anschloss und am Anfang deren annalistische Form übernahm. In die kurzen, sachlichen Berichte streute Sicher Nachrichten über seinen persönlichen Werdegang ein. Auch in den späteren Teilen verarbeitete er zahlreiche schriftliche Quellen.[56] Je stärker er sich in der Darstellung der eigenen Gegenwart näherte, desto anschaulicher werden seine eigenen

---

48 Miles, Hermann: Chronik. Hrsg. v. Ernst Götzinger. In: Mitteilungen zur Vaterländischen Geschichte 28. St. Gallen 1902, S. 275–385.

49 Miles, Chronik (wie Anm. 48), S. 320–322.

50 Miles, Chronik (wie Anm. 48), S. 346 und 349.

51 Bruggisser-Lanker, Therese: Musik und Liturgie im Kloster St. Gallen in Spätmittelalter und Renaissance, Göttingen 2004, S. 43–47.

52 von Scarpatetti, Beat Matthias: Die Handschriften der Stiftsbibliothek St. Gallen, Bd. 2. Wiesbaden 2008, S. 376–388.

53 Zürich, Zentralbibliothek, Ms. C 106, von Scarpatetti, Beat Matthias; Gamper, Rudolf; Stähli, Marlis: Katalog der datierten Handschriften in der Schweiz, Bd. 3, Dietikon-Zürich 1991, Textband, Nr. 493.

54 Zur Biographie: von Scarpatetti; Gamper; Stähli (wie Anm. 53), S. 310.

55 Edition: Sicher, Fridolin: Chronik. Hrsg. v. Ernst Götzinger. Mitteilungen zur Vaterländischen Geschichte 20. St. Gallen 1885, S. 1–173. Die Handschrift in der Kantonsbibliothek St. Gallen, VadSlg Ms. 71, S. 237–352 zeigt eine andere Handschrift als die bekannten Buchschriften Sichers. Ob die Abschrift von seiner oder von fremder Hand stammen, müsste genauer untersucht werden. Das verwendete Papier ist zeitgenössisch (Wasserzeichen Bär, www.piccard-online.de, Nr. 84064). Vgl. von Scarpatetti; Gamper; Stähli (wie Anm. 53), S. 310. Zur Chronik: Feller; Bonjour (wie Anm. 1), S. 182f.; Rüsch, Chronistik (wie Anm. 6), S. 55f.; Frohne, Chronistik (wie Anm. 6), S. 303–308.

56 Egli, Emil: Analecta reformatoria, Bd. 1, Zürich 1899, S. 25–37.

Schilderungen. Beim Tod von Franz Gaisberg (23.3.1529) widmete Sicher seinem Abt einen ausführlichen Nachruf.[57] Immer häufiger werden kleine Episoden mit sichtlicher Erzählfreude ausgeführt, bis die Erzählung in der Fastenzeit 1531 abbricht.

Sicher scheint am Erzählen Gefallen gefunden zu haben; seine Dienste als altgläubiger Priester und Organist waren 1531 auf dem Höhepunkt der Reformation nicht mehr stark gefragt und er hatte reichlich freie Zeit. So bearbeitete er den gleichen Stoff noch einmal, schied aus, was nicht den engeren Lebenskreis betraf, und gestaltete die regionalen Inhalte neu als Buch zum Vorlesen, indem er thematisch Zusammengehörendes bündelte und mit längerem Atem schilderte, zusätzliche Informationen einflocht und pointierte Formulierungen einsetzte.[58] Immer wieder trat Sicher als Ich-Erzähler auf und sprach die Zuhörer direkt an. In der Einleitung führt er als Nutzen der Geschichtskenntnis an, *daß ietlichs mensch Gottes handlung in gůttat und straf künd erkennen und lernen*, wenn jemand fremdes Unglück kennen lerne, *so wirt im sin gegenwürtige trüebsal dester lichter und ringer*.[59] Dezidiert verurteilte Sicher die Unbotmäßigkeit und den *ufrůr* der Bauern, die *umgieng wie die pestilenz*[60], da die Bauern auch seine Pfründen gefährdeten, indem sie die Abgaben verweigerten. Sonst überließ er die Deutung, was gut und strafwürdig sei, besonders in Fragen der Religion, weitgehend dem Leser. Was er zum Ittinger Sturm von 1524 schrieb, gilt für die ganze Chronik: *Das ich jetzmal laß ston; mir zimpt nit witer, ich müeßt sunst antwerderem tail recht oder onrecht geben; das verston ich nit, darumb hör ich nun uf.*[61] Die Verurteilung der Neugläubigen fällt erstaunlich milde aus; die Übereinkunft, die den Ersten Kappeler Krieg beendete, kommentierte Sicher: *Größere fröd ist mir nüt allein, sonder aller welt, als ich gesehen hab, nie widerfaren.*[62] In dieser Milde hat Zorn keinen Platz[63]; Sichers Treue zu Abt und Konvent steht fest, von einer Liebe zum Kloster zu sprechen, ginge freilich zu weit.

Die überarbeitete Fassung der Chronik ist nicht fertig geworden. Sicher verließ 1531 die Ostschweiz nach dem Verlust seiner Pfründen und übersiedelte nach Ensisheim, dem elsässischen Residenzort des österreichischen Landvogts.[64] 1537 kehrte er zurück, schrieb weitere Bücher für den Konvent, ließ sich aber nicht mehr auf die Geschichtsschreibung ein.

Ganz anders berichten die Amtstagebücher von Rudolf Sailer († 1532)[65], dem Kanzler und ständigen Begleiter der Äbte Kilian German und Diethelm Blarer. In

---

57 Sicher (wie Anm. 55), S. 99–104.
58 Sicher (wie Anm. 55), S. 177–273; zur Bearbeitung S. VIIIf.
59 Sicher (wie Anm. 55), S. 177.
60 Sicher (wie Anm. 55), S. 186f. u.a., Zitat S. 212.
61 Sicher (wie Anm. 55), S. 187.
62 Sicher (wie Anm. 55), S. 238.
63 Sicher (wie Anm. 55) erwähnt den Zorn nur dort, wo er nicht mehr wirksam war, z.B. S. 187.
64 Von Scarpatetti, Handschriften (wie Anm. 52) S. 364.
65 Die Tagebücher Rudolf Sailers aus der Regierungszeit der Äbte Kilian German und Diethelm

ruhigem Ton und der formelhaften, wortreichen Sprache der diplomatischen Korres-
pondenz folgt man im Bericht den Aufenthaltsorten und Reisestationen der beiden
exilierten Äbte zwischen Luzern und Augsburg, Bregenz und Waldshut. Sailer fasste
die offiziellen Gespräche mit den Räten der Schutzmächte Schwyz und Luzern
sowie befreundeten weltlichen und geistlichen Fürsten zusammen und rückte ein-
und ausgehende Missiven, Supplikationen, Gewaltsbriefe, Abschiede und andere
Dokumente des diplomatischen Verkehrs ein. Inhaltlich dominiert im ersten Teil
über die Regierungszeit von Abt Kilian ab August 1529 dessen Bemühen, die Herrschaft über die Gotteshausleute wieder zu erlangen, im zweiten Teil über die Regierungszeit von Abt Diethelm kommen die finanziellen Nöte des exilierten Konvents
ohne Einkünfte dazu.

Der Berichtshorizont ist eng; er geht selten über das öffentliche Auftreten und
den Schriftverkehr des Abtes hinaus; die Feinde treten im Bericht nur selten in Erscheinung. Häufig werden Gefühle der Äbte beim Eintreffen neuer Nachrichten festgehalten; sie schwanken zwischen Freude und Traurigkeit, Kummer und Angst, je
nachdem, ob sie zur Hoffnung auf Wiederherstellung des Klosters Anlass gaben
oder weiteres Unheil befürchten ließen[66], Gefühle, die die Äbte auch in Missiven an
Gleichgestellte ausdrückten. Weitergehende persönliche Gefühle sind kein Thema,
die Feinde in Zürich und St. Gallen, die den Konvent vertrieben hatten, werden in
einigen Dokumenten scharf angeklagt, im Text dagegen fehlen die zeitüblichen
hassgetränken Invektiven. Von Liebe in der Männergesellschaft, in der sich die Äbte
bewegten, ist im Amtstagebuch ebenso wenig die Rede wie von Zorn, der nach
traditioneller Lehre zu den sieben Todsünden zählt. Die distanzierte und auf juristi-
sche Sachverhalte ausgerichtete Darstellung mündet in den Schlussabschnitten der
beiden Teile in flüssige Erzählungen. Im ersten schildert Sailer sichtlich bewegt den
30. August 1530, an dem Abt Kilian in den Fluten der Bregenzer Aach ertrank[67], im
zweiten den Kappeler Krieg im Oktober 1531, dessen Ausgang Abt Diethelm die
Rückkehr nach St. Gallen ermöglichte[68], zwei Episoden von so großer Bedeutung,
dass Sailer sich über die inhaltliche Beschränkung des Amtstagebuchs hinwegsetzte.

Wiborada Fluri

Direkte Betroffenheit spricht aus den Aufzeichnungen der Wiborada Fluri (oder
Mörli; vor 1504–1550) über die Vorgeschichte des nahenden Untergangs des
Schwesternhauses St. Leonhard vor den Toren der Stadt. Die Verfasserin stand dem
elfköpfigen Konvent der Beginengemeinschaft vor.[69] Ihr Bericht hat den Charakter

---

Blarer. Hrsg. v. Joseph Müller. In: Mitteilungen zur Vaterländischen Geschichte 33. St. Gallen
1913, S. 240–550; Feller; Bonjour (wie Anm. 1), S. 183f.
66 Z.B. Sailer, Tagebücher (wie Anm. 65), S. 285f., 331–336, 482.
67 Sailer, Tagebücher (wie Anm. 65), S. 389–393.
68 Sailer, Tagebücher (wie Anm. 65), S. 482–502.
69 Bless-Grabher, Magdalena: Untere Klause bei St. Leonhard. In: Die Beginen und Begarden in
der Schweiz. Helvetia Sacra IX/2. Basel 1995, S. 618; Schmid Keeling, Regula: Art. Mörli,
Wiborata, e-HLS (online): www.hls-dhs-dss.ch (2009).

einer gleichzeitig anklagenden und rechtfertigenden Erinnerungsschrift, in der die schrittweise Unterdrückung der Lebensform der Feldnonnen in den Jahren 1524 bis 1538 und das dabei erlittene Unrecht in Kurzerzählungen vergegenwärtigt werden.[70] Der chronikalische Bericht blendet alles aus, was nicht zu diesem Thema gehört; er setzt eine Leserschaft voraus, die mit den Zeitumständen gut vertraut war. Wiborara Fluri schreibt in einfacher, schnörkelloser Sprache, in kurzen Sätzen formuliert sie die Sachverhalte klar und präzis. Auf den ersten Seiten spricht sie von sich in der dritten Person als „Mutter“, in der Mitte des Berichts wechselt sie zum persönlichen *ich*.

In der ersten Sätzen zeigt Wiborada Fluri den Kern der Auseinandersetzung. Eine sechsköpfige Abordnung des städtischen Rates suchte am 21. Juni 1524 das Kloster auf mit der Erklärung: *Mutter und schwöstren, wir sind zu uch komen und wend uwer truwen heren sin*, das heißt: „Wir wollen euch unserer Herrschaft und unserem Schutz unterstellen.“[71] Der Konvent wehrte sich gegen jede Änderung der herkömmlichen Rechtsverhältnisse, musste aber Schritt für Schritt vor der Übermacht des Rates zurückweichen. Immer wieder stand die Vorsteherin des Schwesternhauses Vadian oder *Doktor Watter*, wie sie ihn nannte, dem wichtigsten Exponenten der Reformation in St. Gallen, gegenüber.[72] Sie hätte allen Grund gehabt, mit Zorn auf die immer einschneidenderen Maßnahmen des Rates zu reagieren, tat es aber nicht. Zorn ziemte sich nicht für Nonnen, wohl aber Festigkeit und Gottvertrauen, was Vadian (in der Formulierung Wiborada Fluris) zum Kommentar veranlasste: *Ir sind ainrichtig köpf und wend nit gehorsam sin.* („Ihr seid eigensinnige Köpfe und wollt keinen Gehorsam leisten“). Darauf Wiborada Fluri: „*Wir wend gehorsam sin in allem dem, das nit wider unser gewußnen ist und wider das, das wir got gelopt und verhaißen hand.* („Wir wollen Gehorsam leisten in allem, was nicht gegen unser Gewissen ist und gegen das, was wir Gott gelobt und versprochen haben.“) Standhaft und solidarisch zeigte sich die Schwesterngemeinschaft, als der Rat versuchte, einzelne mit verlockenden Angeboten zum Austritt zu bewegen, was alle ablehnten. Darin erkannte die Verfasserin dankbar das göttliche Wirken: *Got der hailig gaist, des werk es was, der sig ewigklich gelobt.*[73]

Wut und Zorn nahm Wiborada Fluri bei jenen wahr, die das Schwesternhaus bedrängten und angriffen. Zuerst war es eine aufgebrachte Menschenmenge von mehreren hundert Männern und Frauen, die am Palmsonntag 1525 ins Kloster

---

70 Meier, Gabriel: Bericht über das Frauenkloster St. Leonhard in St. Gallen von der Frau Mutter Wiborada Fluri, 1524–1538. In: Anzeiger für Schweizerische Geschichte 45 (1915), S. 14–44; Feller; Bonjour (wie Anm. 1), S. 185f.; Rüsch, Chronistik (wie Anm. 6), S. 56f.; Frohne, Chronistik (wie Anm. 6), S. 300–302.

71 Meier (wie Anm. 70), S. 20.

72 Meier (wie Anm. 70), S. 21. Die Bezeichnung „Watter“ anstelle des bekannten Namens „von Watt“ ist bereits für Vadians Wiener Studienjahre bezeugt: 1508 war *Joachim Watter Gallensis* Licentiatus artium. Uiblein, Paul: Die Universität Wien im Mittelalter. Beiträge und Forschungen, Wien 1999, S. 520, Anm. 108.

73 Meier (wie Anm. 70), S. 32f.

eindrang und sich am Wein gütlich tat, später Vadian, der *vast zornig* wurde, als es trotz freundlichem Zureden und Drohungen nicht gelang, der Gemeinschaft auch nur eine Schwester abspenstig zu machen.[74] Es ist eine Ironie des Schicksals, dass im einzigen Buch, das sich Vadian aus der Bibliothek des Schwesternhauses St. Leonhard aneignete, einem Druck mit Werken Cassians, die Hauptsünde „ira" – „Zorn" behandelt wird.[75]

Und die Liebe? Der chronikalische Bericht handelt vom erlittenen Unrecht. Da ist kein Platz für die Liebe. Die Liebe ist ein Hauptthema in der Erbauungsliteratur, die in der Bibliothek des Schwesternhauses stand. Vielleicht geht auf diese Literatur das Gottvertrauen der Verfasserin zurück, die in ihrem Bericht die wiederkehrende Bedrängnis und die Angst eindrücklich schildert, in ihren Schilderungen aber nie Verbitterung erkennen lässt.

Der Überblick zeigt: Liebe und Zorn fehlen nicht in den St. Galler Chroniken der Reformationszeit, sie haben aber nur in den beiden großen Chroniken von Vadian und Kessler, die in ein theologisch fundiertes Geschichtsbild eingebettet sind, ein großes Gewicht, da nur in diesen Werken Gottes Lenkung des Geschehens reflektiert wird. Den Zorn Gottes über menschliche Frevel erkennen die beiden Verfasser immer wieder in Naturkatastrophen und Niederlagen, die sie als Strafe Gottes deuten. Im menschlichen Bereich ist von Liebe häufiger die Rede als von Zorn. In Vadians Kirchenkritik gehört die Liebe der Geistlichen zu Herrschaft und Macht zu den Konstanten seiner ausufernden Polemik, Kessler verweist häufiger auf die brüderliche Liebe der christlichen Gemeinde. Wenn die übrigen St. Galler Chronisten nicht so häufig auf Liebe und Zorn zu sprechen kommen, mag dies auch damit zusammenhängen, dass die Beweggründe für Entscheidungen und Handlungen selten thematisiert werden. In politischen Fragen waren es oft nicht Einzelpersonen, auf die es ankam; Entscheide wurden in den republikanischen Städten und Ländern kollektiv verantwortet. Dies führte beispielsweise dazu, dass Fridolin Sicher den führenden Kopf der St. Galler Reformation, Joachim Vadian, dessen Vorlesung über die Apostelgeschichte er am Anfang der kirchlichen Erneuerung eigenhändig abgeschrieben hatte, nur einmal beiläufig erwähnte; es waren die „gnädigen Herren", der städtische Rat als kollektive Behörde, die für die Glaubensänderung zuständig waren. Liebe und Zorn gehören zum Gefühlsleben von Individuen, sie sind in der Regel kein Stoff für Chronisten in republikanischem Umfeld.

Ganz unterschiedlich ist das emotionale Engagement der Chronisten. Beim Lesen von Vadians Auseinandersetzung mit Abt Ulrich VIII. in der *Größeren Chronik der Äbte* gewinnt man beim Lesen den Eindruck, dem Bürgermeister sei beim Schreiben der Zorn immer wieder hoch gestiegen. Vadian kannte die von Cornelius Tacitus formulierte Maxime, die Darstellung sei „sine ira et studio" zu

---

74 Meier (wie Anm. 70), S. 38.
75 Kantonsbibliothek St. Gallen, VadSlg Inc 579: Johannes Cassianus, De institutis coenobiorum et de octo principalium vitiorum remediis. Collationes patrum. Basel (Johann Amerbach) 1485 (GW 6160), Kap. „De spiritu ire", fol. E5rb–F2va.

verfassen, er versicherte auch, dass er *niemand zů argem geschriben, sonder die warhait an den tag tůn můeßen, weliche in allen chroniken nit zů underlaßen, sonder zů pflanzen ist; sonst wurd man fablen und nit geschichten schriben.*[76] Zur Wahrheit der Darstellung gehörte für Vadian die Aufdeckung der Ränke und Listen des verhassten Abtes Ulrich VIII., die er scharf verurteilte, manchmal mit ironischem Unterton, häufiger aber aus einer direkten Betroffenheit heraus. Ganz anders steht es bei den übrigen Chronisten. Auch bei ihnen finden sich klare Verurteilungen von politischen und konfessionellen Gegnern, aber keine Aufwallung von Zorn.

Liebe und Zorn sind keine zentralen Themen der St. Galler Chroniken der Reformationszeit. Verfolgt man aber die Spur von Liebe und Zorn, stößt man auf Eigentümlichkeiten der einzelnen Chroniken, die jeder von ihnen ein schärferes Profil verleihen.

Für Anregungen und Hilfe bei den Korrekturen danke ich Gertraud Gamper, Dorothee Guggenheimer und Monika Studer.

---

76 Von Watt, Chronik (wie Anm. 15), Bd. 2, S. 366.

II. Schrift, Buch, Markt

Warum übersetzte Notker der Deutsche lateinische Texte „propter caritatem discipulorum", „aus Liebe zu seinen Schülern" ins Althochdeutsche? – Über Sprache und Schrift im Kloster St. Gallen um das Jahr 1000

Rupert Kalkofen

Rund 80'000 neue Titel erschienen 2007 in Deutschland, davon waren ca. 6'000 Übersetzungen.[1] Dass die meisten Bücher in der Landessprache erscheinen, mag einem ebenso selbstverständlich vorkommen, wie ein beständiger Anteil an Übersetzungen. In der Bildungs- und Schriftgeschichte Europas war beides keineswegs immer selbstverständlich, am wenigsten im frühen Mittelalter, als die Grundlagen der späteren Nationalsprachen und Nationalstaaten gelegt wurden. Die damals wirksamen schriftgeschichtliche Voraussetzungen und Konstellationen sollen hier in einer knappen Skizze dargestellt werden, um zu verstehen, inwiefern ‚die Liebe' bei Übersetzungen aus dem Lateinischen eine Rolle spielen konnte.

Runenschrift und Abc

Das römische Reich war, nachdem es seine größte Ausdehnung erreicht hatte, in den folgenden Jahrhunderten immer weniger in der Lage die militärischen Bedrohungen seiner Grenze abzuwehren. In Mitteleuropa drängten in Form von regelmäßigen Überfällen, dann auch Wanderungs- und Siedlungsbewegungen germanische Stämme seit dem 3. Jahrhundert auf römisches Gebiet. Zu ihnen gehörten auch die Alemannen, die den nördlichen Teil des heutigen Kantons St. Gallen seit dem 7. Jahrhundert besiedelten.[2]

---

1 Buch und Buchhandel in Zahlen. Hrsg. vom Börsenverein des Deutschen Buchhandels. Frankfurt a.M.: Börsenverein, 2008, S. 75. In der Schweiz erschienen rund 11'000 Titel, darunter ca. 7'000 deutsche, 2'400 französische, 400 italienische und 40 rätoromanische; die Anzahl der Übersetzungen ließ sich leider nicht feststellen.

2 Stromer, Markus: Besiedlung im Mittelalter. In: St. Galler Geschichte 2003. Bd. 1, Frühzeit bis Hochmittelalter. St. Gallen: Amt für Kultur des Kantons St. Gallen, 2003, S. 263–285, hier S. 265f. Die Geschichtswissenschaft sieht sich mittlerweile freilich kaum noch in der Lage, eine alemannische Stammesidentität auszumachen. Ein einziges Herzogtum, dessen Menschen sich auf einen Herrscher bezogen hätten, ist nicht festzustellen. Gut erklären lässt sich auf diese Wiese jedenfalls, warum die spätere Unterwerfung der Alemannen durch die Franken so lange dauerte: es waren mehrere kleine Könige, die besiegt werden mussten, nicht nur ein einziger starker Herzog. Geuenich, Dieter: Die Alemannen. Stuttgart, Berlin, Köln: Kohlhammer, 1997, S. 85f.; Kartschoke, Dieter: Geschichte der deutschen Literatur im frühen Mittelalter. München: dtv, 1990, S. 29.

Abb. 1: Das Vademecum oder persönliche Handbuch Walahfrid Strabos, entstanden
    zwischen etwa 825 und 849, in das er im Laufe seines Leben die verschiedensten
    Texte eintragen ließ. Auf dieser Seite (Ausschnitt) und der vorangehenden stehen
    verschiedene Alphabete, umseitig ein hebräisches, hier erst ein griechisches, dann
    das angelsächsische Futhork und schließlich das skandinavische jüngere Futhark
    (im Gegensatz zum älteren Futhark), von Walahfrid genannt *Abecedarium Nord-*
    mannicum, Abcd der Nordmänner. Das Futhark ist kaum mehr lesbar, weil im 19.
    Jahrhundert versucht worden war, die damals schon blasse Schrift mit Reagenzien
    besser sichtbar zu machen. Zum Glück hatte Wilhelm Grimm schon 1828 eine
                            Nachzeichnung angefertigt
                              (Cod. Sang 878, S. 321)

Die Germanen verwendeten, wenn sie ihre Sprache schrieben, Runenschrift.[3] In
einer Handschrift des 9. Jahrhunderts, die sich heute in der Stiftsbibliothek St.
Gallen befindet, in Codex Sangallensis 878 (Cod. Sang. 878), hat der Reichenauer

---

3 Eine Ausnahme stellt die Schrift der Goten dar, entwickelt von Bischof Wulfila (um 311–383)
   für seine Übersetzung des Neuen Testaments (erhalten im *Codex Argenteus,* Universitäts-
   bibliothek Uppsala). Sie beruht vor allem auf dem griechischen Alphabet und verwendet nur
   einzelne lateinische Buchstaben und Runen. Weil sie aber mit dem von Wulfila vertretenen
   arianischen Christentum verbunden war, das auf dem Konzil von Konstantinopel (381) verworfen wurde, konnte sie nicht zur Schrift der Germanen werden, was ansonsten gut möglich
   gewesen wäre.

Mönch und spätere Abt Walahfrid Strabo (ca. 808–849) aus gelehrt-antiquarischem Interesse zwei Runenreihen festgehalten (s. Abb. 1).[4] Seine Aufzeichnung nennt die Runenreihe lateinisch *Abecedarium Nordmannicum*, wörtlich übersetzt: *Abcd der Nordmänner*, überträgt also den Namen der lateinischen Buchstabenfolge, abgeleitet von den ersten vier Buchstaben, auf die Runen. So meinte auch die Bezeichnung ‚Alphabet' ursprünglich Alpha und Beta, die ersten beiden Buchstaben der griechischen Buchstabenfolge, mit der die abendländische Geschichte des Alphabets beginnt. (Denn die Griechen hatten das nordsemitische Alphabet der Phönizier, das fast nur die Konsonanten notierte – was der Struktur semitischen Sprachen, wie Arabisch und Hebräisch, entgegenkommt –, um Vokalzeichen ergänzt und damit den angemessenen Standard für die west- und osteuropäischen Sprachen geschaffen.) Die moderne Forschung nennt die Runenreihe nach den ersten sechs Buchstaben *Futhark* (das th ist ein einziger Buchstabe, die thorn-Rune, bzw. ein einziger Laut und wie im Englischen auszusprechen, das ihn bewahrt hat; das Isländische kennt heute noch Laut *und* Buchstabe, sogar zwei Buchstaben, für die stimmhafte und die stimmlose Variante). Walahfrid Strabo nannte die Runen zu Recht ein Abcd, denn sie sind eine Alphabet- bzw. Lautschrift wie das Lateinische oder Griechische, d.h. die Laute der Sprache werden jeweils mit einem Zeichen dargestellt.[5] (Ein ganz anderes Prinzip ist das der Begriffsschrift, deren Zeichen jeweils nicht einen bedeutungslosen Laut, sondern eine konkrete Bedeutung wiedergeben. Diese Schriften brauchen tendenziell so viele Zeichen wie es nicht zusammengesetzte Bedeutungen gibt, jedenfalls sehr viel mehr Zeichen als eine Alphabet- oder Lautschrift.)

---

4   Sie entstand wahrscheinlich während seiner Zeit im Kloster Fulda (nach 825 für 3 bis 4 Jahre) bei dessen Abt Hrabanus Maurus (ca. 780–856), einem seiner Lehrer. Tatsächlich *ließ* er die Runen eintragen; sie stehen zwar in seinem umfangreichen, fast 400-seitigen persönlichen Handbuch, das er beinahe sein Leben lang bei sich hatte, doch ist kaum einer der vielen verschiedenen Texte darin von seiner Hand. Karl Schmuki, Der Reichenauer Dichter und Gelehrte Walahfrid Strabo. In: Tremp, Ernst; Schmuki, Karl; Flury, Theres: Eremus und Insula. St. Gallen und die Reichenau im Mittelalter. Katalog durch die Ausstellung in der Stiftsbibliothek St. Gallen (3. Dez. 2001–10. Nov. 2002). St. Gallen: Verlag am Klosterhof, 2002, S. 96. Siehe auch die Runen des sogenannten Isruna-Traktat (Cod. Sang. 270, S. 52) und ihre Verwendung als Geheimschrift; Kiening, Christian; Stercken, Martin (Hrsg.): SchriftRäume. Dimensionen von Schrift zwischen Mittelalter und Moderne. Zürich: Chronos, 2008 (Veröffentlichungen des nationalen Forschungsschwerpunkts „Medienwandel – Medienwechsel – Medienwissen", Bd. 4), S. 142, 166.

5   Innerhalb der europäischen Alphabet- oder Lautschriften meint ‚Lautschrift' wiederum eine besondere Schrift, die sehr viel präziser, weil mit mehr Zeichen als die gebräuchlichen Schriften arbeitend, die Aussprache notiert; Beispiel: die Aussprache von ‚ch' in Buch ([x]) und Bücher ([ç]). Klaus Düwel hält den Begriff ‚Runenalphabet' hingegen für unangebracht und plädiert für ‚Runenreihe', weil die Reihenfolge der Zeichen nicht der mediterranen Alphabete entspricht und erst im Mittelalter alphabetisch geordnet worden sei. Düwel, Klaus: Runenkunde. 3., vollständig neu bearbeitete Auflage. Stuttgart: Metzler 2001, S. 7. Die 4., überarbeitete und aktualisierte Auflage von 2008 lag mir leider nicht vor.

Als Schriftsystem funktionieren Runen also genauso wie die lateinischen oder griechischen Buchstaben, nur werden sie von den Germanen offensichtlich anders eingesetzt als von den Griechen und Römern. Während die wissenschaftliche Sammlung der erhaltenen lateinischen Inschriften, das *Corpus Inscriptionum Latinarum* (CIL), seit 1853 rund 180'000 Inschriften erfasst hat, sind nur rund 6'500 Runendenkmäler bekannt[6], bei denen es sich überwiegend um Inschriften auf Gegenständen oder Steinen handelt und meistens um kurze und kürzeste Texte, z.B. Namensnennungen und Segenssprüche. Die mit 200 Seiten umfangreiche aber einzige Runenhandschrift, der *Codex Runicus*, zeichnet Gesetze auf und ist erst um 1300 entstanden.[7] Er wird heute als der Versuch gesehen, aus der Runenschrift etwas zu machen, was sie bis dahin nicht war und auch dadurch nicht wurde, nämlich eine Buchschrift. Die umfangreichste Zusammenstellung nordischer Mythologie, die altisländische *Edda*, entstanden wenige Jahrzehnte vor dem *Codex Runicus*, ist bezeichnender Weise in frühgotischer Minuskel geschrieben, also einer Schrift, die nicht aus germanischer, sondern aus lateinischer Tradition stammt. Die wissenschaftliche Erforschung der Runen versteht sich denn auch als Epigraphik, d.h. als Erforschung von Inschriften[8], und bezeichnet die Runeninschriften des 3.–8. Jahrhunderts als Quellen, „die der literarischen Überlieferung weit voraus liegen".[9] Für die Gesamtheit der nicht-inschriftlichen lateinischen Texte, für Geschichtsschreibung, Recht, Philosophie und Dichtung gibt es mithin keine quantitativ auch nur annähernd gleichwertige germanische oder gar runische Entsprechung.

Es zeigt sich also, dass die lateinische Schriftüberlieferung unvergleichlich umfangreicher ist als die germanisch-runische. Das lässt nur den Schluss zu, dass die Germanen mit ihrer, der lateinischen funktional gleichwertigen Alphabetschrift dennoch bei weitem nicht so viel aufgeschrieben haben, wie die Römer. Der Grund, da die Schrift als solche dafür nicht in Frage kommt, kann nur in den gesellschaftlichen bzw. kulturellen Rahmenbedingungen gesehen werden: die Germanen hatten kein Bedürfnis, ihr Recht und ihre mündlichen Sagen und Dichtungen zu verschriftlichen. Ja, angesichts der Ähnlichkeit der einzelnen Runen mit älteren Alphabeten ist zu vermuten, dass die Germanen ihre Alphabetschrift, von der sie vergleichsweise wenig Gebrauch machten, nicht vollständig selbst erfunden, sondern im Kontakt mit einer Kultur des Mittelmeerraums entwickelt haben.[10] Demnach wären sie intelligent

---

6 Düwel, Runenkunde (wie Anm. 5), S. 3; Baumeister, Martin: Runen – Eine germanische Schrift zwischen Mythen und Fakten. In: Sinn, Ulrich (Hrsg.): Schrift, Sprache, Bild und Klang. Entwicklungsstufen der Schrift von der Antike bis in die Neuzeit. Würzburg: Ergon 2002, S. 128–143.

7 Art. Cod. Runicus. In: Lexikon des Mittelalters, Bd. 2, 1995, Sp. 1099; Düwel, Runenkunde (wie Anm. 5), S. 196; es gibt allerdings noch mehrere Handschriften, in denen stellenweise Runen aufgezeichnet sind.

8 Düwel, Runenkunde (wie Anm. 5), S. 4.

9 Düwel, Klaus: Runenkunde. 2. Auflage. Stuttgart: Metzler, 1983, S. V; in der dritten Auflage von 2001 ist diese Formulierung gestrichen.

10 Dass die Runen keine genuin germanische Erfindung waren, sondern entstanden sind „auf der

genug gewesen, das Prinzip der Alphabetschrift sowohl zu verstehen wie auch auf ihre Sprache zu übertragen, aber es hätte ihrer Kultur am Bedarf nach einer institutionalisierten und ausgedehnten schriftlichen Kommunikation gefehlt.[11] Die vorstaatliche Organisation der Germanen auf und unterhalb der Stammesebene kann eine solche Bedürfnislosigkeit erklären.

Werfen wir nach diesem allgemeinen germanisch-römischen Kulturvergleich einen genaueren Blick auf die südgermanisch-alemannische Runenüberlieferung, die für die Umgebung des Klosters St. Gallen von Bedeutung ist. In 11'000 erhaltenen Gräbern finden sich 65 Gegenstände mit Runenritzungen.[12] Dieses Verhältnis von 11'000:65 bedeutet, dass von „etwa 170 Menschen, die verteilt über 200 Jahre lebten, […] im untersuchten Gebiet nur einer aktiv Schrift gebraucht" hat. Dieser Schriftgebrauch besteht zudem nur in 12 der 65 Fälle aus mehreren Worten[13], in 5 Fällen aus nur einem Wort und in 19 Fällen aus einem Personennamen.[14] Daran zeigt sich bereits, wie bescheiden dieser Schriftgebrauch ist. Es kommt aber noch besser bzw. schlimmer. In 7 Fällen liegen lediglich einzelne Zeichen vor und in 11 Fällen Schriftnachahmung, d.h. Zeichen, die wie Runen aussehen, aber keine sind. Beides spricht dafür, dass Schrift in dieser Zeit durchaus Ansehen besitzt, denn ihre Verwendung auf Gegenständen ist offensichtlich auch dann erstrebenswert, wenn

---

Grundlage mediterraner Alphabete (griech., etrur., röm.) sowie vielleicht auch einheimischer vorrunischer Sinnzeichen bald nachdem die Germanen in Kontakt mit dem römischen Imperium gekommen waren", ist herrschende Meinung; Art. Runen, -stein, -schrift. In: Lexikon des Mittelalters. Bd. 7, 1995, Sp. 1098–1101, hier 1099; Düwel, Runenkunde (wie Anm. 5), S. 175–181. Neuerdings vertritt Theo Vennemann die These, die Runen seien in Skandinavien und im direkten Kontakt mit den Phöniziern entstanden, deren Alphabet auch dem griechischen und über dieses dem lateinischen zugrunde liegt. Dadurch ließe sich erklären, wieso die ältesten Runen im Norden zu finden sind und nicht im Süden, wo die Germanen den Griechen, Etruskern und Römern begegneten. Vennemann, Theo: Germanische Runen und phönizisches Alphabet. In: Sprachwissenschaft 34, 2006, S. 367–429.

11 Dass nicht die Technik allein ausschlaggebend ist, sondern die kulturellen Rahmenbedingungen über die Verwendung von Schrift entscheiden, zeigen in anderem Zusammenhang und doch grundsätzlich Aleida und Jan Assmann. Assmann, Aleida, Assmann, Jan. Einleitung. In: Eric A. Havelock: Schriftlichkeit. Das griechische Alphabet als kulturelle Revolution. Weinheim: VCH, Acta Humaniora, 1990, S. 1–35. Über die besondere griechische Schriftlichkeit im Gegensatz etwa zur ägyptischen heißt es S. 11: „das [ist] nicht eine Frage der Leistungsfähigkeit des Mediums, sondern einer kulturellen Option"; S. 14: „Die Welten, die zwischen den Schreiber-Beamten Ägyptens oder Mesopotamiens und den Sänger-Dichtern Griechenlands liegen, sind Welten nicht allein der Schrifttechnologie, sondern des sozialen Schriftpraxis, des gesellschaftlichen Umfeldes, des politischen Klimas, der Zuhörerschaften, der Erfahrungen, die man in der jeweiligen Kultur machen und austauschen kann."

12 Lüthi, Karin: Runeninschriften im südgermanischen Raum als Zeugnisse früher Schriftlichkeit. Zürich: Universität Zürich, 1999, S. 32; die Arbeit untersucht nur Funde, die nicht weiter als 100 km aus einander liegen; von den 65 Funden scheidet einer aus, weil der Gegenstand inzwischen zerstört ist.

13 In 10 Fällen handelt es sich um längere, unverständliche Zeichenfolgen; Lüthi, Runeninschriften (wie Anm. 12), S. 35.

14 Lüthi, Runeninschriften (wie Anm. 12), S. 35.

ihre Benutzer noch nicht richtig, d.h. Zeichen und Worte nicht sicher schreiben können. Für eine mit Runen oft in Verbindung gebrachte magische Funktion finden sich zumindest keine direkten Hinweise, weder inhaltlich in den sicher deutbaren Worten noch im Kontext der Inschriften (Einritzungen auf persönlichen Wertgegenständen).[15] Der beobachtbare Gebrauch von Runen durch die Alemannen erreicht also selten die Satzgrenze und geht noch seltener über sie hinaus.

Wenn die germanischen Alemannen ihre Runen kaum verwendet haben, woher kommt dann die quantitativ und qualitativ erhebliche Schriftkultur des Klosters St. Gallen, das in einem alemannischen Umfeld groß wurde? Der Schlüssel muss in den kulturellen Rahmenbedingungen zu finden sein – sie änderten sich grundlegend durch die Christianisierung.

Zwischen ca. 500 und 536/37 kamen alle Alemannen zum ersten Mal unter die Herrschaft der seit ca. 500 christlichen Franken. Infolge dieser Verbindung werden die Alemannen seit dem 6. Jahrhundert allmählich christianisiert, welcher Prozess am Ende des 8. Jahrhundert im Großen und Ganzen abgeschlossen gewesen sein wird.[16] Die iro-schottische Mission in Gestalt des Wandermönchs Kolumbans des Jüngeren (540–615)[17], in dessen Gefolge Gallus an den Bodensee kam, hatte daran wesentlichen Anteil.[18] Dennoch kann erst ein knappes Jahrhundert nach der Klostergründung 719 durch den Churer Mönch Otmar im Auftrag des Arboner Tribuns Waltram davon ausgegangen werden, dass die alemannischen Bistümer feste Bestandteile der fränkischen Reichskirche sind[19] – die immer wieder aufständischen Alemannen hatten Mitte des Jahrhundert militärisch noch mehrfach geschlagen werden müssen. Das Kloster des heiligen Gallus, St. Gallen, wurde danach straffer in die Reichskirche eingegliedert und musste anstelle einer auf Benedikt und Kolumban zurückgehenden Mischregel allein die Benediktsregel einführen.[20]

Christliche Schriftkultur

Das den Alemannen gebrachte Christentum aber, und das ist in mediengeschichtlicher Hinsicht entscheidend, ist eine Buchreligion. Die Bezeichnung findet sich schon in der jüngsten der drei vorderorientalischen Offenbarungsschriften, dem

---

15 Lüthi, Runeninschriften (wie Anm. 12), S. 18, 64; Düwel, Runenkunde (wie Anm. 5), S. 13, 209.

16 Lorenz, Sönke: Die Alemannen auf dem Wege zum Christentum. In: Lorenz, Sönke; Scholkmann, Barbara (Hrsg.): Die Alemannen und das Christentum. Leinfelden-Echterdingen: DRW-Verlag, 2003, S. 65–111, hier S. 89f.

17 Kolumban der Ältere (521–597) missionierte in Schottland.

18 Hilty, Gerold: Gallus und die Sprachgeschichte der Nordostschweiz. St. Gallen: VGS Verlagsgemeinschaft St. Gallen, 2001, S. 23–27, 143–145.

19 Lorenz, Die Alemannen (wie Anm. 16), hier S. 111; Scholkmann, Barbara: Frühmittelalterliche Kirchen im alemannischen Raum. In: Lorenz/Scholkmann, Die Alemannen und das Christentum (wie Anm. 16), S. 125–152, hier S. 135.

20 Von der Benediktinerregel und von Benediktinern kann erst nach den Reformen durch Benedikt von Aniane (ca. 750–821) gesprochen werden, die das Klosterleben tendenziell vereinheitlichten.

Koran, vorgebildet, der die Juden und Christen „Leute des Buches" nennt, „ahl al-kitâb". So werden sie genannt (und sind sie „Schutzbefohlene" der Muslime), weil sie wie diese einen Monotheismus vertreten, der auf einer Offenbarungsschrift beruht. Thora, Bibel und Koran – so deren Selbstverständnis – sind das ‚Wort Gottes', das einem menschlichen Medium bzw. mehreren offenbart wurde, die es aufschrieben oder aufschreiben ließen. Zunächst sind diese Texte ein Mittel der sachlichen Informationsübermittlung (im Falle des Neuen Testaments: Wo wurde Jesus geboren, wie heißen seine Eltern, wie lautet das zentrale Gebet, das Vaterunser, usw.). Über diesen Informationsgehalt hinaus sind die Schriften ihrerseits ein Medium der Offenbarung Gottes, denn für die Gläubigen sind sie seine Äußerung, durch die sie mit ihm in Verbindung kommen.

Ein solches Gotteswort braucht bestimmte Techniken der Lektüre, wie sie alle längeren Texte brauchen, die Gedanken entwickeln oder Geschichten erzählen, weil ihre komplexe(n) Bedeutung(en) niemals eindeutig sind bzw. ist. Darum müssen sie diskutiert, und das heißt interpretiert werden. Bei einem autoritativen Text wie dem ‚Wort Gottes' wird aus der Interpretation eine Kontemplation, die Suche nach einem nicht offenkundigen, dem Suchenden sich aber offenbarenden Sinn, der im Text zu finden ist, wenn man ihn richtig liest. Die richtigen Techniken der Lektüre beginnen im Mittelalter mit den Regeln der lateinischen Grammatik und entfalten sich in den Möglichkeiten der Rhetorik, um sich in den Dimensionen des vierfachen Schriftsinns zu vollenden.[21]

Der Gebrauch dieser Techniken erfordert immer wieder Textkenntnis, Textvergleich und Textbezug, weswegen die Sätze zumindest der Evangelien durchnummeriert werden, und zwar unter Bischof Eusebius von Cäsarea (ca. 260–340 n. Chr.), sodass in Form der sogenannten Kanontafeln die Parallelstellen der Evangelien am Beginn einer Bibelhandschrift aufgelistet werden können (s. Abb. 2). Als Hieronymus (347–419), angeblich im Auftrag von Papst Damasus I. (ca. 305–384), eine neue Standardversion der Bibel erarbeitet, übernimmt er diese relativ neue Technik der Textaufbereitung, denn es sollen sich alle möglichst genau auf diesen Text beziehen können. (Die Verweismethode ist noch nicht so eindeutig wie die heutige, aber sie ist ein grundsätzlicher Anfang, der im 13. Jahrhundert verbessert wird, sodass schließlich seit dem Druck von 1553 durch Robert Estienne die heute gültige Zählung der Bibel vollständig vorliegt.) Die Entwicklung der Textnummerierung zeigt, dass die christlichen Leser des Mittelalters von Anfang an Texte mit anderen Texten vergleichen sollten, sei es Evangelium mit Evangelium, sei es Altes und Neues Testament, um jenes als Vorausdeutung auf dieses und dieses als

---

21 In den vierfachen Schriftsinn führt ein: Kartschoke, Geschichte (wie Anm. 2), S. 46–52. Über „typische Probleme einer Buchreligion" spricht Stein, Peter: Schriftkultur. Eine Geschichte des Schreibens und Lesens. Darmstadt: Wissenschaftliche Buchgesellschaft, 2006, S. 110f. Über die Funktion der Buchreligion auch schon: Kalkofen, Rupert: Literarisches Leben. In: Wunderlich, Werner (Hrsg.): St. Gallen. Geschichte einer literarischen Kultur. Bd. 1, Darstellung. St. Gallen: UVK Fachverlag für Wissenschaft und Studium, 1999, S. 760–872, hier 760.

Erfüllung von jenem lesen zu können.[22] Im Vergleich zum Runengebrauch der Ger-
manen ist diese Schriftkultur etwas gänzlich Neues, das unvergleichlich größere
Texte in unvergleichlich größerer Anzahl und für eine unvergleichlich entwickeltere
Lesepraxis brauchte und hervorbrachte.

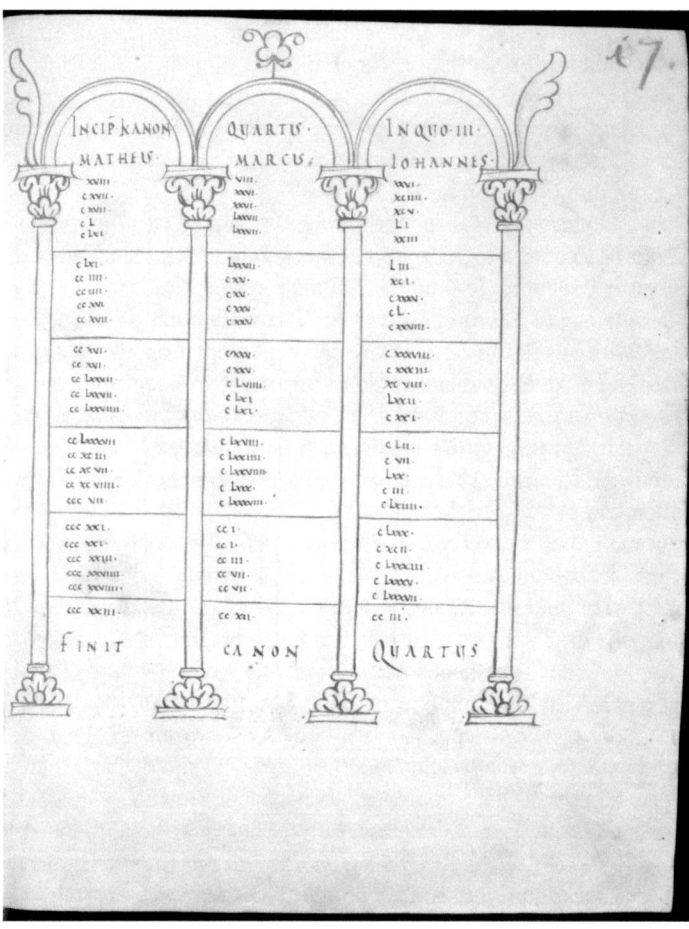

Abb. 2: Evangeliar, d.h. Buch mit den vier Evangelien, aus dem dritten Viertel des
9. Jahrhunderts, geschrieben in St. Gallen. Eine von zwölf Kanontafeln, die die
Parallelstellen in den Evangelien auflisten und auch diejenigen Stellen, die jeweils
nur in einem Evangelium stehen, sodass die Leser die Texte leichter vergleichen
können. Die Kanontafeln wurden oft reich illustriert. Hier wurde für die
Schwarzweißabbildung ein schlichtes Exemplar gewählt.

(Cod. Sang. 50, S. 17)

---

22 Kartschoke, Geschichte (wie Anm. 2), S. 49.

Die Sprache dieser Lesepraxis ist zunächst ausschließlich Latein, die Sprache der ‚Heiligen Schrift'. Schrift, Schreiben und Lesen sind daher an das Thema Religion und an die Sprache Latein gebunden, d.h. in der Regel können nur Geistliche lesen und schreiben, und lesen und schreiben bedeutet, Latein zu lesen und zu schreiben, während schreiben in der Volkssprache nahezu ein Widerspruch in sich ist.[23] Für die Verschriftlichung der Volkssprache hat das Konsequenzen. Sie ist mit dem Odium des Heidnischen behaftet, und die Geistlichen, die Mönche, die einzigen, die Volkssprache verschriftlichen könnten, können gerade daran kein Interesse haben.

Gegen welche Widerstände sich die Verschriftlichung nichtreligiöser Inhalte in der Volkssprache durchsetzen muss, zeigt die einzige (!) überlieferte deutsche Heldendichtung, das aus der Völkerwanderungszeit stammende *Hildebrandslied*, und zwar durch die Art seiner Tradierung.

Als Vorsatz und als Deckblätter, die den Buchblock mit dem Einband verbinden und den Text und gegebenenfalls Illuminationen schützen, blieben die erste und letzte Seite eines Bandes für gewöhnlich frei bzw. wurden allenfalls für sogenannte Federproben, unwichtige Notate und Versuchszeichnungen gebraucht.[24] Auf der Vorderseite des ersten und der Rückseite des letzten Blattes dieser geringwertigen, man könnte sagen, Schmierblätter einer natürlich lateinischen Sammelhandschrift mit religiösen Texten haben zwei Schreiber, die sich aufgrund ihrer Handschriften unterscheiden lassen, um 830 im Kloster Fulda soviel vom *Hildebrandslied* notiert, wie sich auf dem vorhandenen Raum unterbringen ließ – 68 Zeilen.[25] Erkennbare Abschreibefehler sprechen dafür, dass sie ihrerseits eine schriftliche Vorlage hatten, über deren Funktion und Zustandekommen wir jedoch rein gar nichts wissen. Das Unternehmen war den beiden jedenfalls nicht wichtig genug, um dafür ausreichend Pergament zur Verfügung zu stellen bzw. hatten sie keine Möglichkeit, für dieses Unternehmen eigens Pergament zu bekommen. Höchstwahrscheinlich war das *Hildebrandslied* nicht die einzige Heldendichtung, die im 9. Jahrhundert noch weitergegeben wurde, aber die anderen fanden niemanden, der sie ab- bzw. aufgeschrieben hätte oder nicht genug Schreiber, um die Gefahren der Überlieferung erfolgreich zu bestehen.[26]

---

23 Kartschoke, Geschichte (wie Anm. 2), S. 19, mit Bezug auf Hugo Kuhn, Versuch einer Theorie der deutschen Literatur im Mittelalter, in: Ders., Text und Theorie, Stuttgart 1969, S. 3–9; Stein, Schriftkultur (wie Anm. 21), S. 98–100, S. 101: „einsprachige Literalität" im frühen Mittelalter.

24 Vgl. Cod. Sang. 1, S. 1, 2; Cod. Sang. 6, S. 1; Cod. Sang. 7, S. 1, 2. Das sind die zurzeit ersten drei Codices, die zusammen mit zahlreichen anderen Schweizer Codices zugänglich sind über http://www.e-codices.unifr.ch/de.

25 Möglicherweise ging der Text auf der Innenseite des hinteren Einbands, dem Spiegel, weiter; Haubrichs, Wolfgang: Geschichte der deutschen Literatur von den Anfängen bis zum Beginn der Neuzeit. Bd. I: Von den Anfängen bis zum hohen Mittelalter. Teil I: Die Anfänge: Versuche volkssprachiger Schriftlichkeit im frühen Mittelalter (ca. 700–1050/60). Frankfurt a.M.: Athenäum, 1988, S. 147.

26 Haubrichs, Geschichte (wie Anm. 25), S. 144; Kartschoke, Geschichte (wie Anm. 2), S. 86f.

Nun bestätigt das *Hildebrandslied* fast alle denkbaren monastisch-christlichen Vorbehalte, vereinigt es doch Volkssprache mit germanisch-kriegerischen Inhalten: es geht um Kriegerehre, um Stärke im Kampf, und schließlich muss der Vater (vermutlich) seinen eigenen Sohn töten[27] – Tragik im Sinne einer patrilinearen Kriegergesellschaft, auch wenn der angerufene einzige Gott ein monotheistischer und insofern christlicher ist. Und selbst wenn man annimmt, dass diese Vorbehalte gar nicht so groß waren, weil eine derartige Kriegerehre ganz dem Ethos des frühmittelalterlichen Adels entsprach, dem die gebildeten Mönche in aller Regel entstammten[28], dann stellt sich um so mehr die Frage, warum die Heldendichtung nicht reicher überliefert ist. Die Antwort würde sich in diesem Falle weniger auf den Inhalt und noch mehr auf die lateinische Schriftlichkeit als Schranke beziehen müssen. Sowie nämlich das Latein an die Stelle der Volkssprache tritt, kann eine relativ umfangreiche Heldendichtung von rund 1500 Hexametern vergleichsweise breit, in über 20 Handschriften[29], überliefert werden, nämlich der im 9. oder 10. Jahrhundert (wahrscheinlich doch nicht in St. Gallen) entstandene *Waltharius*. Seiner handschriftlichen Verbreitung zum Trotz ist er literarisch hingegen völlig alleine geblieben.[30]

Rechtfertigungen des Althochdeutschen

Die gute Überlieferung von Heldendichtung auf Latein zeigt, dass Volkssprache paradoxerweise dann die größten Chancen hat aufgeschrieben zu werden, wenn sie sich ebenfalls ans Lateinische hält, d.h. wenn es um dessen Übersetzung geht. Verschiedene Stufen lassen sich systematisch entwerfen, wenn sie auch kein chronologisches Nacheinander darstellen:[31]

1. Einzelne Worterklärungen, Glossen, in lateinischen Texten, am Rand oder zwischen den Zeilen, interlinear; hier kann noch einmal zwischen Griffelglossen, die ohne Tinte nur mit dem Griffel, der für die Wachstafel gedacht war, in das Pergament gedrückt werden[32], und mit Tinte geschriebenen Glossen unterschieden werden;
2. Glossen werden zu einem alphabetischen oder sachbezogenen Wörterbuch zusammengestellt;

---

27 Der aufgezeichnete Text bricht mit dem Beginn des Kampfes ab. Die *Edda* überliefert aber *Hildebrands Sterbelied*, in dem es heißt, dass der Vater den Sohn töten musste.
28 Haubrichs, Geschichte (wie Anm. 25), S. 161–166, bes. 163f.
29 In 12 erhaltenen und in 12 sekundär, durch Bibliothekskataloge, bezeugten Handschriften; Paul Klopsch in 2VL 10 (1999) Sp. 627–638.
30 Dieter Kartschoke, Geschichte (wie Anm. 2), S. 132.
31 Die Stufen orientieren sich an Stefan Sonderegger, weichen aber insofern von ihm ab, als es ihm um die „Buchwerdung" zu tun ist; hier geht es hingegen um die Entstehung idiomatischer Texte. Sonderegger, Stefan: Althochdeutsch als Anfang deutscher Sprachkultur. Freiburg, Schweiz: Universitätsverlag Freiburg, 1997, S. 19–21; Sonderegger, Stefan: Althochdeutsche Sprache und Literatur. Berlin, New York: de Gruyter, 2003, S. 67–74, 122–144.
32 Kiening / Stercken, SchriftRäume (wie Anm. 4), S. 142, 158–161.

3. Ein Text wird interlinear übersetzt, d.h. jedes Wort wird übertragen, die Syntax der Übersetzungssprache kann dabei aber nicht berücksichtigt werden;
4. Ein Text wird idiomatisch übersetzt.

Für althochdeutsche Texte dieser vier Stufen gibt es zwei Aufgaben und Rechtfertigungen. Die erste ist, im Rahmen des monastischen Unterrichts dem Erwerb des Lateinischen zu dienen.

> *Nicht der Volkssprache also dienen Glossierungen und Übersetzungen, sondern der Verbesserung des Lateins der im Gebrauch der Muttersprache aufgewachsenen Zöglinge des Klosters. [...] Nur so erklärt sich die sklavische, Wort für Wort vorgehende, die Regeln der althochdeutschen Sprache mannigfach verletzende Übersetzungstechnik der meisten Texte dieser Gruppe.*[33]

Die zweite Aufgabe besteht darin, das Volk, das kein Latein versteht, mit den Grundlagen und mehr noch den Einzelheiten des Glaubens vertraut zu machen, zu welchem Zweck liturgische und katechetische Gebrauchstexte übersetzt werden (Taufgelöbnis, Glaubensbekenntnis, Vaterunser, Beichten, Gebete). Dadurch werden kürzere Texte möglich, die als solche keiner weiteren Rechtfertigung bedürfen. Das sieht unbeschadet des christlichen Inhalts ganz anders aus, wenn es um größere volkssprachliche Texte geht.

Im elsässischen Kloster Weißenburg lebte seit dem zweiten oder dritten Jahrzehnt des 9. Jahrhunderts der Mönch Otfrid[34], der in den dreißiger Jahren zur Ausbildung im Kloster Fulda bei Hrabanus Maurus gewesen sein wird, wahrscheinlich kurze Zeit nach Walahfrid Strabo.[35] Otfrid wurde Lehrer und Leiter der Weißenburger Klosterschule und in dieser Zeit wuchsen Bibliothek und Skriptorium, denn aus ihr sind „so viele Bücher erhalten wie aus den rund 75 vorausliegenden Jahren".[36] Vor allem aber entstand zwischen 863 und 871 sein *Liber evangeliorum*, sein *Evangelienbuch*, eine althochdeutsche Bibeldichtung in rund 7'100 binnengereimten Langversen. In zwei zeitgenössischen Handschriften aus Weißenburg, deren eine im Beisein des Autors entstanden ist, wird der althochdeutsche Text von einem aufwendigen, hierarchisch abgestuften Apparat aus Widmungstexten angekündigt und eingerahmt. Das Ganze sieht in etwa so aus:

---

33 Haubrichs, Geschichte (wie Anm. 25), S. 226.

34 Das Folgende über Otfrid geht zurück auf Haubrichs, Geschichte (wie Anm. 25), S. 355–359.

35 Siehe oben, Anm. 4.

36 Kleiber, Wolfgang: Otfrid von Weißenburg. Untersuchungen zur handschriftlichen Überlieferung und Studien zum Aufbau des Evangelienbuches. Bern [u.a.]: Francke, 1971, S. 135; Kleiber bekräftigt seine frühere Aussage durch Zitat in seiner Edition des Evangelienbuchs: Kleiber, Wolfgang: Einleitung. In: Otfrid von Weißenburg: Evangelienbuch. Bd. 1, Edition nach dem Wiener Codex 2687. Hrsg. und bearb. von Wolfgang Kleiber. T. 1. Tübingen: Niemeyer, 2004, S. 6.

– 96 Verse – ein althochdeutsches Preis- und Widmungsgedicht auf König Ludwig
    II., den Deutschen (806–976);
– 158 Zeilen im Wiener Codex 2687 (Hs. V), 169 Zeilen im Heidelberger Codex
    Palatinus Latinus 52 (Hs. P) – ein lateinisches Approbationsschreiben an den für
    Otfrid zuständigen Erzbischof Liutbert von Mainz;
– 48 Verse – ein althochdeutsches Widmungsgedicht an Bischof Salomo I. von
    Konstanz;
– 7'100 Verse – der althochdeutsche Text, eingeteilt in fünf Bücher, deren erstes
    noch vor der Anrufung Gottes (Kapitel II, 59 Verse) in Kapitel I mit 126 Versen
    begründet, „Warum der Autor dieses Buch auf Deutsch geschrieben hat", „Cur
    scriptor hunc librum theotisce dictaverit" (sämtliche Buch- und Kapitelüber-
    schriften sind auf Latein, sodass eine vollständige Lektüre durch lateinun-
    kundige Laien unwahrscheinlich ist; wahrscheinlich war sowohl an klerikale
    Vorleser gedacht wie auch an Laien mit gewissen Lateinkenntnissen);[37]
– 168 Verse – ein althochdeutsches Widmungsgedicht an die St. Galler Mönche
    Hartmut (Abtsstellvertreter) und Werinbert (Lehrer der Klosterschule).[38]

Die vier Paratexte sind in erster Linie Aufmerksamkeitssignale für Text und Autor.
Beide erscheinen durch sie verbunden mit den höchsten Würdenträgern, dem König,
einem Erzbischof und einem Bischof (beide Geistlichen gehören zum engsten
Führungskreis um den König), und noch die in rhetorisch richtiger Demut nach-
geordneten Mönche (auch der Autor nennt sich im lateinischen Text „ein unbe-
deutender Mönch", „indignus […] monachus")[39] sind wichtige Funktionsträger in
einem der wenigen intellektuellen Zentren des ostfränkischen Reiches.[40]

   In zweiter Linie geht es um die Rechtfertigung eines umfangreichen religiösen
Gedichts in der Volkssprache. Die Instanz, vor der es sich zu rechtfertigen hat, ist
die Person des Erzbischofs Liutbert von Mainz und ist die Norm lateinischer

---

37 Die klare Gegenüberstellung Herbert Grundmanns von *literatus* und *illiteratus* ist einer
    differenzierten und unklareren Sicht auf mehrere Zwischenstufen gewichen; Stein, Schriftkultur
    (wie Anm. 20), S. 148–150; Grundmann, Herbert: Literatus – illiteratus. Der Wandel einer
    Bildungsnorm vom Altertum zum Mittelalter. In: Archiv für Kulturgeschichte 40, 1958, S. 1–
    65. Kleiber, Einleitung (wie Anm. 35), S. 9, sieht „private Lektüre", „erbauliche Lesung",
    „gebildete *lectores* an den Höfen der Könige und Großen" und „mit Kirchen und Klöstern ver-
    bundene fromme Laien, vor allem Frauen" sieht Wolfgang Kleiber als Rezeptionsformen und
    mögliche Adressaten. Vermutlich wegen des lateinischen (!) Titels und Inhaltsverzeichnisses
    etc. wurde die weit überwiegend (althoch)deutsche Handschrift zu den lateinischen Codices
    gezählt.
38 Dass sie gleichzeitig mit Otfrid in Fulda gewesen wären, wie in der Germanistik lange ange-
    nommen wurde, lässt sich nicht belegen; Haubrichs, Wolfgang: Otfrids St. Galler ‚Studien-
    freunde'. In: Amsterdamer Beiträge zur älteren Germanistik 4 (1974), S. 49–112, hier S. 50.
39 Otfrid von Weißenburg: Evangelienbuch. Auswahl. Althochdeutsch/Neuhochdeutsch. Hrsg.,
    übersetzt und kommentiert von Gisela Vollmann-Profe. Stuttgart: Reclam, 1987, S. 16 (Über-
    schrift).
40 Von einer „Schicht klösterlicher Intellektueller", die „ihre Intellektualiät in die Volkssprache
    weiterdachten" spricht Wolfgang Kleiber, Einleitung (wie Anm. 36), S. 8.

Schriftlichkeit von der ausgehend und für die argumentiert wird, wenn der einzige lateinische Begleittext eine umfassende Rechtfertigung entfaltet und phono-orthographische und Übersetzungsfragen detailliert diskutiert.

Althochdeutsch aus Liebe – Otfrid von Weißenburg

Die verschiedenen Einzelheiten der Rechtfertigung brauchen uns hier nicht zu beschäftigen, wichtig ist, dass der volkssprachliche Text als solcher auf Latein gerechtfertigt werden muss, welches Latein seinerseits nicht eines einzigen Wortes der Rechtfertigung bedarf. Für uns ist ferner von Belang, dass der Autor von „einigen Mitbrüdern" spricht und „einer verehrungswürdigen edlen Frau namens Judith", die ihn „mit allem Nachdruck" um diese Arbeit gebeten haben, „a quibusdam […] fratribus rogatus maximeque cujusdam venerandae matronae, uerbis nimium flagitantis, nomine judith". Und er fährt fort:

> *Hoc dum eorum caritati importune mihi instanti negare nequiui; feci non quasi peritus; sed fraterna petitione coactus.*

> *So habe ich mich denn, weil ich es ihrer Liebe, die mich ungestüm bedrängte, nicht abschlagen konnte, ans Werk gemacht – nicht wie einer, der darin erfahren ist, sondern als ein durch brüderliche Bitten Gezwungener.*[41]

Fast dasselbe sagt er noch einmal am Ende seiner Dichtung in althochdeutschen Versen:

> *Ni moht ich thaz firlóugnen,   nub íh thes scolti góumen,*
> *thaz ich ál dati,   thes káritas mih bati.*

> *Ich konnte gar nicht anders: ich mußte mich darauf einstellen*
> *alles zu tun, worum Caritas mich bat[.]*[42]

„Karitas", für welches lateinische Fremdwort Otfrid wenig später auch das althochdeutsche „minna" verwendet – rund 300 Jahre später wird daraus „minne" und ein zentraler Begriff der höfischen Liebesdichtung –, ist hier eine der Begründungen für die umfangreichste althochdeutsche Dichtung. Wie ist das zu verstehen? War die Bitte seiner Klosterbrüder und jener Judith tatsächlich ausschlaggebend dafür, dass Otfrid 7'100 althochdeutsche Verse schrieb? Ein Vergleich mit den Vorreden anderer Texte zeigt vielmehr, dass erstens die Aufforderung durch andere ein gängiges Motiv in der Selbstdarstellung der Autoren ist, die sich offensichtlich alle zurücknehmen und ihre Autorschaft nicht auf sich selbst gründen wollen. Zweitens war das Gezwungensein („coactus") durch die „Liebe" damals im Fuldaer Raum verbreitet.[43]

---

41 Otfrid, Evangelienbuch (wie Anm. 39), S. 16,7–10, S. 17. Die Identität der genannten Judith hat sich nicht feststellen lassen.

42 Otfrid, Evangelienbuch (wie Anm. 39), S. 177 (V 25, 13f.).

43 Haubrichs, Studienfreunde (wie Anm. 38), S. 50.

Es handelt sich hier also nicht um eine individuelle, einmalige Begründung, sondern um eine auch von anderen verwendete und insofern konventionelle oder topische.[44] Heinrich Lausberg hat vor vielen Jahren die schwierige Aufgabe, vor die solche Topoi das Verstehen stellen, folgendermaßen formuliert:

> *Der Leser, der in Unkenntnis des Topos die vorgefundene finite Formulierung des Schriftstellers für eine völlig originale Gelegenheits-Leistung dieses Schriftstellers hält und so semantisch überbewertet, irrt ebenso wie der Leser, der, blasiert durch die Kenntnis des Topos, die vorgefundene finite Formulierung des Schriftstellers nur für nichtssagenden semantischen Leerlauf hält.*[45]

Was er hier über das Verstehen literarischer Topoi sagt, gilt sinngemäß, wenn außerliterarische Beweggründe literarisch formuliert werden. Das heißt in diesem Falle: in einer Gesellschaft wie der frühmittelalterlich-feudalen, die dem heutzutage, seit über zwei Jahrhunderten wirksamen Individualismus der bürgerlichen Gesellschaft völlig fern steht, können Verwandtschaftsbeziehungen sinnstiftend sein. An die Stelle der weitverzweigten Familie der weltlichen Adligen[46], aus welcher Oberschicht die gelehrten Mönche stammen, tritt für sie (ohne dass die leibliche Familie ihre Rolle deswegen ganz verlieren muss) die ebenso große und ebenso elitäre klösterliche Gemeinschaft in Gestalt ausgewählter Bezugspersonen. Weil die Beziehung zu und Übereinstimmung mit ihnen ein ausschlaggebendes Kriterium ist, kann ihre Bitte zusammen mit der Erfüllung als ursächlich und legitimierend erfahren und dargestellt werden.[47] Die durch das schriftliche Liebeswerk gestiftete Bruderschaft der tendenziell besitzlosen, aber höchst literaten, d.h. latein-, lese- und schreibkundigen Mönche setzt sie in ihren Augen von den durch materielle Liebesgaben verbundenen Laien ab und bringt sie Gott näher als alle anderen Menschen.[48] Otfrid kann die brüderliche „Liebe" als Begründung seiner Dichtung anführen, weil sie sowohl eine individuelle Regung, wie auch eine überindividuell vorgegebene Empfindungsweise und Art der Selbstdarstellung ist.

Und was ist aus der (u.a.) so begründeten umfangreichsten althochdeutschen Dichtung in den nächsten Jahrzehnten geworden? Überraschend wenig. Denn die

---

44 Dieser verschieden anzuwendende Begriff wird hier verstanden als „ein traditionelles Denk- und Ausdrucksschema sowie ein Klischee […] verfestigte Sprach- und Denkformen, die jeweils für bestimmte soziale Gruppen und Schichten spezifisch sind […]; Modellformen des Gefühls, der Empfindung, des Ideellen und Gedanklichen"; Müller-Kampel, Beatrix: Topos. In: Brunner, Horst; Moritz, Rainer (Hrsg.): Literaturwissenschaftliches Lexikon. Grundbegriffe der Germanistik. 2., überarbeitete und erweiterte Auflage. Berlin: Erich Schmidt Verlag, 2006, S. 409a-b.

45 Lausberg, Heinrich: Elemente der literarischen Rhetorik. 2., erweiterte Auflage. München: Hueber 1963, S. 41, § 83.

46 Haubrichs, Geschichte (wie Anm. 25), S. 30–34.

47 Assmann, Einleitung (wie Anm. 11), S. 14 spricht von „Erfahrungen, die man in der jeweiligen Kultur machen und austauschen kann."

48 Haubrichs, Geschichte (wie Anm. 25), S. 31.

folgende Mönchsgeneration hat die volkssprachlichen Leistungen ihrer Lehrer nicht benutzt, um daran anzuknüpfen und sie fortzusetzen, sondern hat, wie es ja auch im Interesse der vielen Glossen, Glossenwörterbücher und unidiomatischen Interlinearversionen liegt, sich um besonders gute lateinische Fertigkeiten bemüht.[49] Ein St. Galler Schüler des genannten Werinbert war der herausragende Notker I. Balbulus, der Stammler (um 840–912), dessen *lateinische* Sequenzendichtung über Generationen nachgewirkt hat. Allgemein erschöpft sich die volkssprachliche Schriftlichkeit nach den ersten Jahrzehnten des 10. Jahrhunderts im Überliefern des Erreichten. Nur wenige Ausnahmen gibt es, die herausragende ist Notker III. Teutonicus, der Deutsche (ca. 95–1022). Er entwarf ein nach Umfang und Differenziertheit einmaliges Übersetzungswerk, das den Horizont der damaligen Bildung einmal exemplarisch abschritt.[50] Notker hat, ähnlich wie Otfrid, sein Tun in einem lateinischen Brief vor einem Bischof verantwortet.[51] Darin heißt es:

---

49 Haubrichs, Geschichte (wie Anm. 25), S. 226.

50 Er übersetzte oder bearbeitete auf Latein Texte des Triviums, des Quadriviums, der Sieben freien Künste im allgemeinen und der Theologie; Sonderegger, Stefan: Althochdeutsche Sprache und Literatur. 3., durchgesehene und wesentlich erweiterte Auflage. Berlin, New York: Walther de Gruyter, 2003, S. 136.

51 Aus der gründlich kommentierten Edition des Notker-Briefes an Bischof Hugo von Sitten von Ernst Hellgardt stammt die merkwürdige Formulierung, Notkers Brief sei, „abgesehen von Otfrids entsprechenden und doch ganz andersartigen Beigaben zu seiner Evangelienharmonie […] das einzige Selbstzeugnis eines Autors der althochdeutschen Literatur". In der Tat, wenn man von zweien eines weglässt, bleibt nur eines übrig und das ist dann einzig. Das, was am Ende als einzig dasteht, war aber genau das nicht, denn sonst hätte das andere nicht weggelassen werden müssen. Es handelt sich also mehr um eine rhetorische als um eine logische Operation, die den Gegenstand der eigenen Mühen erhöhen möchte. So weit, so gut, denn die unsichere Grundlage des Superlativs ist ja erkennbar. Das jedoch ändert sich 12 Jahre später in der ausführlichen Darstellung *Notker der Deutsche in den Sankt-Galler Quellen* von Johannes Duft, der auf Hellgardt verweist, das Zitat jedoch auf „das einzige Selbstzeugnis eines Autors der althochdeutschen Literatur" verkürzt und außerhalb des Zitats mit einem unklaren „seiner Art" ergänzt. Dadurch ändert sich die zitierte Aussage: Jetzt wird kein Otfrid mehr weggelassen, jetzt ist Notkers Selbstzeugnis uneingeschränkt einzig, ein zweites gibt es nicht. Noch ein knappes Jahr später steht dieselbe Formulierung, wahrscheinlich auf Dufts Aufsatz zurückgehend, ohne Anführung, ohne ein „seiner Art" und ohne genauen Nachweis in einem Katalog über *Die Notkere im Kloster Sankt Gallen* ... alles in allem sicherlich eine schöne Mahnung zu bedächtigem Umgang mit Superlativen und Zitaten. – Hellgardt, Ernst: Notkers des Deutschen Brief an Bischof Hugo von Sitten. In: Befund und Deutung. Zum Verhältnis von Empirie und Interpretation in Sprach- und Literaturwissenschaft. Hans Fromm zum 26. Mai 1979. Tübingen: Niemeyer, 1979, S. 169–192, hier S. 169; Duft, Johannes: Notker der Deutsche in den Sankt-Galler Quellen. In: Ders., Die Abtei St. Gallen. Bd. II. Beiträge zur Kenntnis ihrer Persönlichkeiten. Ausgewählte Aufsätze in überarbeiteter Fassung von Johannes Duft. Sigmaringen: Jan Thorbecke, 1991, S. 165–173, hier 172; Ochsenbein, Peter; Schmuki, Karl: Die Notkere im Kloster Sankt Gallen. Träger von Wissenschaft und Kunst im Goldenen und Silbernen Zeitalter (9. bis 11. Jahrhundert). Führer durch die Ausstellung in der Stiftsbibliothek St. Gallen (26. Nov. 1991–7. Nov. 1992). St. Gallen: Verlag am Klosterhof, 1992, S. 72.

Artibus autem illis, quibus me onustare vultis, ego renuntiavi, neque fas mihi est aliter quam sicut insturmentis frui. Sunt enim ecclesiastici libri et prae-cipue quidem in scolis legendi, quos impossibile est sine illis praelibatis ad intellectum integrum duci. Ad quos dum accessum habere nostros vellem scolasticos ausus sum facere rem paene inusitatam, ut latine scripta in nostrum conatus sim vertere, et syllogistice aut figurate aut suasorie dcita per Aristotelem vel Ciceronem vel alium artigratphum elucidare.
Quod dum agerem in duobus libris Boetii [...] rogatus et metrice quaedam scripta in hanc eadem linguam traducere [...]. [...]
Hinc reversus at divina [...].

Auf jene Wissenschaften aber, mit denen Ihr mich belasten wollt, habe ich verzichtet und fühle mich nicht berechtigt, mich ihrer anders denn als Hilfs-mittel zu bedienen. Denn es müssen die kirchlichen Bücher, und diese in erster Linie, in der Schule gelesen werden, zu deren vollem Verständnis zu gelangen ohne Vorwegnahme jener [Hilfsmittel] nicht möglich ist. Da ich nun wollte, dass unsere Schüler Zugang hätten, wagte ich etwas bis dahin beinahe Unerhörtes zu unternehmen: nämlich lateinische Schriften versuchte ich in unsere Sprache zu übersetzen und das syllogistisch oder figürlich oder rhetorisch Ausgedrückte durch Aristoteles oder Cicero oder einen anderen Fachschriftsteller zu erhellen.
Während ich dies an zwei Büchern des Boethius [...] ausführte, wurde ich gebeten, auch einige Werke in gebundener Form in dieselbe Sprache zu übersetzen [...].
[...]
Dann kehrte ich zur geistlichen Literatur zurück [...].[52]

Anders als man nach allem zuvor Gesagten vermuten könnte, ist es nicht der vorgesetzte Bischof, der als Hüter der lateinischen Orthodoxie auftritt. Er ist es viel-mehr, der Notker offensichtlich um weitere Übersetzungen wissenschaftlicher Texte gebeten hat, die dieser ihm unter Berufung auf den Zweck seiner Übersetzungen, das Verständnis der theologischen Texte, verweigert. Notker stellt seine bisherigen Übersetzungen als Entfernung vom Eigentlichen dar, wenn er schreibt, zu den geist-lichen Texten „zurückgekehrt" („reversus") zu sein. Sie sind der Ausgangspunkt und das Ziel seiner Bemühungen[53], und die althochdeutsche Übertragung ist lediglich das sehr sorgfältig gearbeitete Mittel für diesen Zweck. So werden auch die nicht-theologischen Texte nur gelesen, weil sie die unverzichtbare Voraussetzung für die Lektüre der theologischen sind, weil sie die Lektüretechniken vermitteln, die die theologischen Leser brauchen. Darum hat Notker – trotz seiner idiomatischen

---

52 Sonderegger, Stefan: Althochdeutsch in St. Gallen. St. Gallen: Ostschweiz; Sigmaringen: Thorbecke, 1970, S. 81f.

53 „Krönung und Abschluß des Notkerschen Übersetzungswerkes bilden die theologischen Schriften." Sonderegger, Althochdeutsche Sprache und Literatur (wie Anm. 50), S. 137.

Differenziertheit und anders als der Dichter Otfrid – fast keine geschlossenen althochdeutschen Texte produziert, sondern Satz für Satz übersetzt und einen geordneten lateinisch-althochdeutschen Mischtext erstellt. Denn dem lateinischen Satz folgt die althochdeutsche Übertragung und eine Kommentierung, die zentrale lateinische Begriffe beibehält und manchmal überhaupt lateinisch formuliert. Weil es nicht darum geht, das Lateinische durch das Althochdeutsche zu ersetzen, kann das Lateinische sinnvollerweise im Kommentarteil wieder auftauchen. Die ausgesprochen didaktische, d.h. lern- und unterrichtstechnische Anlage des Ganzen zeigt sich auch darin, dass das lateinische Original zuweilen vereinfacht oder verändert wird, um die grammatischen Bezüge leichter erkennbar zu machen.[54] Die Übersetzungsleistung Notkers entfaltet sich also vollständig im Rahmen einer lateinischen Schriftlichkeit, zu der sie hinführen und in der sie aufgehen will, jedenfalls nach Notkers offiziellem lateinischem Selbstzeugnis. Und wie Otfrid, wiewohl weniger betont, behauptet auch er, dass er nicht von sich aus, sondern auf Bitten anderer („wurde ich gebeten", „rogatus") die Übersetzungen in Angriff genommen hat.

Althochdeutsch aus Liebe: Notker III. von St. Gallen

Nicht Notker selbst, erst sein Schüler Ekkehart IV. (um 980 bis nach 1057), hat nach Notkers Tod (1022) in seinem sogenannten *Liber benedictionum,* dem *Buch der Segnungen,* (tatsächlich eine Sammlung seiner poetischen Werke), ein weiteres Motiv festgehalten (Cod. Sang. 393, S. 155). Zunächst rühmt er den verehrten Lehrer „Primus barbaricam scribens faciensque saporam", „als erster hat er in der Volkssprache geschrieben und sie genießbar gemacht" (s. Abb. 3). „Genießbar gemacht" – das meint beispielsweise den Abstand von Notker zu der umfangreichen, aber wie interlinear und darum meist nicht idiomatischen Übersetzung aus dem Kloster Fulda (um 830) der *Evangelienharmonie* des Syrers Tatian (um 170), von der eine Abschrift etwa seit der Mitte des 9. Jahrhunderts in St. Gallen liegt (Cod. Sang. 56).[55] „Als erster" – war Otfrid 100 Jahre nach seinem Tod in St. Gallen völlig vergessen, trotz des Widmungsexemplars seines *Evangelienbuches,* das sicherlich an die St. Galler Hartmut und Werinbert gegangen war[56], die im vierten und letzten Begleitschreiben der althochdeutschen Dichtung angesprochen werden? Ekkeharts Äußerung lässt sich entweder als freundliche Übertreibung oder als bezogen auf die besondere Übersetzungsleistung verstehen und nähme dabei Notkers eigene Wendung, er habe „etwas bis dahin nahezu Unerhörtes", „rem paene inusitatam"[57],

---

54 Sonderegger, Althochdeutsche Sprache und Literatur (wie Anm. 50), S. 86f.

55 Cimelia Sangallensia. Hundert Kostbarkeiten aus der Stiftsbibliothek St. Gallen. Beschrieben von Karl Schmuki, Peter Ochsenbein und Cornel Dora. St. Gallen: Verlag am Klosterhof 1998, S. 66.

56 Notker hat die ihm vorausgegangenen St. Galler Glossen jedenfalls gekannt; Sonderegger, Althochdeutsch in St. Gallen (wie Anm. 52), S. 91; Haubrichs, Geschichte (wie Anm. 25), S. 235.

57 Sonderegger, Althochdeutsch in St. Gallen (wie Anm. 52), S. 81.

unternommen, weniger genau als sie eigentlich war. Doch wir müssen auch diese Frage nicht entscheiden.

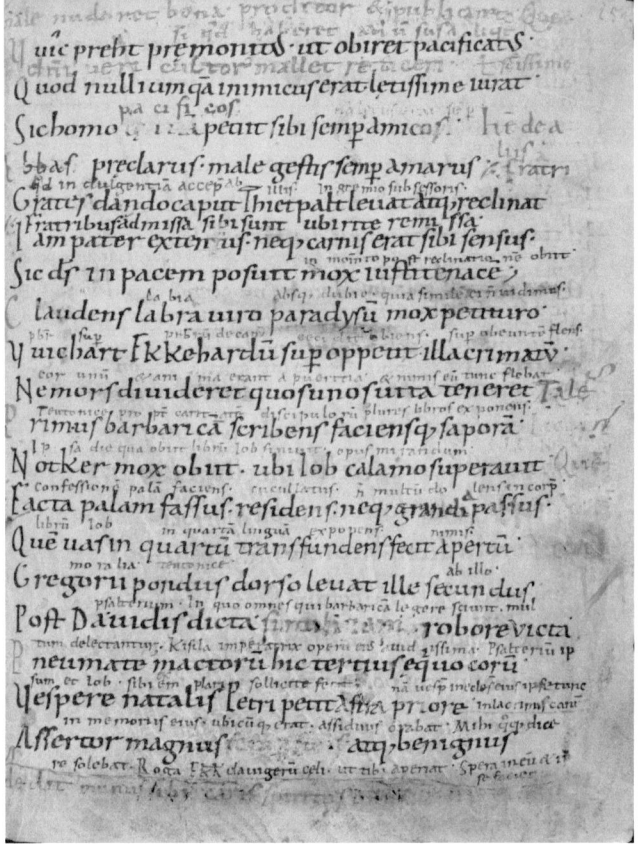

Abb. 3: Ekkehart IV., *Liber Benedictionum*, *Buch der Segnungen*, entstanden etwa zwischen 1010 und 1060. Die Sammlung der Dichtungen Ekkeharts, die er selbst geschrieben und Zeit seines Lebens immer wieder überarbeitet hat. Eines der wenigen Autographen des frühen Mittelalters. Etwa in der Mitte steht, mit herausgerücktem und rotem P und den üblichen Abkürzungen:

teutonice propt(er) caritate(m) discipuloru(m) plures libros exponens.
P rimus barbarica(m) scribens faciensq(ue) sapora(m).
(Cod. Sang. 393, S. 155)

Wichtiger ist ein kommentierender Zusatz, den Ekkehart später selbst interlinear zu diesem wie zu den meisten Versen eingetragen hat, nämlich: „aus Liebe zu seinen Schülern hat er mehrere Bücher auf deutsch übersetzt und erläutert", „teutonice propter caritatem discipulorum plures libros exponens". Da ist sie wieder, „die

Liebe". Diesmal ist es aber nicht der Autor, der sich mit ihr gegenüber aktuellen Autoritäten zu rechtfertigen sucht. Ein Dritter ist es, der den verstorbenen Autor nicht mehr rechtfertigen muss, wenn er die „Liebe zu seinen Schülern" als Motiv einführt. Insofern könnte der topische Charakter an dieser Stelle hinter der bloßen Faktizität des Berichteten zurücktreten und könnte tatsächlich ein individueller Beweggrund Notkers auftauchen.

Dem widerspricht jedoch, dass es mit Ekkehart IV. einer der Schüler ist, von denen gesprochen wird und die in ein enges Verhältnis zu ihrem ehemaligen Lehrer gesetzt werden. Es könnte daher ein individuelles Motiv Ekkeharts sein, das Lebenswerk des Lehrers mit unter anderem auch ihm, Ekkehart, zu verbinden, sei es, um sich selbst aufzuwerten (was angesichts Ekkeharts eigener schriftstellerischer Produktion und Position wenig wahrscheinlich ist), sei es, um dezent auch seine Nähe zum geliebten Lehrer anklingen zu lassen. Für eine solche Absicht spricht der detaillierte und teilnehmende Bericht von Notkers Sterben, den Ekkehart IV. in seinem *Liber Benedictionum* eingetragen und nachträglich interlinear ergänzt hat (Cod. Sang. 393, S. 155f.); ebenso spricht dafür der Hinweis Ekkeharts in Cod. Sang. 621, S. 321, dass zwei bestimmte Zeilen auf dieser Seite von Notkers eigener Hand seien. Beides zeugt von ,der Liebe des Schülers zu seinem Lehrer', sodass der Schüler Ekkehart ein Interesse daran haben konnte, von Notkers „Liebe zu seinen Schülern" zu sprechen.[58] Trotz seines Interesses muss er sich nicht getäuscht haben. Die erkennbare Zuneigung zu seinem ehemaligen Lehrer, den er vielleicht immer noch als erfahrenen Literaten bewunderte[59], reduziert jedenfalls den topischen Charakter der Formulierung und hebt den Anteil hervor, den die tatsächliche Beziehung dieser beiden Menschen zu einander am Zustandekommen dieser Formulierung hatte. Ekkehart wird einen pädagogischen Eros bei seinem Lehrer wahrgenommen haben, den er auf diese Weise formulierte. Dass der pädagogische Eros als Begründung für das Übersetzungswerk Notkers im Vordergrund steht, ist dann doch wieder zeitbedingt und insofern topisch, als für unsere Auffassung der Wunsch, den Schülern zu helfen, nicht zu einem so umfangreichen Lebenswerk auf einem so hohen, nahezu sprachwissenschaftlichen Niveau führen muss. Da werden noch andere Motivationen mit im Spiel gewesen sein, die für Ekkehart und für Notker nicht zu sehen und nicht zu formulieren waren, schon gar nicht als Rechtfertigung. Stefan Sonderegger hat jüngst von „sozusagen […] spielerischer Erklärungslust" Notkers gesprochen[60], und man kann hinzufügen, dass sich bei ihm

---

58 Auch Johannes Duft sieht hier „ein Doppeltes […]: Liebe des Lehrers zu seinen Schülern und Liebe der Schüler zu ihrem Lehrer"; Duft, Notker der Deutsche (wie Anm. 51), S. 171.

59 Duft nennt den Nachruf auf Notker ein „Porträt des ob seiner Leistung bewunderten Meisters, des ob seiner Güte geliebten Lehrers, des ob seines Sterbens verehrten Mönchs"; Duft, Notker der Deutsche (wie Anm. 51), S. 170.

60 Sonderegger, Stefan: *grece – latine – teutonice*. Notkers des Deutschen Bezugspunkte zum Griechischen. In: Greule, Albrecht [u.a.] (Hrsg.): Studien zu Literatur, Sprache und Geschichte in Europa. Wolfgang Haubrichs zum 65. Geburtstag gewidmet. St. Ingbert: Röhrig Universitätsverlag, 2008, S. 519–530, hier 519.

ein Wille zur sprachlichen Präzision im Wechsel vom Lateinischen zum Althochdeutschen und vom Althochdeutschen zum Lateinischen beobachten lässt, der im 11.
Jahrhundert seinesgleichen sucht. Eine solche Lust an der Sache und Liebe zum
Gegenstand konte in der auf den Anschein persönlicher Beziehungen gegründeten
feudalen, klösterlichen Welt nicht sinnstiftend sein. Von einer ‚Liebe zu Gottes
Wort' zu sprechen, bietet sich offensichtlich nur für uns an, nicht für Notker und
seine Zeitgenossen, die darum nur die „Liebe zu seinen Schülern" sehen konnten,
wenn es darum ging, Notkers außerordentliche Übersetzungsleistung in einer dominanten und sich selbst genügenden lateinischen Schriftkultur zu begründen und zu
rechtfertigen.

Rudolf Hostettler – Redaktor der Fachzeitschrift
Schweizer Graphische Mitteilungen

Roland Früh

Rudolf Hostettler (1919–1981) hat in St. Gallen während nahezu vier Jahrzehnten für die grafische Industrie gearbeitet und beeinflusste in seiner Funktion als Redaktor der typografischen Fachzeitschriften *Schweizer Reklame und Schweizer Graphische Mitteilungen*, *Schweizer Graphische Mitteilungen*, *Typographische Monatsblätter* und *DruckIndustrie* das grafische Gewerbe über die Schweizer Grenzen hinaus.

Dieser Beitrag nimmt sich insbesondere Rudolf Hostettlers Redaktionstätigkeit an. Denn als in der Nachkriegszeit die Vertreter einer neuen mit jenen der traditionellen Typografie um Symmetrie oder Asymmetrie stritten, zeichnete sich die Zeitschrift *Schweizer Graphische Mitteilungen* unter der Redaktion Rudolf Hostettlers durch eine klare Linie aus und bot geschickt verschiedenen Stimmen ein Forum. So wurden die Streitigkeiten nicht unterdrückt noch publizistisch ausgenutzt, sondern bewusst moderiert und zu einem Diskurs über die Form einer modernen Typografie genutzt. Im Zentrum steht hier die Kontroverse zwischen den beiden Typografen Max Bill und Jan Tschichold, die später als ‚Symmetrie-Streit‘ berühmt wurde. Es ist aber unbedingt nötig, diesen Streit in weiterem Kontext zu betrachten, was an dieser Stelle erstmals auch unter Berücksichtigung der Leistung Rudolf Hostettlers geschieht.

Weshalb wurde Rudolf Hostettlers Leben und Werk bisher so selten gewürdigt? Fast nichts wurde über seine Arbeit geschrieben und das Wenige liegt schon ziemlich weit zurück. Dabei gäbe es mehr als genug zu schreiben und zu berichten. Rudolf Hostettler verfolgte auf den ersten Blick unvereinbare Aufgaben allesamt mit der gleichen Sorgfalt und Ausdauer. Sein Werk, seine Arbeit umfasste u.a. den Aufbau und die Leitung der Entwurfsabteilung der Druckerei Zollikofer & Co. in St. Gallen, in deren Dienst er von 1943 bis 1980 stand. Als typografischer Gestalter führte er verschiedene Aufträge für die eigene Druckerei aus und verfasste nebenbei diverse Anleitungen und Handbücher für Drucker und Setzer, so die 1949 erschienenen Bücher *The printer's terms* und *Type*. Zusammen mit Hermann Strehler bereute er die Zeitschriften *Schweizer Graphische Mitteilungen* und die *Typographischen Monatsblätter* und leitete später als Hauptredaktor die *DruckIndustrie*. Überhaupt war die Aufrechterhaltung der Aus- und Weiterbildung eines seiner Hauptanliegen, für das er sich auch im Dienst verschiedener berufsständischer Organisationen einsetzte.

Die Diversität von Hostettlers Arbeiten ist beeindruckend und die von Jost Hochuli und der Typotron AG herausgegebene Publikation *Epitaph für R. H.* stellt uns Rudolf Hostettler als Menschen mit vielseitigen Interessen vor. Ihn faszinierten die Geschichte und die Lehren daraus, und er behielt jederzeit die nötige Offenheit gegenüber Neuem. In seiner Tätigkeit als Redaktor bewies Hostettler die Fähigkeit in Dialog und Diskussionen nicht Polaritäten zu stärken, sondern seine eigene Meinung ohne Fanatismus, aber mit „festigkeit und bernischer zähigkeit" zu vertreten.[1] Als Gestalter wandte er derweil ohne viel Aufhebens die Typografie mal klassisch, mal zeitgenössisch an und ließ sich nie auf Formalismen ein. Seine Ausgewogenheit im Umgang mit diesen Dingen, so Hochuli, war bedingt durch einen Hintergrund natürlich harmonischer Lebensumstände, wie sie Hostettler zusammen mit seiner Frau Mafalda Hostettler-Martini gefunden hatte.

Es versteht sich von selbst, dass sich Hostettlers verschiedene Tätigkeiten nicht wirklich getrennt beschreiben lassen. Die wichtigsten seiner Publikationen wie *The printer's terms* ebenso wie seine Aufgabe als Redaktor der typografischen Fachzeitschriften waren mit der Druckerei Zollikofer & Co verbunden. Seine Arbeit für die Fachzeitschriften nahm jedoch eine besondere Position ein. In der Funktion als Redaktor sah sich Hostettler immer wieder mit wichtigen Fragen konfrontiert, die nach einer verständlich formulierten Antwort verlangten.

Im Fokus dieses Beitrages steht Rudolf Hostettlers Leistung als Redaktor der Fachzeitschrift *Schweizer Graphische Mitteilungen (SGM)* – seine Arbeit für die *Typographischen Monatsblätter* wird hier nicht besprochen. Wie in der Folge aufgezeigt wird, moderierte Hostettler für die *SGM* über nahezu zehn Jahre eine wiederkehrende Diskussion um symmetrische oder asymmetrische Typografie. Es macht deshalb Sinn sich hier auf diesen Diskurs zu beschränken und sein Engagement für die *Typographischen Monatsblätter*, die sicherlich nicht weniger wichtig waren, an anderer Stelle zu beschreiben.

Schweizer Graphische Mitteilungen – eine internationale Fachzeitschrift für das grafische Gewerbe

Als Rudolf Hostettler und Hermann Strehler 1943 mit der September-Ausgabe die Redaktion der *SGM* übernahmen, lautete deren offizieller Titel noch *Schweizer Reklame und Schweizer graphische Mitteilungen*. Die 1882 erstmals herausgegebene Zeitschrift *SGM* hatte im Verlauf der Jahre etwas Staub angesetzt und war 1936 dem Organ des Schweizer Reklame-Verbandes zur Seite getreten. Der Zusammenschluss hatte beiden im Endeffekt wenig gebracht, und außer dem neuen Format und der vermehrten Nennung des Wortes „Reklame" – ein Begriff, der damals gerade in

---

1   Hochuli, Jost: Epitaph für R.H. St. Gallen: VGS, 1983 (Typotron Heft Nr. 1; 2. Aufl. 1993, 3. Aufl. 2000; engl. Ausgabe: In memory of R.H. Übers. von Andrew Bluhm. St. Gallen: VGS, 1983).

Mode war – resultierte wenig aus der Fusion. Die Redaktionen der beiden Titel operierten zudem stets getrennt, die Reklame-Redaktion in Zürich und die *SGM*-Redaktion bei Zollikofer in St. Gallen.

Die erste von Hermann Strehler und Rudolf Hostettler 1943 betreute Ausgabe der *Schweizer Reklame und Schweizer graphische Mitteilungen* überraschte die Abonnenten mit einem wesentlich veränderten Layout. Hostettler und Strehler hatten erkennbar aufgeräumt. Hermann Strehler schreibt hierzu: „Zeitschriften, auch wenn sie nicht so der Mode unterworfen sind wie Damenhüte, haben es trotzdem von Zeit zu Zeit notwendig, ihr Gesicht zu wechseln."[2] Die Kolumnen waren schmaler bemessen und so mehr Zwischenraum gewonnen worden. Der gesamte Text, auch die Titel, wurde erstmals komplett in der Schrift Baskerville gesetzt, so dass die Textseiten insgesamt eleganter und einheitlicher auftraten. Bei den Inserateseiten herrschte nun ebenfalls mehr Ordnung und die verschiedenen Anzeigen waren durch Linien und Weißraum getrennt worden. Mit Rudolf Hostettler war zum ersten Mal der Gestalter der Zeitschrift im Impressum aufgeführt und zu Beginn des Heftes fand sich zudem die Liste der Mitarbeiter der *SGM*, inklusive deren Postadresse. Imre Reiner steht hier ebenso wie Jan Tschichold, Walter Zerbe und Willi Baus. Die Redaktion der *SGM* war offensichtlich darum bemüht, ein qualifiziertes Team von Mitarbeitern auszuweisen.

In der Folge begleitete Rudolf Hostettler die Zeitschrift nicht nur als „Typografischer Gestalter", sondern war auch für die Redaktion der regelmäßigen Beilagen zuständig, wie z.B. jene im März-Heft 1944 über „Schriftproben" oder in Heft Nr. 7 aus dem gleichen Jahr über „Das typographische Ornament". Auch die kurzen Rubriken wie „Wir antworten", „Bibliophile Notizen", „Typographisches ABC" etc. wurden immer weiter ausgebaut. Solche erschienen regelmäßig im hinteren Teil der Zeitschrift und präsentierten drucktechnisches Wissen und etwas wie „Internationales Allerlei".

In der Dezember-Ausgabe von 1945 wurde die Trennung von der *Schweizer Reklame* angekündigt, und das Editorial zur ersten Ausgabe der *SGM* des Jahres 1946 klang, auch dank der erhöhten Auflage, äußerst zuversichtlich. „Als Aufgabe haben wir uns die weltweite Orientierung der Fachwelt des gesamten graphischen Gewerbes gestellt, und wir hoffen, neben dem Verständnis für die gegenseitige Berufsarbeit auch etwas zur engeren Verbindung der Nationen beitragen zu dürfen"[3], schrieben Verlag und Redaktion.

---

2 Strehler, Hermann: Das neue Gesicht. In: Schweizer Reklame und Schweizer Graphische Mitteilungen. (1943) H. 9, S. 269.

3 Redaktion und Verlag SGM: Zum 65. Jahrgang. In: Schweizer Graphische Mitteilungen. (1946) H. 1, o. S.

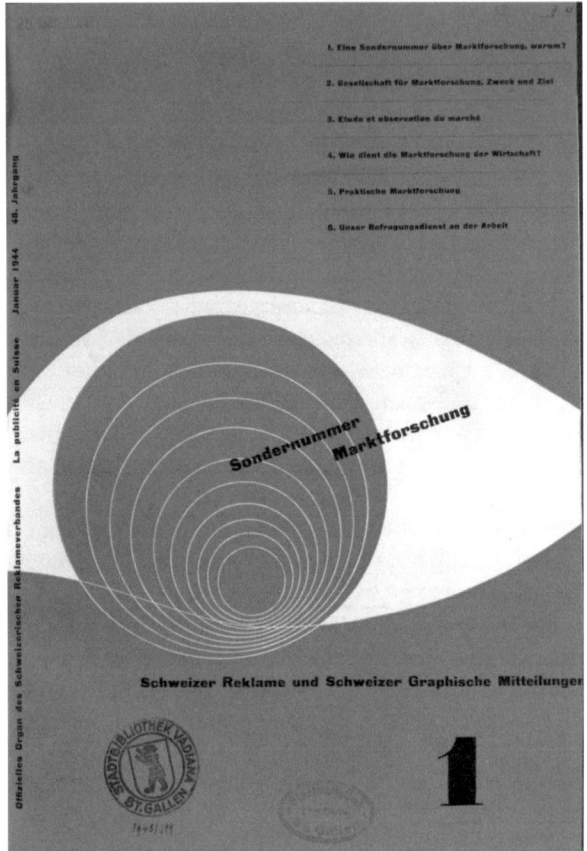

Abb. 1: Umschlag der *Schweizer Reklame und*
Schweizer Graphischen Mitteilungen (1944, H. 1)
(Kantonsbibliothek St. Gallen [Vadiana])

Die *SGM* wurden wieder zur Zeitschrift für das gesamte grafische Gewerbe. In
diesem Sinne wurde den technischen Rubriken nochmals mehr Platz eingeräumt und
Hostettler führte im Februar-Heft 1946 eine Rubrik mit Fachausdrücken für den
Drucker ein – die „Fachausdrücke, printer's technical terms". Grundsätzlich verstanden es Hostettler und Strehler im gleichen Heft wichtige, aber teilweise für den
Buchdrucker ziemlich theoretische Kommentare der aktuellen Tendenzen der Typografie neben äußerst praktischen Hinweisen zur Pflege der Maschinen und Ähn-
lichem zu vereinen.

1946 – Die Kontroverse zwischen Max Bill und Jan Tschichold in erweiterter Sicht

Im Jahr 1946 entwickelten sich die *SGM* weiterhin progressiv. Hermann Strehler und Rudolf Hostettler hatten die Zeitschrift bereits seit drei Jahren betreut und konnten sie ohne das Anhängsel der *Schweizer Reklame* unabhängiger gestalten. Zwei Hefte dieses Jahrgangs haben es schließlich in der Welt der Typografie zu einigem Ruhm gebracht: Es handelt sich um die Mai-Ausgabe mit dem Artikel von Bill „über typografie"[4] und die Juni-Ausgabe mit dem Artikel von Tschichold „Glaube und Wirklichkeit"[5]. Max Bill hatte Aussagen, die Jan Tschichold in einem Vortrag gemacht hatte, zum Anlass genommen, diesen direkt zu kritisieren. Bill warf Tschichold eine vermeintliche Abkehr von seiner progressiven Arbeitsweise im Stile der Neuen Typografie vor – ein eigentlicher Verrat an der eigenen Sache. Tschichold wiederum stellte Bills Kritik in seinem Artikel richtig und differenzierte, die Anwendung der Neuen Typografie funktioniere sehr wohl für Arbeiten der Werbegrafik, nur für Bücher nicht, und er interessiere sich momentan mehr für die Gestaltung von Büchern. Tschichold, der eigentliche Begründer der Neuen Typografie, hatte nach seiner Emigration in die Schweiz im Jahre 1933 für verschiedene Kunden in Basel gearbeitet. Seine Arbeiten aus der Zeit waren nicht ähnlich radikal wie jene aus früheren Jahren, und Tschichold betonte stets, dies sei aufgrund von neuen Aufgabenstellungen geschehen und sei nicht als Verrat an der Neuen Typografie zu sehen. Die Kontroverse in den *SGM* ist als direkte Auseinandersetzung zweier Protagonisten der Typografie eine Seltenheit und wird deshalb noch heute gerne zitiert.[6,7] Wie bereits betont, ist es aber unbedingt nötig, diesen Streit in weiterem Kontext zu betrachten und vor allem Hostettlers Position als Redaktor nachzuverfolgen, auch wenn die Diskussion vordergründig nur zwischen Bill und Tschichold abgelaufen ist.

---

4   Bill, Max: über typografie. In: Schweizer Graphische Mitteilungen. (1946) H. 5, S. 193–200.

5   Tschichold, Jan: Glaube und Wirklichkeit. In: Schweizer Graphische Mitteilungen. (1946) H. 6, S. 233–243.

6   Die beste Besprechung findet sich bei Burke, Christopher / Kinross, Robin: The dispute of Max Bill and Jan Tschichold of 1946, with a later contribution by Paul Renner. In: Typography papers. (2000) H. 4, S. 57–86.

7   Empfohlene weitere Literatur (Lektüre) über die Zusammenhänge der Typografiegeschichte der Nachkriegsjahre und die Arbeiten der Typografen und Buchgestalter Max Bill, Jan Tschichold oder Paul Renner: Hochuli, Jost: Buchgestaltung als Denkschule. Stuttgart: Edition Typografie, 1991. Sowie der von Jost Hochuli, Max Caflisch und Rudolf Hostettler erarbeitete Katalog zur Ausstellung im Kunstgewerbemuseum der Stadt Zürich: Jan Tschichold. Typograph und Schriftentwerfer. Zürich: Kunstgewerbemuseum, 1976. Einiges findet sich auch in: Hollis, Richard: Schweizer Grafik: die Entwicklung eines internationalen Stils. Basel: Birkhäuser, 2006. Wichtig sind folgende drei Titel: Burke, Christopher: Active literature. London: Hyphen Press, 2007; ders.: Paul Renner. London: Hyphen Press, 1998. Robin Kinross verfasste ein Buch, das viele Türen der Typografiegeschichtsschreibung aufstößt: Modern typography. London: Hyphen Press, 2004 – wann wird es von diesem Text endlich eine deutsche Übersetzung geben?

„über typographie"

Max Bills Beitrag mit dem Titel „über typografie" erschien als Beilage zum Heft Nr. 5 der *SGM* und lag somit in Rudolf Hostettlers Verantwortung. Hostettler erlaubte es Max Bill die achtseitige Beilage selbst nach dessen Ideologie asymmetrisch zu gestalten. Bills Beitrag erschien zudem auf gestrichenem Papier gedruckt, der Text in fetter Groteskschrift und in konsequenter Kleinschreibung gesetzt, und unterschied sich schon so deutlich von der eher „klassisch"-symmetrischen Gestaltung der *SGM*. Die Redaktion verzichtete auf eine vermittelnde Einleitung zu Max Bills Text und auch aus Briefen von Bill an Hostettler aus der gleichen Zeitspanne, von März und April 1946, ließe sich nicht darauf schließen, dass Hostettler irgendwie versucht hätte Bill dazu zu bewegen, seine Kritik an Tschichold abzuschwächen.[8]

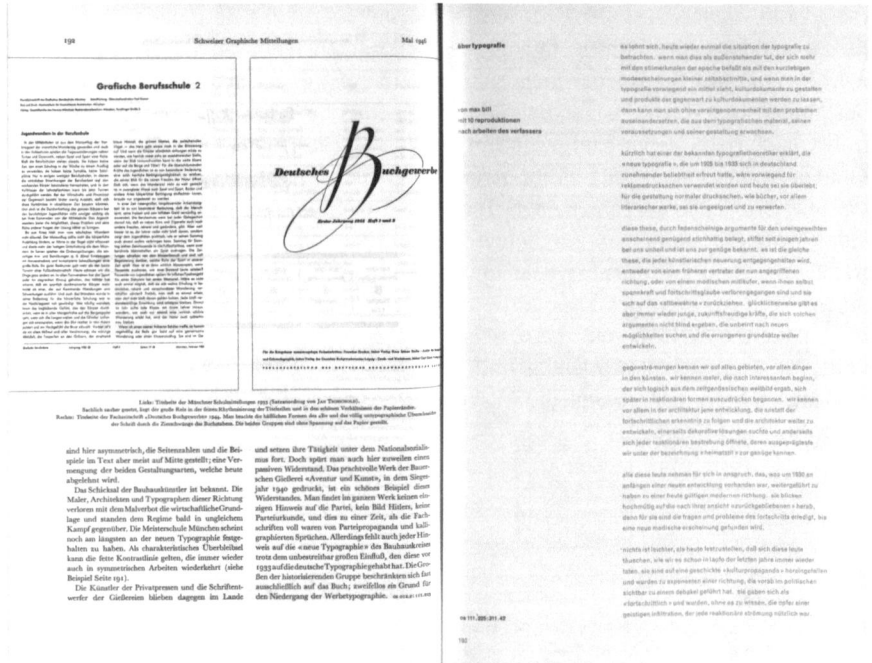

Abb. 2: Rechts die erste Seite des Artikels von Max Bill: über typografie
(Schweizer Graphische Mitteilungen. [1946] H. 5, S. 192–193. Kantonsbibliothek St. Gallen [Vadiana])

Dennoch fand sich auf den Seiten vor Max Bills Artikel ein längerer Bericht von Rudolf Hostettler „Zu Deutschlands Typographie der letzten 12 Jahre", der als Ein-

---

8 Briefe von Max Bill an Rudolf Hostettler vom 2. März 1946 und 16. April 1946. Kantonsbibliothek St. Gallen (Vadiana), Nachlass Hostettler.

leitung gelesen werden könnte.[9] Hostettler beschrieb hier die Entwicklung der Typografie in Deutschland seit 1933. Speziell für die Situation in Deutschland war, dass vor der Machtergreifung der Nationalsozialisten, grob skizziert, zwei Linien der Typografie beobachtet werden konnten, die der traditionellen Typografie und die der Neuen Typografie. Während sich die traditionell arbeitenden Typografen im Krieg in Deutschland mehr oder weniger anzupassen vermochten und sich auf klassische Buchtypografie spezialisierten, waren die meisten Vertreter einer neuen, modernen Typografie gezwungen zu emigrieren. Dieses Schicksal ereilte viele der Bauhaus-Künstler und andere progressive Gestalter wie Imre Reiner, Kurt Schwitters und Jan Tschichold, um nur einige zu nennen. Aufgrund dieser Entwicklung waren die wichtigsten Errungenschaften der Neuen Typografie nach 1933 wieder zunichte gemacht worden. Woraus Hostettler schloss, dass sich 1946 in Deutschland gerade die Werbetypgrafie wieder auf den Stand von 1920 zurückgeworfen sehe.

Hostettler argumentierte ähnlich wie schon Jan Tschichold. Dies wird insbesondere deutlich, wenn ein Brief von Tschichold an Hostettler herbeigezogen wird, der dem Artikel vorangeht. Tschichold schrieb noch im Januar 1946 drei Seiten an Hostettler und beantwortet einige Fragen, die Hostettler in einem Brief vom 3. Januar 1946 an Tschichold gerichtet hatte. Aus Tschicholds Antwort geht hervor, dass sich Hostettler mitunter nach der Entwicklung der Neuen Typografie in Deutschland und England erkundigt hatte. Tschichold schrieb: „In Deutschland entwickelte sich die Typographie und sogenannte Gebrauchsgraphik seit 1933 immer weiter abwärts, weil die schöpferischen Kräfte unterdrückt wurden, oder ins Ausland abwanderten. Ein interessanter Beweis dafür ist die letzte Sondernummer der Leipziger Illustrierten (ich glaube Weihnachten 1944), deren Anzeigenteil so aussieht als stamme er aus dem Jahre 1923, obwohl dabei fast nur Vierfarbenklischees verwendet wurden.“[10] In einer weiteren Passage differenzierte Tschichold eine Aussage, die er anlässlich eines Vortrages gemacht hatte. Er betont, er habe damals vorwiegend von der Buchtypografie gesprochen und führt an: „Es ist heute so, dass man weder die symmetrische noch die asymmetrische Satzweise als ‚den Idealfall‘ betrachten kann; je nach der Aufgabe wird man sich in der einen oder anderen Richtung bewegen.“

Es handelte sich hierbei um den Vortrag, den Max Bill als Anlass genommen hatte, Tschichold zu kritisieren.[11] Es ist anzunehmen, dass Rudolf Hostettler den Text von Max Bill zur Veröffentlichung erhalten hatte und sich erst mit dem Brief vom 3. Januar 1946 und ein paar Fragen bei Tschichold absichern wollte, bevor er Bills angriffige Sicht publizierte.

---

9 Hostettler, Rudolf: Zu Deutschlands Typographie der letzten 12 Jahre. In: Schweizer Graphische Mitteilungen. (1946) H. 5, S. 187–192.

10 Brief von Jan Tschichold an Rudolf Hostettler vom 31. Januar 1946. Kantonsbibliothek St. Gallen (Vadiana), Nachlass Hostettler.

11 Unveröffentlichter Vortrag von Jan Tschichold: Konstanten der Typographie. Gehalten vor den Zürcher Mitgliedern des Verbandes schweizerischer Graphiker, Dezember 1945.

Abb. 3: Auf der linken Seite die Anmerkung der Redaktion; und rechts die erste
Seite des Artikels von Jan Tschichold: Glaube und Wirklichkeit
(Schweizer Graphische Mitteilungen. [1946] H. 6, S. 232–233. Kantonsbibliothek St. Gallen [Vadiana])

Glaube und Wirklichkeit

Die Gegendarstellung von Jan Tschichold im nächsten Heft der *SGM* mit dem
Artikel „Glaube und Wirklichkeit" wurde von der Redaktion dann mit einer kurzen
Notiz eingeleitet. Die Redaktion, mit großer Wahrscheinlichkeit Rudolf Hostettler,
bewies mit dieser Entscheidung ganz großes Geschick. Indem er die Auseinandersetzung kurz in einen historischen Kontext setzte, verunmöglichte er den Vorwurf,
dass sich hier nur zwei Streithähne selbst darstellen wollten. Die kurze Notiz
beendete zudem die Debatte: „Er [Tschicholds Artikel, RF] ist als grundsätzliche
Stellungnahme zu werten, und wir erklären damit die Diskussion für geschlossen."[12]
Dies illustriert, wie vorausblickend die Redaktion ihre Zeitschrift betreute. Eine
Diskussion über symmetrische und asymmetrische Typografie wäre sich früher oder
später ins Leere gelaufen, und Hostettler und Strehler waren sich dessen
offensichtlich bewusst und verstanden es, die Diskussion rechtzeitig zu beenden.[13]

---

12 Die Redaktion: Zum nachstehenden Artikel von Jan Tschichold „Glaube und Wirklichkeit". In:
    Schweizer Graphische Mitteilungen. (1946) H. 6, S. 232.
13 Es ist bedauerlich, dass gerade dieser Schachzug der Redaktion oft übersehen wird. Vielleicht

Wie um das Kalenderjahr mit aufgeräumtem Schreibtisch abzuschließen, schrieb Rudolf Hostettler dann im Dezember-Heft der *SGM* einen Überblick über „Typographische Strömungen in der Schweiz".[14] Nach einer kurzen historischen Schilderung, die im wesentlichen an seine früheren Ausführungen über Deutschland und die Weiterentwicklung der Neuen Typografie in der Schweiz anschloss, hielt Hostettler fest: „In der schweizerischen Typographie der Gegenwart können wir zwei Hauptströmungen beobachten [...]: 1. Typographie des Buches und aller buchmäßig zu lösenden Arbeiten. 2. Typographie der Werbedrucksache, der Industrie und des Handels." Er illustrierte seine Ausführungen mit Abbildungen von beiden Strömungen, der traditionellen Buchgestaltung und der Neuen Typografie oder Werbegrafik. Von Tschichold waren Beispiele von „funktionaler oder neuer Typographie" und ein traditionelles Layout für Birkhäuser zu sehen, während von Bill als Beispiel für die „funktionale oder organische Typographie" seiner Arbeiten eine Publikation über abstrakte und konkrete Kunst gezeigt wurde.

Eine ähnliche Argumentation, die sich hauptsächlich an der Funktion orientiert, ließe sich wohl wiederum auch bei Jan Tschichold finden – aber interessanterweise auch bei einigen jener Grafiker oder Typografen, die wohl keiner der beiden von Hostettler beschriebenen Hauptgruppen zuzuordnen wären. So haben Imre Reiner und Max Caflisch beide zuvor in der gleichen Zeitschrift gegen eine unnötige Polarisierung der symmetrischen und asymmetrischen Typografie argumentiert. Max Caflisch hatte beispielsweise 1941 geschrieben: „Die typographische Entwicklung der neuesten Zeit beweist, dass sowohl Symmetrie wie Asymmetrie berechtigt sind."[15]

Die Leistung Rudolf Hostettlers als Redaktor der *SGM* bestand also nicht nur darin, Max Bill die Gelegenheit zu geben, seine Sicht der elementaren Typografie in einer Beilage inhaltlich, gestalterisch und illustrativ zu propagieren und daraufhin Jan Tschichold Platz für eine Gegenüberstellung zu bieten. Viel eher hatte Hostettler mit seinem eigenen Artikel im gleichen Heft auch die redaktionsinterne, weniger extreme Ansicht aufgezeigt und diese zum Jahresende nochmals in überarbeiteter und präzisierter Form wiederholt.

Nur schon diese Zusammenhänge verdeutlichen, dass es wenig Sinn macht, wiederholt die ‚Bill-Tschichold-Kontroverse' zu zitieren, ohne dabei die Position der Redaktion mit einzubeziehen. Rudolf Hostettler hatte diese Auseinandersetzung moderiert, mit seinen Briefen an die Protagonisten und mit seinen eigenen Artikeln

---

liegt es schlicht daran, dass die Notiz der Redaktion unten links auf Seite 232 stand, während Tschicholds Artikel „Glaube und Wirklichkeit" oben auf Seite 233 begann – verlässt man sich nur auf A4-Kopien des Artikels, verpasst man die Notiz.

14 Hostettler, Rudolf: Typographische Strömungen in der Schweiz. In: Schweizer Graphische Mitteilungen. (1946) H. 12, S. 455–462.

15 Reiner, Imre: Versuch einer typografischen Prognose. Über die künftige Form der Drucksachen. In: Schweizer Reklame und Schweizer Graphische Mitteilungen. (1943) H. 10, S. 301–308; H. 11, S. 331–338; H. 12, S. 357–364. Und: Caflisch, Max: Gedanken über Mittelachsensatz. In: Schweizer Reklame und Schweizer Graphische Mitteilungen. (1941) H. 4, o. S.

in den *SGM* – nur ist das im Nachhinein nicht wirklich ersichtlich, wenn die Kopien der Artikel von Bill und Tschichold immer wieder isoliert zirkulieren.

Ein Nachwort von Paul Renner

In den nachfolgenden Ausgaben der *SGM* war die Debatte um die Symmetrieachse in der Typografie etwas abgekühlt. Nicht, dass sich die Grafiker plötzlich alle einig geworden wären, aber die Thematik hatte sich bis zu einem gewissen Grade erschöpft und die Redaktion hatte auch nicht mehr das Interesse, die Kontroverse neu aufzunehmen. Hostettler und Strehler sahen die Diskussion mit dem Artikel von Tschichold ohnehin für beendet an.[16]

Im März 1948 wurde schließlich doch ein Artikel abgedruckt, der auf die Positionen von Bill und Tschichold direkt Bezug nahm. Paul Renner hatte einen höchst erhellenden Kommentar geschrieben, der bereits im Titel „Über moderne Typografie" auf Max Bills Text anspielte. Die Redaktion leitete Paul Renners Beitrag folgendermaßen ein: „Dieser Artikel wurde von Paul Renner, dem Schöpfer der Futura und früheren Lehrer der Meisterschule München, geschrieben, als Beitrag zur Kontroverse M. Bill – J. Tschichold in den Heften 5 und 6 des Jahrgangs 1946 dieser Zeitschrift."[17]

Paul Renners Text zielte darauf ab, über eine mehr oder weniger theoretische Annäherung die beiden Positionen verständlich zu machen und sie nicht auf künstliche Art zusammenzuführen. Zudem hatte Paul Renner Jan Tschichold zuvor in einem Brief gebeten, seine Argumente kurz zu schildern, da er nicht wirklich an Tschicholds Anti-Modernismus glauben könne und gerne seine Position schriftlich verteidigen würde.[18] Renner und Tschichold kannten sich persönlich, schließlich hatten sie noch vor dem Krieg beide in München an der Meisterschule unterrichtet. Trotzdem stellte Renners Artikel keine plumpe, parteiische Berichtigung Max Bills dar, sondern eine äußerst diplomatische Klärung der Situation. Renner hatte selbst unter dem Naziregime stark gelitten und auch mehrmals über seine Abneigung gegen extremistische Ansichten geschrieben.[19]

Die Kontroverse zwischen Bill und Tschichold sah er denn auch primär als höchst aufschlussreich an, da der Widerstreit der Meinungen dem damaligen

---

16 Aus einem Brief von Max Bill an Paul Rand ist bekannt, dass Bill eine Antwort an Tschichold verfasst hatte, die jedoch von der Redaktion der *SGM* nicht abgedruckt worden ist. Der Text war von Bill als Theaterstück verfasst worden, mit dem Titel „Kleines Typographietheater für Außenstehende". Tschichold wurde auf einem Stein sitzend dargestellt, in der einen Hand eine Mittelachse, in der anderen einen Federkiel haltend. Bills Sarkasmus zeigt, wie involviert die Protagonisten in die Auseinandersetzung waren, und wäre die Redaktion auf seinen Artikel eingegangen, hätte Tschichold mit Sicherheit noch einmal reagieren müssen. Siehe Sonderdruck Max Bill. Typografische Monatsblätter (TM), (1997) H. 4, S. 40.

17 Renner, Paul: Über moderne Typographie. In: Schweizer Graphische Mitteilungen. (1948) H. 3, S. 119–120.

18 Brief von Paul Renner an Jan Tschichold, vom 1.3.1948.

19 Burke, Christopher: Paul Renner. London: Hyphen Press, 1998. S. 175–179.

Widerstreit der Typografie entsprach. „Mit jeder These meint der Mensch die Wahrheit zu sagen; dass es nur die halbe ist, merkt er erst, wenn ihm die andere Hälfte der Wahrheit als Antithese begegnet. Dann besteht er entweder stur auf seiner halben Wahrheit, oder er braut aus dem Halbwahren und Halbfalschen eine Synthese zusammen.“[20] Es sind vielleicht die Extreme, die Diskussionen anregen, aber nutzbar ist die Mitte, die „fruchtbare Gewitterzone der dialektischen Auseinandersetzung“, so Renner.[21] Er selbst strebte keine Synthese an, von der er sich bewusst war, dass sie nicht die Lösung, sondern eher eine weitere unverbindliche These sein würde, die schon bald ihrer Antithese gegenüberstehen würde. Zum Schluss seines Textes fügte er noch an, zu einem späteren Zeitpunkt würde er gerne in der gleichen Zeitschrift ausführen, was er unter „moderner Typographie“ verstehe. Strehler und Hostettler gaben ihm vier Monate später mit dem Text „Die moderne Typographie wird funktionell sein“ die Gelegenheit, und Paul Renner schrieb einen wunderbaren Artikel gegen den Missbrauch des Begriffs „modern“ als positives Werturteil und für eine Moderne, die sich abseits von Symmetriediskussionen aus einer kritischen Haltung und logischen Betrachtung der Aufgabe entwickelt.

Die ‚fruchtbare Gewitterzone‘ der Schweizer Typografie

Bei der Vielzahl an großartigen Artikeln von Protagonisten der Typografie wie Max Bill, Jan Tschichold und Paul Renner ist es schwierig, den Fokus auf der Leistung der Redaktion zu belassen. Die Arbeit der Regisseure und Bühnenarbeiter findet bekannterweise immer weniger Beachtung als das Geschehen auf der Bühne. Und nur wenn sich die Regisseure mit wildem Gebaren und Skandälchen in den Vordergrund spielen, kehrt sich manchmal das Bild. Weder Rudolf Hostettler noch Hermann Strehler hatten je im Sinn, sich in den Vordergrund zu drängen. Und wenn sie ab und an Regieanweisungen gaben, so war dies immer zur Nutzbarmachung des Diskurses oder Zusammenfassung der Geschehnisse. Als Redaktor der SGM hatte Rudolf Hostettler in St. Gallen den Überblick über das internationale grafische Gewerbe – aber dass es soweit kam, hatte er sich mit seiner Offenheit und Neugierde gegenüber Neuem auch erarbeitet.[22]

Insbesondere da Hostettler seine Redaktionstätigkeit nicht als Regent ausübte, wurde er zum eigentlichen Dreh- und Angelpunkt der Grafik und Typografie in der Schweiz in der zweiten Hälfte des 20. Jahrhunderts. Vielen ist dies sicherlich erst nach seinem Tod aufgefallen. Oder wie Jost Hochuli es beschrieb: „Was wenige freunde beim ableben von Rudolf Hostettler wussten, ist nun, bald drei jahre danach, für alle klar erkennbar: Die schweizer typografie hat mit ihm ihre mitte verloren.“[23]

---

20 Über moderne Typographie (wie Anm. 17), S. 119.
21 Über moderne Typographie (wie Anm. 17), S. 119.
22 Die Briefe im Nachlass Hostettler in der Kantonsbibliothek St. Gallen (Vadiana) legen die Vermutung nahe, dass hauptsächlich Rudolf Hostettler einen persönlichen Briefwechsel mit Tschichold führte und Hermann Strehler vor allem Geschäftliches abwickelte.
23 Hochuli, Jost: Epitaph für R. H. (wie Anm. 1), S. 5. Kleinschreibung im Original.

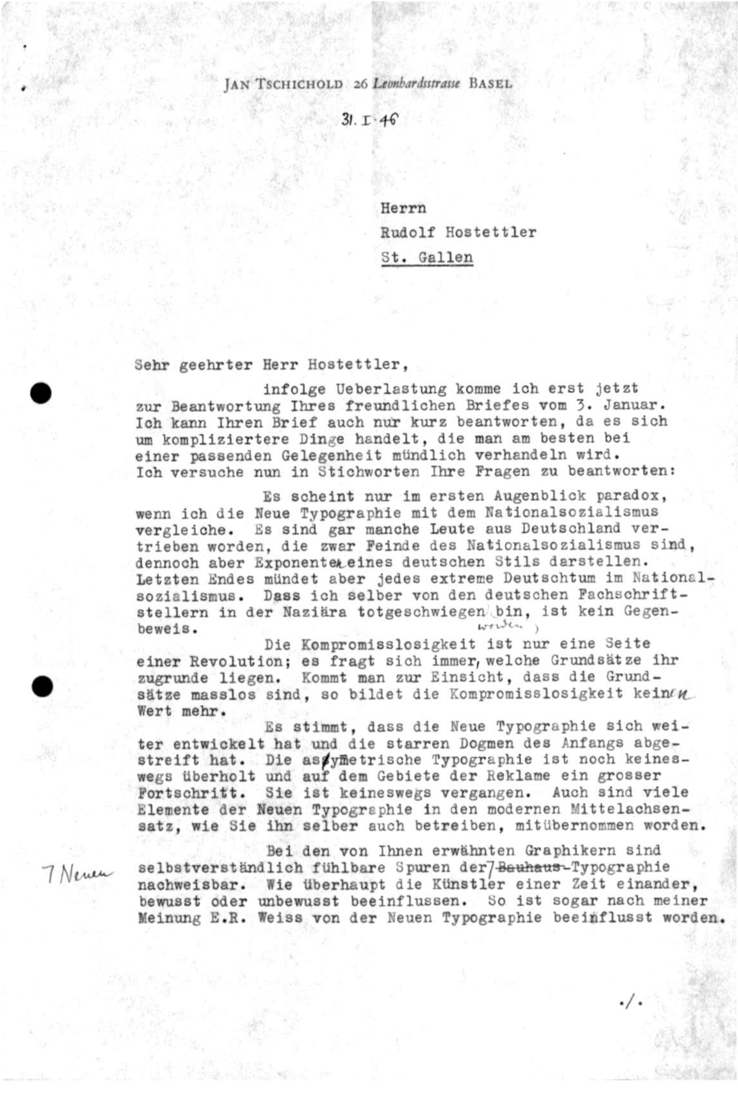

Jan Tschichold 26 Leonhardsstrasse Basel

31. I. 46

Herrn
Rudolf Hostettler
St. Gallen

Sehr geehrter Herr Hostettler,

infolge Ueberlastung komme ich erst jetzt zur Beantwortung Ihres freundlichen Briefes vom 3. Januar. Ich kann Ihren Brief auch nur kurz beantworten, da es sich um kompliziertere Dinge handelt, die man am besten bei einer passenden Gelegenheit mündlich verhandeln wird. Ich versuche nun in Stichworten Ihre Fragen zu beantworten:

Es scheint nur im ersten Augenblick paradox, wenn ich die Neue Typographie mit dem Nationalsozialismus vergleiche. Es sind gar manche Leute aus Deutschland vertrieben worden, die zwar Feinde des Nationalsozialismus sind, dennoch aber Exponenten eines deutschen Stils darstellen. Letzten Endes mündet aber jedes extreme Deutschtum im Nationalsozialismus. Dass ich selber von den deutschen Fachschriftstellern in der Naziära totgeschwiegen bin (worden), ist kein Gegenbeweis.

Die Kompromisslosigkeit ist nur eine Seite einer Revolution; es fragt sich immer, welche Grundsätze ihr zugrunde liegen. Kommt man zur Einsicht, dass die Grundsätze masslos sind, so bildet die Kompromisslosigkeit keinen Wert mehr.

Es stimmt, dass die Neue Typographie sich weiter entwickelt hat und die starren Dogmen des Anfangs abgestreift hat. Die asymmetrische Typographie ist noch keineswegs überholt und auf dem Gebiete der Reklame ein grosser Fortschritt. Sie ist keineswegs vergangen. Auch sind viele Elemente der Neuen Typographie in den modernen Mittelachsensatz, wie Sie ihn selber auch betreiben, mitübernommen worden.

Bei den von Ihnen erwähnten Graphikern sind selbstverständlich fühlbare Spuren der ~~Bauhaus-~~ Neuen Typographie nachweisbar. Wie überhaupt die Künstler einer Zeit einander, bewusst oder unbewusst beeinflussen. So ist sogar nach meiner Meinung E.R. Weiss von der Neuen Typographie beeinflusst worden.

./.

Abb. 4: Erste Seite des Briefes von Jan Tschichold an Rudolf Hostettler, vom 31.1.1946

(Aus der Kantonsbibliothek St. Gallen [Vadiana], Nachlass Hostettler, mit Erlaubnis der Familie Tschichold)

1952 wurden die *SGM* mit der anderen Schweizer Fachzeitschrift für Typografie, den *Typographischen Monatsblättern (TM)*, zusammengeführt. Die Redaktion blieb bei Rudolf Hostettler, und er führte auch die *TM* mit der nötigen Voraussicht weiter, stets bemüht, gerade jungen Grafikern ein Forum zu geben. Hostettler führte als Hauptredaktor der *TM* die Zeitschrift zu einer der wichtigsten Typografiepublikationen überhaupt und wusste stets zwischen den Interessen der verschiedenen Redaktoren – darunter nicht minder bekannte Namen wie Wolfgang Weingart oder Max Caflisch – und dem Herausgeber der Zeitschrift, dem Schweizerischen Typografenbund, zu vermitteln.

Noch kurz bevor der Titel der *SGM* von den *TM* absorbiert wurde, verfasste Rudolf Hostettler für die *SGM* eine Prognose der „Entwicklungsmöglichkeiten in der Typographie".[24] Seiner Meinung nach richte sich die Typografie immer stärker nach der Funktion. In der Buchtypografie beispielsweise würden sich zwei Buchtypen durchsetzen, das wohlfeile Buch und die gute Ausgabe. Mit diesem Artikel bewies Rudolf Hostettler einmal mehr, wie die Geschichte der Typografie und der grafischen Gestaltung nicht einfach historisch aufgerollt und in Schwarz und Weiß, polarisierend dargestellt werden kann. Mit fundiertem, aber nicht pedantischem Wissen über Vergangenes, der nötigen Kenntnis der Technik und einem offenen Ohr für Neues, vielleicht halboffen für schnell vergessene Moden und wirklich empfänglich für wegweisende Entwicklungen, wäre eine interessante Zeitschrift über Grafik und Typografie am besten ausgerüstet. Rudolf Hostettler hatte das verstanden und dermaßen überzeugend umgesetzt, dass es bis heute schwer ist, vergleichbare Publikationen zu finden.

---

24 Hostettler, Rudolf: Entwicklungsmöglichkeiten in der Typographie. In: Schweizer Graphische Mitteilungen. (1951) H. 1, S. 32.

„Das perfekte Lesewerkzeug" –
Jost Hochuli im Gespräch mit Hans Peter Willberg

Der St. Galler Buchgestalter Jost Hochuli war 1979 Mitgründer der VGS Verlags-
gemeinschaft St. Gallen und gestaltet seither deren Bücher. Hochuli ist u.a. auch für
Design und Typographie der seit 2001 im S. Fischer Verlag erscheinenden Thomas-
Mann-Ausgabe (*Große kommentierte Frankfurter Ausgabe*) verantwortlich.[1] – Am
23. November 2003 fand im Festsaal des Hauptbahnhofs St. Gallen die Vernissage
zur Monografie *Jost Hochuli: Drucksachen, vor allem Bücher – Jost Hochuli:
Printed matter, mainly books*[2] statt. Bei diesem Anlass führte der Typograf und
Buchgestalter Hans Peter Willberg (1930–2003) ein Gespräch mit Jost Hochuli, das
hier erstmals in deutscher Sprache abgedruckt wird. Eine englische Übersetzung des
Gesprächs erschien im *Hyphen Press Catalogue & Almanack 2008*.[3]

HANS PETER WILLBERG: Jost, alter Freund, Du sagst, die VGS sei nicht nur
ein Klein-, sondern ein Kleinstverlag. Was heißt das? Wie viele Bücher publiziert Ihr im Jahr?

JOST HOCHULI: Das herauszufinden, Hans Peter, ist auch für Außenstehende
keine Hexerei. Unser Gesamtverzeichnis verrät es: Eins, manchmal zwei,
selten drei, früher ein- oder zweimal – aber das war außerordentlich – waren
es sogar vier: dazu kommt seit drei Jahren eine Broschüre der Edition Ostschweiz.

WILLBERG: Und damit seid Ihr ausgefüllt?

HOCHULI: Allerdings – wir machen es ja nebenher, mit links sozusagen.

---

1 Zu Jost Hochulis Gestaltungsarbeit vgl. Früh, Roland: Buchgestaltung in St. Gallen. St. Gallen:
   VGS, 2008, S. 45–53. [Die Anmerkungen zu dem Gespräch zwischen Jost Hochuli und Hans
   Peter Willberg stammen vom Herausgeber.]
2 Jost Hochuli: Drucksachen, vor allem Bücher – Jost Hochuli: Printed matter, mainly books. Mit
   Beiträgen von J. Christoph Bürkle, Hans Peter Willberg, Robin Kinross, Jost Hochuli. Sulgen:
   Niggli, 2002.
3 Jost Hochuli in conversation with Hans Peter Willberg. Translated by Robin Kinross. In:
   Hyphen Press. Catalogue & almanack 2008. Edited and designed by Roland Früh and Robin
   Kinross. London: Calverts Press, 2008, S. 9–16.

WILLBERG: Was heißt denn wir? Ich dachte immer, Du seiest allein Herr und Meister – Du, der Du immer behauptet hast, Du seiest ein geborener Einzelkämpfer, ungeeignet für jegliche Teamarbeit?

HOCHULI: Bin ich auch, die Arbeit im Verwaltungsrat der VGS ist die Ausnahme.

WILLBERG: Wie ist das möglich?

HOCHULI: Weil ich, zweitens, die zwei Verwaltungsrätinnen und sieben Verwaltungsräte persönlich gut mag und weil es, erstens und zur Hauptsache, gar nicht möglich wäre, dieses Unternehmen (und mag es noch so klein sein) zu führen ohne das Wissen und Mitdenken der anderen, einer Journalistin, einer Bibliothekarin, eines Historikers und Politikers, eines Mediävisten, eines Germanisten, eines Antiquars, eines Buchhändlers, eines Juristen und eines Mannes aus der Versicherungsbranche, der die Übersicht über die Finanzen hat und eine Ahnung von Bilanzen – und Unterbilanzen.

WILLBERG: Aber als Gestalter, hast Du mir mehr als einmal gesagt, schwatzt Dir niemand drein. Weißt Du, welch ein Glückspilz Du bist?

HOCHULI: Weiß ich, weiß ich. Wenn ich so von meinen Kolleginnen und Kollegen in Großverlagen höre, wer sich da alles in die Gestaltung einmischt: Du meine Güte! Der Autor (oder – leider meist noch schlimmer: die Autorin), der Herausgeber, die Lektorin: und wenn Du diese Klippen umschifft haben solltest, dann sind es die Leute vom Verkauf, die Vertreter, die ganz genau zu wissen glauben, was sich verkauft und was nicht – und sich trotzdem immer wieder irren. Und wenn du das unverschämte Glück haben solltest, sogar die Zustimmung der Vertreter gefunden zu haben, dann wirst du vom Productioner angewiesen, den lausigsten Satzbetrieb zu berücksichtigen, musst die erste beste Druckerei in der Provinz oder im Ausland nehmen und einen Buchbinder, der diesen Namen nicht verdient – zu Bubu[4] wirst Du nicht gehen können.
Ich jedenfalls wäre in einem solchen Verlag nicht alt geworden, wo man vom Morgen bis zum Abend, ein ganzes Berufsleben lang, faule Kompromisse schließen muss und wo man dann mit der Zeit in vorauseilender Kompromissbereitschaft schon gar nichts mehr Gutes zustande bringt und Externe beiziehen muss, wenn es einmal wirklich auf Qualität ankommt.
Natürlich können Gestalterinnen und Gestalter in einem großen Verlag nicht genau so schaffen, wie ich es gewohnt bin. Da gehen in einem Jahr Dutzende von Titeln durch ihre oder seine Hände, aber eine im Schnitt etwas bessere Qualität läge durchaus drin.

---

4 Gemeint ist die Buchbinderei Burkhardt AG in Mönchaltdorf. Neben der industriellen Buchbinderei führt das Unternehmen ein handwerkliches Buchbinder-Atelier.

WILLBERG: Als Du die Thomas-Mann-Ausgabe konzipiertest, haben sie Dich bei Fischer tatsächlich machen lassen, nicht dreingeredet?

HOCHULI: Ja, da habe ich Glück gehabt. Nur bei der Platzierung der ISB-Nummer auf der Rückseite der Umschläge haben sie mich nicht gefragt – und sie dann auch prompt falsch gestellt: symmetrisch, wo doch sonst auf den Umschlägen alles asymmetrisch ist.
Natürlich wäre mir auch ein etwas kleineres Format und die Verwendung von Dünndruckpapier lieber gewesen, damit die einzelnen Bände handlicher und leichter würden und die gesamte Ausgabe – immerhin 38 Bände, davon 20 Doppelbände, gesamthaft also 58 Bücher! – auf weniger Laufmeter unterzubringen wäre, aber ich habe nicht darauf bestanden, weil ich weiß, dass weder das eine noch das andere von jenen Käuferschichten, die Gesamtausgaben kaufen, akzeptiert wird und weil zudem noch ein kleinerer Schriftgrad hätte verwendet werden müssen.
Auch ein Kompromiss, wenn Du willst…

WILLBERG: Zurück zur VGS! Ihr druckt in der Regel kleine Auflagen; macht Ihr bibliophile Bücher?

HOCHULI: Da hast Du mir nun aber ein Stichwort gegeben, von dem Du weißt, dass ich allergisch darauf reagiere.
Bibliophile Bücher? Nein, bibliophile Bücher machen wir ganz bestimmt nicht. Das heißt, wenn das Adjektiv bibliophil wörtlich verstanden würde, dann hätte ich nichts dagegen: bibliophil heißt Bücher liebend. Aber in diesem ursprünglichen Sinne versteht man es ja nicht, sondern so, wie es im Fremdwörter-Duden umschrieben wird: „[schöne u. kostbare] Bücher liebend; für Bücherliebhaber wertvoll, kostbar ausgestattet (von Büchern)".
Nein, nicht wertvoll, nicht kostbar. Die Papiere, die wir verwenden, sind in normalen Kollektionen zu finden; gesetzt wird nicht mit Bleilettern wie anno Gutenberg, sondern in QuarkXPress oder InDesign auf Mac, gedruckt wird nicht auf einer knarrenden Kniehebelpresse, sondern auf einer der gängigen Offsetmaschinen und gebunden auf einer der üblichen Bindestraßen. Wenn wir kleine Auflagen drucken, so deswegen, weil wir lokale und regionale Titel einfach nicht in größeren Mengen verkaufen können, so sehr wir das auch wollten.
Nein, bei uns geht's nicht nach der Devise „kleine Auflagen, hohe Preise"; wir meinen, das Umgekehrte sei grundsätzlich richtig, die ganz gewöhnlichen Bücher, auch Taschenbücher, müssten sorgfältig hergestellt sein – das wäre Buchkultur. Buchkultur, nicht Buchkunst. Ich weiß, dass Du diesen unsinnigen Begriff auch in Deinem Vokabular hast, aber was zum Teufel, Hans Peter, hat denn ein Buch mit Kunst zu tun? Ja, natürlich, wenn es ein ‚bibliophiles' ist; wenn es auf handgeschöpftes Papier gedruckt ist; wenn das Papier so wertvoll ist, dass man es kaum berühren darf; wenn der Text gesetzt ist in

einer sogenannten Künstlerschrift, die man nur mit Mühe lesen kann, in einer Anordnung, bei der man jede Übersicht verliert, und wenn das Ganze in Leder gebunden und mit Gold-und-Silber-Ein- und -Auflagen geschmückt ist, dass einem die Hände weh tun, will man's in die Hand nehmen: Ja, dann ist es wahrscheinlich Kunst, aber ein anständiges Buch ist es nicht.

Oder, wie ich es einmal formuliert habe:

„Die rechtsbürgerliche Attitüde: Klassische Literatur – Goethe, Hölderlin, zur Abwechslung einmal Rilke – Druck mit der Kniehebelpresse ab Handsatzlettern auf von Hand geschöpftes Papier, von Hand in Leder gebunden; kleine Auflage, hoher Preis: Bibliophilie, ‚Buchkunst‘.

Die sozialistische Attitüde (anders zwar, aber genau so aufgeblasen): Sozialrevolutionärer Text – Marx, Che, La Passionara – unlesbar, aber optisch ‚kreativ‘ organisiert, Kopie oder Druck in beliebiger Technik, in Metall- oder Plexiglasdeckeln zusammengefasst; kleine Auflage, asozial hoher Preis: Experiment, ‚Buchkunst‘.

Beides mag mit Kunst zu tun haben, meinetwegen. Wer aber glaubt, ein Buch in der Hand zu halten, lässt sich ein X für ein U vormachen – brauchen wird man das Ding nicht können. Und ein richtiges Buch ist eben ein Gebrauchsgegenstand, man muss es brauchen, man muss es benützen können.“[5]

WILLBERG: Ja, mein Lieber – ist Dir jetzt wohler?

HOCHULI: Machst Du Dich lustig über mich?

WILLBERG: Ja, ein wenig schon. Du scheinst offenbar gar nicht zu merken, wie sehr Du immer noch unter dem Einfluss der großen Schweizer Typografen der Nachkriegszeit stehst, der Lohse, Bill, der Ruder und Büchler. Die hielten auch nichts von Buchkunst, waren topfnüchtern in ihren Ansichten und mokierten sich über Bibliophilie und bibliophile Gesellschaften. Hast Du mir nicht einmal gesagt, Emil Ruder habe die Schweizerische Bibliophile Gesellschaft als Brokatdeckeli-Verein bezeichnet?

HOCHULI: Doch ja, ich erinnere mich. Mir ist auch durchaus klar, woher meine Abneigung gegen bibliophilen Schmock kommt. Aber während sich andere Anschauungen aus früheren Jahren gewandelt haben, sind meine Ansichten über Bibliophilie und Buchkunst nicht nur die gleichen geblieben, sie haben sich sogar gefestigt. Es verbindet sich mit beiden Begriffen etwas Falsches, Unechtes, etwas Aufgeblasenes: Bluff, Imponiergehabe, Schulterpolster, Umrissvergrößerung, etwas – Entschuldigung – zutiefst Germanisches.

---

5 Zitat aus einem (unveröffentlichten) Vortrag vor der Typographischen Gesellschaft München, gehalten im Jahr 1983.

WILLBERG: Danke für die Breitseite! Ich werde mich gelegentlich erkenntlich zeigen. Vorerst aber folgende Frage: Wenn es nicht das bibliophile Buch ist, das Du, das die VGS anstrebt, wie würdest Du denn Euer Buchideal umschreiben?

HOCHULI: Mein Ideal ist das perfekte Lesewerkzeug, oder – je nach Buchtyp – Schauwerkzeug oder Lese- und Schauwerkzeug.

WILLBERG: Wie sieht denn z.B. ein perfektes Lesewerkzeug aus? Könntest Du mir eines Deiner Bücher nennen, das Du als perfekt betrachtest?

Hochuli: –

WILLBERG: Du schweigst? Auch wenn Du behauptest, jeder andere Buchgestalter habe mehr Bücher eingerichtet als Du, so müsste sich doch unter all denen, die Du gemacht hast, das eine oder andere finden, das – wenn es vielleicht auch nicht perfekt ist – doch in der Nähe der Perfektion liegt. Wieso hättest Du denn den Leipziger Gutenberg-Preis erhalten?[6]

HOCHULI: O je! Du weißt doch, dass die meisten Preisverleihungen auf Irrtümern und Missverständnissen beruhen. Oder nimmst Du etwa den Preiszirkus und überhaupt den ganzen überhitzten Kulturrummel wirklich ernst?

WILLBERG: Hör auf, hör auf! Diese typisch schweizerische Untertreiberei ist mir mindestens so unsympathisch wie das Gegenteil!

HOCHULI: Gut denn, und sei's drum. Von den wenigen von mir verantworteten Büchern, die reine Lesebücher sind, kämen am ehesten die Bände der neuen Thomas-Mann-Ausgabe in Frage. Aber erstens sind sie – ich hab's schon angetönt – immer noch etwas zu groß im Format und zweitens ist das Papier, obgleich ziemlich dünn, immer noch zu dick. Beides ließ sich, wie auch schon gesagt, nicht ändern. Ich bedaure das.
Nein, wenn ich ein Lesewerkzeug als ideal oder mindestens annähernd ideal bezeichnen wollte, so müsste ich auf frühe Insel-Bücher aus den ersten drei Dezennien des 20. Jahrhunderts weisen, z.B. auf die Großherzog-Wilhelm-Ernst-Ausgaben der Werke Goethes, Schillers, Kants, Schopenhauers und Körners, deren erste Bände im Jahr 1905 zu erscheinen begannen. Spätere Auflagen in verschiedenen Ausstattungen trugen dann nicht mehr die Bezeichnung „Großherzog-Wilhelm-Ernst-Ausgabe". Format und Typografie blieben aber die gleichen. Aus dieser Klassiker-Reihe besitzen wir, Du und ich, unter anderen den Band *Goethes Gespräche mit Eckermann*. Dieses Büchlein ist für mich das perfekte, oder doch nahezu das perfekte Lesewerkzeug, das beste jedenfalls, das ich kenne.

---

6 Die Stadt Leipzig verleiht im Zweijahresrhythmus den Gutenberg-Preis für besondere Verdienste um die Buchkunst; Jost Hochuli wurde 1999 mit dem Preis geehrt.

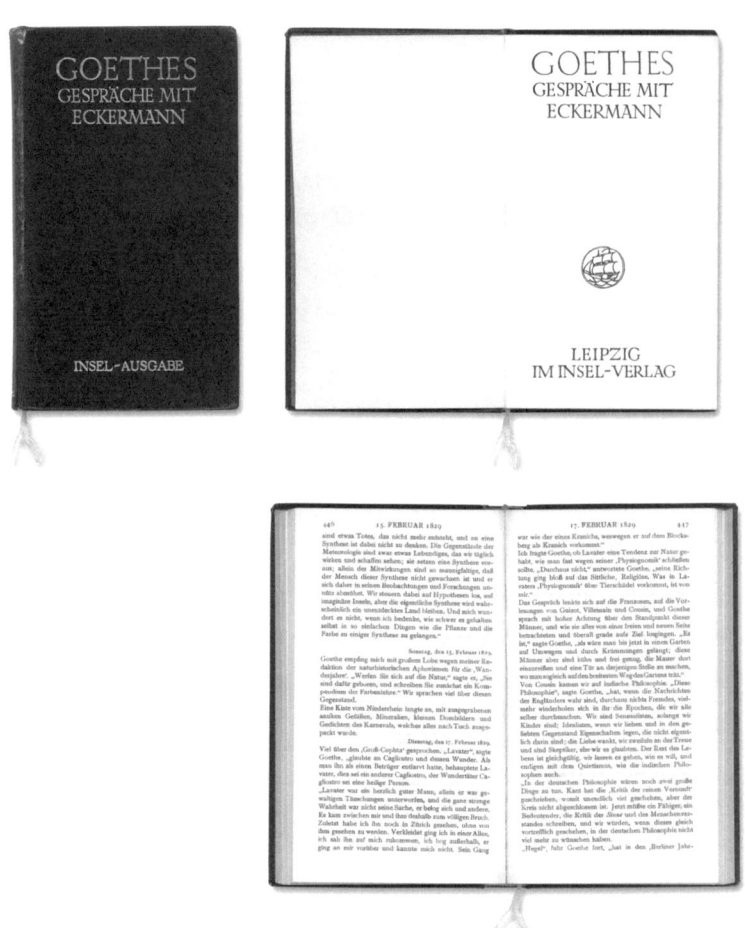

Abb. 1: Das (fast) perfekte Lesewerkzeug

Abb. 2: Eines der 58 Bücher der *Großen kommentierten Frankfurter Ausgabe* der
Werke von Thomas Mann – Schuber, Umschlag und Doppelseite des Inhalts. Die
GKFA ist auf 38 Bände in 58 Büchern angelegt

Ein im wörtlichen Sinne handliches Format (10 x 17,2 cm), das man in jede Hosen- und Rocktasche stecken kann, Dünndruckpapier – bei immerhin exakt 800 Seiten ist das Bändchen nur 22 mm dick. („Ich mag Dünndruckpapier nicht", hör ich's meckern. Glaub ich wohl, es braucht halt ein wenig Fingerkultur dazu; und die kriegt man nur durch Übung, vor dem Fernseher bestimmt nicht.)

Habe ich mich vorhin nicht mokiert über Ledereinbände? Was ist denn das hier, doch auch ein Ledereinband? Ja – aber Leder ist eben nicht immer gleich Leder. Hier ist das Leder kein Bluff, hier dient es der Funktion. Kein anderes Einbandmaterial, wirklich kein anderes, ist derart flexibel wie dieses dünn gespaltene Kalbsleder und bricht nicht und geht – hat man es einmal gebogen – wieder in die Ausgangslage zurück und bleibt dann so. Und die Goldprägung? Gold an sich mag ich nicht, es ist mir zu protzig – eine goldene Uhr wäre mir ein Gräuel. Aber fairer- und objektiverweise muss in diesem Zusammenhang doch Folgendes gesagt werden: Goldfolie ist auch heute noch die einzige wirklich problemlose Prägefolie, wie viel mehr so zu Beginn des letzten Jahrhunderts. Das Büchlein ist mindesten 80 Jahre alt (ein Erscheinungsjahr fehlt), und es ist gebraucht worden, man sieht's ihm an; aber die Beschriftung auf Buchrücken und vorderem Deckel ist so frisch, als wäre sie soeben geprägt worden. Das Bändchen (‚Bändchen' – immerhin 800 Seiten, vergiss es nicht!), das Bändchen kann ich mitnehmen auf einen Spaziergang, auf eine Wanderung, kann es auf einer Wiese am Waldrand aus der Rocktasche, aus dem Rucksack nehmen und lesen, und wenn ich es in einen Kuhfladen lege, so ist das noch lange keine Katastrophe, ich kann Leder und Prägung abwaschen, sogar mit Seife, es schadet weder dem einen noch dem andern. Die Innentypografie ist von einfachster Schlichtheit, da hat sich kein Typograf verwirklichen müssen, indem er am falschen Ort ‚kreativ' sein wollte. Die Schrift ist unprätentiös, nichts Berühmtes, aber wunderbar lesbar – es ist die Monotype Old Style Nr. 2, damals ein typografisches Suppenhuhn wie später die Times New Roman. Einziger Einwand meinerseits: Die Alineas sind nicht eingezogen. Aber sonst: das perfekte Lesewerkzeug.

WILLBERG: In allen Punkten einverstanden. Wann wird die VGS das perfekte Lesewerkzeug veröffentlichen?

HOCHULI: Kaum je. Wir sind ja kein literarischer Verlag und publizieren in der Regel jenen Sachbuchtyp, der ein Zwitter ist zwischen dem reinen Lesebuch und dem reinen Schaubuch: Um bequem gelesen zu werden, müssten diese Bücher kleiner, für viele Abbildungen aber müssten sie größer sein. Nein, die VGS wird wahrscheinlich nie das perfekte Lesebuch veröffentlichen können. Leider. Aber wir werden uns bemühen, unsere Sachbücher so lesefreundlich wie möglich zu machen.

Der Buchhandel zwischen Liebe und Zorn – Ein Essay aus ökonomischer Sicht

Volker Mayr und Urs Fueglistaller

Der Buchhändler – das besondere Wesen

Unter Handel versteht man gemeinhin den Ankauf, die Beförderung, die Bevorratung sowie den Verkauf von Waren, ohne dass diese wesentlich verändert oder verarbeitet werden. Der Handel wird somit nicht selber produktiv im Sinne der Herstellung von materiellen Gütern tätig. Abgesehen von gewissen Ausnahmen dient der Handel der Gewinnerzielung für den Händler. Dieser Gewinn resultiert aus einem Aufschlag, den der Händler zu dem Preis, welchen er dem Produzenten des Gutes entrichtet, addiert. Ist der Händler deshalb ein Unternehmer oder einfach ein besonderes Wesen aus der Gattung der ‚Abzocker'? Der Händler, die Händlerin sind Unternehmer, Unternehmerin – ganz klar, denn: Die Tätigkeit verlangt ein Gespür für den Markt, eine Nase für richtige Düfte, ein Auge für gute Texte und auch den Handschlag für faire und gewinnbringende Geschäfte. Wer unternehmerisch tätig ist, geht Risiko ein, ist innovativ, lebt von Arbitrage und gibt *sein* eigen Herz und Geld ins Geschäft – so die Umschreibung des besonderen Wesens des Unternehmers durch Richard Cantillon (1680–1734).

Warum nun ist der Buchhändler ein besonderer Händler? Zweifelsohne kauft er Bücher, viele Bücher, von den Produzenten – also den Verlagen – ein, befördert und lagert sie (manchmal viel zu lange) und verkauft sie unverändert an Endkunden weiter. Dies macht ihn also noch nicht zu einer besonderen Spezies, das kann jede und jeder. Wenn man jedoch das Kriterium der Gewinnerzielung betrachtet, kommt man der Besonderheit näher, denn der Buchhandel gehört mit Sicherheit nicht zu den lukrativen Branchen. So beträgt die durchschnittliche Umsatzrendite der Buchhändler gerade einmal 1% – also ein Prozent, das ist ein müder Euro, der mir bleibt, wenn ich an einem Tag wie diesem für einhundert Euro rumtanze und Bücher verkaufe! Wir können also unmöglich in diesem Kontext großspurig von Arbitrage sprechen, sondern müssen dieses schmale Band des Lebens als ‚Arbitrageli' benennen (kleine, winzige Arbitrage ins Schweizerdeutsche übersetzt, denn die Schweizer haben immer ein „li" für ihre liebevollen Verkleinerungen parat: aus Polster wird Pölsterli, aus UBS wird UBSli, Bankgeheimmisli, Swiss-Fränkli). Doch ernsthaft: Eben hat eine aktuelle Lohnstudie (2008) der Buchhändler in der Schweiz ergeben, dass die Gehälter im Buchhandel mit durchschnittlich 4'100 Franken (also Fränkli) pro Monat als tief anzusehen sind, vor allem vor dem Hintergrund des hohen Bildungsstandes der Mitarbeitenden. Ebenso liegt die Vergütung nach der

Ausbildung bei einem Buchhändler um mehrere hundert Franken unter der eines Verkäufers beispielsweise bei COOP (gemäß unseren Feldstudien und Recherchen gibt es dort tatsächlich auch Bücher zu kaufen: Jamie Oliver macht's möglich).

Die Erzielung eines Gewinnes, also der finanzielle Anreiz zur Ergreifung und Ausübung des Buchhändlerberufs, ist daher denkbar gering. Die allgemein bekannte Tatsache, dass mit steigendem Bildungsniveau tendenziell auch das Einkommen steigt, trifft beim Buchhandel ganz und gar nicht zu. Warum Personen sich dennoch dafür entscheiden, im Buchhandel tätig zu sein, kann unter anderem mit der Liebe zum Produkt „Buch" erklärt werden.

Die Liebe zu einem Produkt

Die Liebe ist ein Begriff, welcher in der Betriebswirtschaftslehre eher selten zu finden ist. Die Liebe zu einem Produkt wird, wenn überhaupt, im Marketing betrachtet, also wenn ein Kunde einen relativ hohen Preis für ein Gut zu entrichten bereit ist, da er eine emotionale Bindung zu diesem Produkt hat. Für die Wahl des Arbeitsplatzes hingegen stehen üblicherweise andere Faktoren wie Sicherheit, Standort, persönliche Interessen oder die eigene Herkunft im Vordergrund. Wie kann die Liebe zum Buch nun als Grundlage für die Wahl des Arbeitsplatzes herangezogen werden?

Abb. 1: Die Bedürfnispyramide nach Maslow

(Vgl. Maslow, Abraham H.: Motivation and Personality. New York: Harper & Row, 1970, S. 35ff.)

Nach Maslow hat der Mensch fünf unterschiedliche Bedürfnisse. Die unteren drei Bedürfnisse werden hierbei als Defizitbedürfnisse bezeichnet. Dies bedeutet, dass diese Bedürfnisse befriedigt werden *können*. Sobald man keinen Durst mehr hat, wird man nicht mehr danach streben, weiter zu trinken. Ebenso wird man, um das dritte Bedürfnis anzusprechen, bei einer als ausreichend empfundenen Anzahl an Freunden und sozialen Kontakten keine Erweiterung mehr anstreben, sondern die vorhandenen Kontakte pflegen. Dass sich dennoch Änderungen ergeben können, also beispielsweise alte Kontakte einschlafen und gleichzeitig neue Freundschaften geschlossen werden, ist sicherlich zutreffend, die reine Anzahl wächst damit jedoch nicht.

Die oberen beiden Bedürfnisse werden hingegen als Wachstumsbedürfnisse oder unstillbare Bedürfnisse bezeichnet. Dies bedeutet, dass beispielsweise ein Künstler seinen Drang zur Auslebung der eigenen Kreativität nach einer bestimmten Anzahl an geschaffenen Kunstwerken nicht verliert, sondern vielmehr weiterhin kreativ aktiv sein möchte und muss.

Für den Bereich des Arbeitsmarktes können die beschriebenen fünf Bedürfnisse wie folgt spezifiziert werden:[1]

Tab. 1: *Bedürfnisse und Arbeitsmarkt*

Bedürfnisse nach Maslow „Allgemein"	Bedürfnisse nach Then „Arbeitsmarkt"
Selbstverwirklichung	Selbständigkeit und Selbststeuerung
Ich-Bedürfnisse	Freude an der Arbeit, Prestige
Soziale Bedürfnisse	Information und Beteiligung bei Veränderungen und Entscheidungen
Sicherheitsbedürfnisse	Sicherer Arbeitsplatz, festes Einkommen
Grundbedürfnisse	Befristeter Arbeitsplatz, Einkommenserhalt

Die Wahl des Berufes kann also auf mehreren Stufen der Bedürfnisse angesiedelt werden. Die meisten Personen achten bei der Wahl ihres Berufes darauf, dass damit ein ausreichendes Einkommen erzielt werden kann, was dem Sicherheitsbedürfnis entspricht. Sicherlich gibt es eine Reihe von Personen, die sich entgegen diesem Bedürfnis für einen Beruf entscheiden, als Beispiele seien hier manche Künstler erwähnt, die trotz eines äußerst geringen Einkommens ihrer Neigung nachgehen. Dies zeigt, dass die Bedürfnisse nicht streng hierarchisch sind, es also durchaus möglich ist, dass eine Person ihrem Bedürfnis nach Selbstverwirklichung mehr Gewicht beimisst als ihrem Bedürfnis nach Sicherheit. Häufig stehen hierbei jedoch andere Sicherheitsmechanismen im Hintergrund, sei dies eine vermögende Familie oder ein gut verdienender Ehepartner.

---

1 Vgl. Then, Werner: Die Evolution in der Arbeitswelt (1994); zitiert nach Egle, Franz / Bens, Walter: Talentmarketing: Wiesbaden: Gabler, 2004, S. 4.

Wie ist nun die Wahl des Buchhändlers aus Sicht der Bedürfnispyramide zu beurteilen? Das Einkommen dieses Berufszweiges, wie bereits dargestellt, ist zwar nicht hoch, aber es reicht für einen bescheidenen Lebensstil durchaus aus. Das Sicherheitsbedürfnis, also das Bedürfnis nach einem auskömmlichen Einkommen, ist bei einem Buchhändler erfüllt, was ihn von Berufen, die mehr in den Bereich Lebenskünstler fallen, unterscheidet. Auch die sozialen Bedürfnisse sind bei einem Buchhändler mit anderen Berufen vergleichbar; so wird dieser sicherlich danach streben, beim Programm des Buchladens, sofern er nicht selbst der Inhaber ist, ein gewisses Mitspracherecht zu haben und bei Entscheidungen miteinbezogen zu werden.

Die Ich-Bedürfnisse, also das Bedürfnis nach Freude an der Arbeit, Prestige und Anerkennung, unterscheiden betreffend ihrer Gewichtung den Buchhändler jedoch von anderen Berufen. In den letzten Jahren der Hochkonjunktur hat sich gezeigt, dass eine nicht unbeträchtliche Anzahl an Personen ihr Wohl in der Finanzindustrie gesucht hat, da Anerkennung und Prestige, hervorgerufen durch ein hohes oder sogar sehr hohes Einkommen, für diese Personen ein großes Gewicht haben. Die Freude bei der Arbeit ist, von Ausnahmen abgesehen, hierbei wohl eher weniger berücksichtigt worden. Dies wird sich nun in der Krise dieser Industrie schnell zeigen, indem höchstwahrscheinlich viele Banker dieser Branche den Rücken kehren (müssen), da die ehemals hohen Gehälter nicht mehr zu erwarten sind und die Freude an der Arbeit wohl nicht ausreichend hoch war, um auch bei einem durchschnittlichen Gehalt in dieser Industrie zu verbleiben. Anders dagegen der Buchhändler. Für diese Berufsgattung, die mit einem hohen Bildungsstand verbunden ist, spielt die Freude bei der Arbeit offenbar eine sehr bedeutsame Rolle, so dass auf die auf dem Gehalt begründete Anerkennung eher verzichtet wird. Das Prestige des Berufes ist zwar nicht gering, jedoch auch nicht merklich höher als bei anderen Berufen.

Die Freude an der Arbeit, die grundsätzlich der Tätigkeit eines „normalen" Detaillisten entspricht, ist jedoch beim Buchhändler wesentlich mehr durch das Produkt begründet als bei anderen Angestellten im Detailhandel. Wohl die wenigsten Detailhändler können von sich mit Recht behaupten, dass sie ihr Produkt „lieben"; bei Büchern hingegen zeigt schon die Existenz des Begriffs der Bibliophilie oder sogar der Bibliomanie die Leidenschaft für das Produkt. Oder gibt es auch einen Ausdruck für die Liebe zu Schreibwaren? Das Buch als Produkt muss etwas Besonderes sein, so dass Personen ihre Liebe zu diesem Produkt entdecken können und diese Liebe sogar in eine Sammelsucht ausarten und die Personen regelrecht in einen Bann ziehen kann. Die Freude, ein Buch in der Hand zu halten, die Zufriedenheit, zwischen Regalen voller Bücher zu gehen oder zu verweilen, der Geruch des Papiers, das Gefühl in den Händen beim Umblättern, das Eintauchen in die Gedanken anderer Menschen sind Feinheiten, die sich einer ökonomischen Beobachtung zwar entziehen, aber bei der Berufswahl, also einer ökonomischen Entscheidung, eine bedeutsame Rolle spielen können.

Diese Liebe und die darauf aufbauende Berufswahl als Buchhändler fällt also in die 4. Stufe der Bedürfnispyramide. Diese Liebe kann auch verbunden werden mit der 5. Stufe der Pyramide im Sinn des Ziels, den Wunsch nach Selbstständigkeit durch die Eigentümerschaft einer Buchhandlung zu erfüllen.

Die Liebe zum Produkt Buch dient dazu, die eigenen Wachstumsbedürfnisse zu erfüllen, indem die durch die Empathie hervorgerufene Freude an der Arbeit als Grundlage der Berufswahl dient, vielleicht sogar ergänzt durch die Erfüllung des Wunsches nach Selbständigkeit als Besitzer einer Buchhandlung.

Woher stammt aber nun der Zorn? Der Zorn bezieht sich nicht auf das Buch als solches, sondern auf die Rahmenbedingungen und die Bedrohung der eigenen Liebe zum Buch: Dunkle Wolken am Bücherhimmel...

Der Zorn auf die Rahmenbedingungen

Wenn man die leidenschaftliche Diskussion um die Abschaffung der Buchpreisbindung betrachtet, erkennt man von verschiedenen Seiten den Zorn auf den Plan, der ausgeführt wurde. Mittlerweile befasst sich die Wettbewerbskommission in der Schweiz jedoch bereits wieder mit der Einführung, wobei hier noch alle Möglichkeiten offen stehen. „Wir zürnen oft nicht denen, die uns verletzt haben, sondern denen, die uns verletzen wollen"[2], also allein der Plan, jemanden zu verletzen, genügt, um das Gefühl des Zorns hervorzurufen. Woher stammt nun dieser Zorn, den man bei der Diskussion um die Buchpreisbindung erkennen konnte und kann?

Wie vorhin dargestellt, wird durch den Beruf des Buchhändlers eine Reihe von menschlichen Bedürfnissen gestillt: das Sicherheitsbedürfnis, also das Bedürfnis nach einem Arbeitsplatz mit einem existenzsichernden Einkommen, einerseits, aber auch das Ich-Bedürfnis, also das Bedürfnis nach Freude an der Arbeit, Anerkennung und Zufriedenheit mit der eigenen Tätigkeit. Sofern nun, nach Ansicht gewiss nicht aller Buchhändler, aber doch einer großen Anzahl, eine gesetzliche Neuordnung das Sicherheitsbedürfnis tangiert, kann dies als geplante Verletzung interpretiert werden, und dieser Plan reicht aus, ein Gefühl des Zorns hervorzurufen. Inwiefern die oft genannten Folgen der Aufhebung der Buchpreisbindung diesen Zorn nähren, soll nun erläutert werden.

Die Bedrohung der kleinen Buchhändler

Eine bedeutende Rolle bei der Sorge, verletzt zu werden, spielt die drohende Erhöhung der Wettbewerbsintensität in der Branche der Buchhändler.

Gemäß Porter hängt die Intensität des Wettbewerbs in einer Branche von fünf grundlegenden Wettbewerbskräften ab.[3] Zwar werden staatliche Maßnahmen von Porter nicht explizit als Wettbewerbskraft angesehen, jedoch führt er solche Rege-

---

2 Seneca, Über den Zorn. In: Ders., Philosophische Schriften. Lateinisch und Deutsch. Hrsg. v. Manfred Rosenbach. 5 Bde. Darmstadt: Wissenschaftliche Buchgesellschaft, 1999. Bd. 1, S. 103.

3 Vgl. Porter, Michael E.: Wettbewerbsstrategie: Frankfurt a. M.: Campus-Verlag, 1999, S. 34.

lungen als maßgebliche Einflussfaktoren der Wettbewerbskräfte auf. Die Aufhebung der Buchpreisbindung kann daher als eine solche Beeinflussung angesehen werden, womit nun die Auswirkungen aus Sicht eines Teils der Buchhändler dargestellt werden sollen.

Potentielle neue Konkurrenten

Die Aufhebung der Buchpreisbindung kann nach Ansicht aktiver Buchhändler das Aufkommen neuer Konkurrenten begünstigen. Begründen lässt sich diese Ansicht mit dem möglichen Entstehen von Buch-Discountern. Zwar konnte auch mit der Buchpreisbindung jede Person mit der entsprechenden Kapitalausstattung einen großen Buchladen eröffnen, jedoch konnte dieser Buchhändler dann nicht die Strategie der Preisführerschaft anstreben. Sofern also die Preise kein Faktor waren, mit dem sich ein Händler von seinen Konkurrenten differenzieren konnte, blieben nur andere Faktoren wie Servicequalität, Lage, Ausstattung des Ladens oder Größe und Qualität des Sortiments. Hier haben jedoch die kleinen Buchläden eine gute Chance, sich gegen neue Konkurrenten zu behaupten, einzig die Größe des Sortiments lässt Spielraum für größere Unternehmen. Hinsichtlich Service sind kleinere Buchläden tendenziell überlegen, auch haben diese oft sehr gute Innenstadtlagen, die ein neuer Konkurrent nur schwer übertreffen kann.

Aus Sicht der Buchhändler könnte durch den Wegfall der Preisbindung also der Wettbewerb zunehmen, da neue Konkurrenten im Bereich Discount-Handel auftreten könnten. Nachdem der Buchmarkt generell nur geringes Wachstumspotential aufweist, konkurriert das Produkt Buch doch mit vielen anderen Produkten aus dem Spektrum der Medien, würde sich hierdurch eher eine (Neu-)Verteilung bestehender Umsätze als eine gesamthafte Erhöhung ergeben.

Verhandlungsmacht der Abnehmer

Eine weitere Sorge bestehender kleiner Buchhändler besteht in einer Zunahme der Verhandlungsmacht der Abnehmer durch den Wegfall der Preisbindung. Während ein Buchhändler mit Preisbindung schlicht auf Preissenkungsansprüche der Kunden nicht eingehen durfte und dies auch leicht als Argument gegen einen Preisnachlass verwenden konnte, würde dieses Argument wegfallen. Gerade größere Abnehmer wie Schulen, Universitäten oder auch Bibliotheken würden von ihrer Verhandlungsmacht sicherlich Gebrauch machen und die Buchhändler unter einen entsprechenden Preisdruck setzen. Auch wenn der übliche Endkunde auf Grund des geringen Beträge im Buchhandel pro Kauf eher nicht „feilschen" würde, besteht die Gefahr, dass die Macht der Abnehmer sich durch vorauseilenden Gehorsam der Anbieter verstärkt auswirken wird, indem größere Buchläden bestimmte Preise senken, um Kunden an sich zu binden. Eine Untersuchung nach der Buchpreisbindung hat denn auch ergeben, dass bei den Bestsellern durchaus Preissenkungen vorgenommen wurden, was kleinere Buchläden unter einen größeren Margendruck setzt. Allerdings muss hierbei angemerkt werden, dass die Untersuchung auch ergeben hat, dass kleine Buchläden im Bereich der Fachliteratur durchaus auch Preiserhöhungen durchsetzen konnten, da sie oftmals über ein sehr gutes Sortiment verfügen, was bei großen Buchläden im Bereich von Spezialthemen nicht vorhanden ist. Die Verhandlungsmacht der Abnehmer, wie sich heute zeigt, spielt also eher bei Belletristik-Werken mit hohen Auflagen und weniger bei spezialisierter Fachliteratur eine Rolle.

Bedrohung durch Ersatzprodukte und fehlendem Interesse des Lesers

Der Buchmarkt ist allgemein durch Ersatzprodukte unter Druck. Während das zur Verfügung stehende Medienbudget nahezu unverändert bleibt, hat sich mit dem Internet und anderen neuen Medien wie Hörbüchern, Videospielen und auch E-Books eine Vervielfältigung der Möglichkeiten ergeben. Das Medienbudget in Minuten pro Tag und Kunde verteilt sich also auf mehrere Medien, was tendenziell einen leichten Rückgang in Bezug auf das Lesen von Büchern bedeutet. Dies hat allerdings keinen direkten Bezug zur Buchpreisbindung, sondern ist ein generelles Phänomen. Jedoch kann ausgesagt werden, dass neue Konkurrenten, wie bereits dargestellt, das Medienbudget der Buchhändler abschöpfen und keine massive Zunahme des Budgets generell festzustellen ist. Doch auch ein anderes Phänomen ist in diesem Zusammenhang beobachtbar: Die oben genannten Ersatzprodukte fördern die konsumtive Haltung des Abnehmers: Ein Hörbuch kann man sich anhören, eine Verfilmung eines Buches sich anschauen. Das Bücherlesen ist jedoch ein aktiver Prozess. Der Mensch neigt dazu, den Weg mit dem geringsten Zwang zu gehen (analog dem thermodynamischen Prinzip von Henry Le Chatelier, 1850–1936), was auch – leider – für die Leserschaft gelten kann. Hinzu kommt die Forderung der Leser nach der totalen Verfügbarkeit: Ein kleiner Buchhändler kann nicht alle Bücher an Lager haben und bietet deshalb dem fragenden Kunden die Bestellung des gewünschten Buches an. Jener ist in seinem Verhalten und Sprache ungeduldig, gar aufgebracht, verlässt den Laden ohne Bestellung und wartet dann ebenfalls drei Tage, bis das Buch von amazon.com geliefert wird.

Verhandlungsstärke der Lieferanten

Die Verhandlungsstärke der Lieferanten, also der Verlage, hat einen direkten Bezug zur Buchpreisbindung. Zwar können Verlage auch ohne Preisbindung die Preise für die Bücher frei festsetzen, bezieht sich die Buchpreisbindung doch nur auf den Buchhandel, was heißt, dass der Handel die vom Verlag vorgeschriebenen Preise von den Endkunden verlangen muss. Der Verlag selbst ist hiervon nicht betroffen und damit frei in seiner Entscheidung. Jedoch besteht die Furcht der kleinen Buchhändler, dass bei einem Wegfall der Preisbindung die großen Buchhandelsketten die Verlage vermehrt unter Druck setzen dürften, um ihrerseits günstiger anbieten zu können, um damit das Medienbudget der Endkunden zu ihnen umzuleiten. Nachdem die Verlage jedoch gegenüber den kleinen Buchläden Verhandlungsmacht besitzen, besteht die Befürchtung, dass diese die Preisnachlässe für die großen Buchhandelsketten nicht entsprechend an die kleinen Buchläden weitergeben und dass damit ein weiteres Ungleichgewicht droht. Zum einen kaufen die großen Ketten auf Grund ihres Volumens billiger ein, zum andern könnten die Verlage versuchen, den

entgangenen Umsatz bei kleinen Buchläden wieder auszugleichen. Die Verhandlungsmacht der Verlage würde zwar durch den Wegfall der Preisbindung nicht
steigen, jedoch könnten Verlage ihrerseits von Seiten der Buchhandelsketten unter
Druck geraten und diesen Druck an kleine Buchläden weitergeben.

Rivalität unter den bestehenden Unternehmen

Als letzte und bedeutende Wettbewerbskraft nennt Porter die Rivalität unter den
bestehenden Unternehmen. Nach Ansicht vieler kleiner Buchläden wird diese Rivalität durch den Wegfall der Preisbindung massiv ansteigen. Mit Preisbindung kon-
kurrieren die Buchläden ausschließlich beim Service, der Lage, dem Sortiment und
anderen Nichtpreisfaktoren. Sofern nun der Preis als Differenzierungsmerkmal hin-
zukommt, könnte dies die Rivalität steigern und eine Preisspirale nach unten verursachen.

Auch die Problematik des Trittbrettfahrens wird nach Ansicht der kleinen
Buchhändler zunehmen. Während mit Preisbindung der Endkunde das Buch dort
kauft, wo er, sofern gewünscht, eine gute Beratung erhält, könnte durch den Wegfall
der Preisbindung der Kunde animiert werden, im kleinen und serviceorientierten
Buchladen die Beratung zu holen und anschließend das Buch bei einem Discounter
zu erwerben. Im Bereich der Consumer-Elektronik hat sich dieses Phänomen bereits
in den letzten Jahren gezeigt: Hier werden kleine Elektronik-Geschäfte für die
Beratung zwar aufgesucht, der anschließende Kauf findet dann aber bei großen
Elektronik-Märkten statt. Ob die Preisunterschiede beim Buchhandel groß genug
wären, um ein solches Verhalten zu rechtfertigen, ist nicht klar erkennbar, aus Inter-
views hat sich allerdings ergeben, dass diese Befürchtung eher unbegründet ist. Dies
kann erklärt werden mit den doch geringen absoluten Preisunterschieden, so dass es
sich praktisch nicht lohnt, für diese nochmals ein anderes Geschäft aufzusuchen.

Aus Sicht vieler kleiner Buchhändler verstärkt die Aufhebung der Preisbindung
den Wettbewerb und setzt daher die bereits vorher geringen Margen zusätzlich unter
Druck. Wenn man nun auf die Bedürfnispyramide zurückgeht, besteht das Sicherheitsbedürfnis aus dem Erhalt des Arbeitsplatzes und dem Erhalt eines existenzsichernden Einkommens.

Sofern der erhöhte Wettbewerbsdruck eine Minderung der Rendite zur Folge hat,
wird dies direkt auf das Lohnniveau in der Branche Einfluss haben. Nachdem dieses
Niveau auch mit Preisbindung relativ niedrig liegt, ist der Abstand zu einem nicht
mehr ausreichenden Lohngefüge nicht mehr fern und die Angst und der damit
verbundene Zorn verständlich. Der verstärkte Wettbewerb kann aus Sicht vieler
Buchhändler noch weitere Folgen haben als nur eine verminderte Rendite. Wenn
man sich die Verhältnisse in den USA vor Augen führt, wo auf eine mittelgroße
Stadt nur 0.75 Buchläden kommen, wohingegen in Deutschland ca. 8 Buchläden zu
finden sind, kann der Wettbewerbsdruck auch zu einem immer wieder befürchteten
Buchladensterben führen. Diese Befürchtung richtet sich direkt auf die Bedrohung
des Bedürfnisses der Arbeitsplatzerhaltung, ist doch davon auszugehen, dass große
Buchhandelsketten und Discounter einen geringeren Bedarf an gut ausgebildeten

Buchhändlern haben. Die drohende Verletzung dieses Sicherheitsbedürfnisses ist ein wesentlicher Erklärungsfaktor für den Zorn und die Leidenschaftlichkeit der Debatte um die Buchpreisbindung.

Ob die Befürchtungen der Realität entsprechen, ist hierbei zunächst zweitrangig, die Befürchtung genügt, um eine leidenschaftliche Debatte in Gang zu setzen und, wenn man die Nachrichten aus Richtung der Wettbewerbskommission betrachtet, am Leben zu erhalten.

Bedrohung der Qualität des Buchhandels

Während wir bislang nur über die Bedrohung des Sicherheitsbedürfnisses gesprochen haben, können aus den Aussagen vieler kleiner Buchhändler auch Befürchtungen hinsichtlich ihres Ich-Bedürfnisses erkannt werden. Dieses Bedürfnis, das zu einem großen Teil durch die Freude an der Arbeit befriedigt wird, wird nach Ansicht der Buchhändler durch die Aufhebung der Preisbindung ebenfalls bedroht.

Die Befürchtung besteht darin, dass durch den erhöhten Wettbewerbsdruck die Buchläden gezwungen sind, nur noch Massenware zu verkaufen, um die geringere Marge durch eine Erhöhung des Buchumsatzes auszugleichen. Die Liebe zum Buch, die Freude an der Arbeit und an Literatur beziehen sich aber oftmals auf andere, weniger populäre Bücher. Die genannte Freude resultiert oft aus dem Bewusstsein, in einer intellektuellen Umgebung zu arbeiten und auch entsprechend gebildete Kunden zu bedienen und zu beraten. Die Beschränkung auf Trivialliteratur und Ratgeber im Sinne von „XY für Dummies" würde den Buchhändlern einen großen Teil ihres Selbstverständnisses als Bildungselite nehmen.

Diese Befürchtung kann auch mit dem oftmals gehörten Argument ergänzt werden, dass die Breite der Verlagsprogramme durch die Aufhebung der Preisbindung vermindert werden wird, da Quersubventionen zwischen einzelnen Titeln nicht oder weniger leicht machbar sind und hochstehende Literatur daher weniger verlegt werden würde. Also nicht nur die notwendige Beschränkung der Buchläden auf Besteller, sondern auch das Fehlen anspruchsvollerer Literatur würde das Selbstverständnis und damit das Bedürfnis nach Freude an der Arbeit, Prestige und Anerkennung nach Meinung vieler Buchhändler bedrohen.

Der Zorn auf die Aufhebung der Preisbindung kann daher auch als Resultat der Bedrohung des Ich-Bedürfnisses interpretiert werden.

Liebe und Zorn aus Sicht der Buchhändler

Liebe und Zorn aus ökonomischer Sicht ist das vorliegende Thema. Hierbei sollte dargestellt werden, aus welchen Gründen und zur Befriedigung welcher Bedürfnisse ein Buchhändler seinen Beruf ergreift.

Die Bedrohung seines Berufsstandes, seines Einkommens und seines Selbstverständnisses durch die Aufhebung der Preisbindung führt zu der Befürchtung, dass die Befriedigung mehrerer seiner Bedürfnisse in Gefahr ist. Diese gefühlte Bedrohung wiederum hat den Zorn und die Leidenschaft, die mit der Debatte um die Buchpreisbindung einhergeht, zu Folge. Auch dass nach Aufhebung der Preisbindung die Diskussion nicht vorüber ist, sondern vielmehr ein erneuter Versuch der Wiedereinführung gewagt wird, zeigt die große Bedeutung, die diesem rechtlichen Regelwerk, zumindest für die Betroffenen, innewohnt.

Ob die Aufhebung, die nun bereits in Kraft ist, wirklich die befürchteten Folgen hat, ist hierbei zweitrangig. Die Eigenart des Zorns, der „Vernunft und klaren Überlegungen unzugänglich zu sein"[4], zeigt sich auch hier, Tausende von Jahren nach Niederschrift dieser Erkenntnis durch einen römischen Philosophen.

---

4   Seneca, Über den Zorn (wie Anm. 2), S. 97.

III. Literatur, Medien, Öffentlichkeit

Scheffels *Ekkehard*-Roman[1] – Ein Produkt der St. Galler Buchkultur und seine Rezeption

Werner Wunderlich

Scheffels Erfolgsbuch

Kein anderes Buch und kein anderes literarisches Werk hat seit dem 19. Jahrhundert St. Gallen und sein Kloster so bekannt gemacht wie Josef Victor von Scheffels 1855 erschienener Roman *Ekkehard*, der bei weitem auflagenstärkste Roman auf dem deutschen Buchmarkt bis in die vierziger Jahre des vergangenen Jahrhunderts. Dieses Buch hat den Ruhm St. Gallens und Bilder seiner Geschichte und Kultur – dank Übersetzungen ins Englische, Französische, Italienische, Schwedische und andere europäische Sprachen – weit über den deutschen Sprachraum hinaus erfolgreich verbreitet. Bis in die Mitte des 20. Jahrhunderts blieb es eine der beliebtesten Lektüren des Bildungsbürgertums im ganzen deutschen Sprachraum. Danach aber geriet *Ekkehard* fast in Vergessenheit, auch in St. Gallen. Mit dem Aufkommen des „Mittelalter-Booms" in Literatur und Film richtete sich wieder ein stärkeres Publikums- und Wissenschaftsinteresse auf den Roman, der freilich seit 1946 von verschiedenen Verlagen immer wieder mehrfach herausgebracht worden war, 1985 vom Zürcher Diogenes Verlag als Taschenbuch, zuletzt vom Lengwiler Libelle-Verlag mit Zeichnungen von Johannes Grützke rechtzeitig zum 175. Geburtstag Scheffels im Jahre 2001.[2] (Abb. 1)

Die vielfältigen Bezüge zwischen Scheffel und seinem *Ekkehard* zu St. Gallen, genauer: zu Kloster, Stadt und Landschaft St. Gallen, sollen im Folgenden unter dem Aspekt Buchkultur dargelegt und Entstehung und Quellen, Inhalt und Rezeption des Romans in den Blick genommen werden. Im Auge behalten wollen wir dabei „Liebe und Zorn" als elementare emotionale Befindlichkeiten des Romanhelden und des Romanautors sowie als Reaktionen der Romanrezeption.

---

1 Dieser Beitrag beruht auf mehreren Publikationen des Verfassers über Scheffel und sein Werk. Zu nennen sind insbesondere die einschlägigen Aufsätze in: Joseph Victor von Scheffel (1826–1886). Ein deutscher Poet – gefeiert und geschmäht. Hrsg. von Walter Berschin und Werner Wunderlich. Sigmaringen: Thorbecke, 2003 sowie „Wer war der Greis, den Worms solch Lied gelehrt?" Der erfundene Dichter. Joseph Victor von Scheffels Version vom Autor des Nibelungenliedes. In: Euphorion 89 (1995), H. 3, S. 239–270.
2 Siehe dazu Stefan Schanks Scheffel-Bibliographie in Joseph Victor von Scheffel (wie Anm. 1), S. 53ff.

Abb. 1: Umschlag der *Ekkehard*-Ausgabe des Libelle-Verlags
(Zeichnung von Johannes Grützke, 2000)

Geschichtlichkeit und Aktualität der klösterlichen Buchkultur

„Die Wissenschaften und Schulen waren zu St. Gallen im Verhältnisse, darin jenes
Zeitalter gegen dem unsrigen steht, in einem hohen Grade gut bestellt. Denn zu einer
Zeit, da das bloße Schreiben und Lesen sehr selten, und für eine große Kunst
gehalten wurde, da man schon ein Gelehrter sein musste, um seine Muttersprache
schreiben zu können, verstand, las und schrieb man in St. Gallen die deutsche, lateinische und griechische Sprachen; man übte sich in der Dicht- und Redekunst, lernte
Musik, Sternkunde und Arzney, verfertigte Zeichnungen, kleine Malereyen, Schnitz-
werke und getriebene Arbeit."[3] So beschrieb 1810 der damalige Archivar des Stifts
St. Gallen, Ildefons von Arx, den Reichtum und die Einzigartigkeit der mittelalterlichen Schrift- und Buchkultur des Klosters St. Gallen, einer Benediktinerabtei, die
angesichts der vielfältigen geistigen und gestalterischen Kommunikationsformen
und ihren bedeutenden Beiträgen zu Sprache und Literatur, Kunst und Wissenschaft

---

3   Von Arx, Ildefons: Geschichten des Kantons St. Gallen, Band 1. St. Gallen 1810; Nachdruck
    St. Gallen: Löpfe-Benz, 1987, S. 183f.

ohne Übertreibung ein mittelalterliches „Medien-Center" genannt werden kann.
Freilich von einem „open access" zu dessen Daten und Repositorien kann keine
Rede sein, denn Zugang hatten allein die dazu berechtigten Konventualen, welche
die Bibliothek mit ihren handgeschriebenen Informationen als Online-Service für
eine mentale Standleitung zu Gott nutzten.

Der dafür angelegte Datenspeicher reicht zurück bis ins 7. Jahrhundert und enthält Schriften, die noch älter sind. Dieser Bestand an Schriften ist weitgehend bis
heute erhalten und dokumentiert eine ungebrochene Kontinuität und Bedeutung St.
Gallens für die kulturelle Entwicklung Europas, insbesondere des deutschen Sprach-
raums.[4] Dass die mittelalterliche Buchkultur St. Gallens ebenfalls bis heute immer
wieder selbst zum Gegenstand literarischer Werke wurde und die Entstehung von
Büchern angeregt hat, dokumentierten 1998 Dagmar Schifferlis historischer Roman
Wiborada (Pendo Verlag) und nicht zuletzt 2001 Thomas Hürlimanns Novelle *Fräulein Stark* (Ammann Verlag), die in der Bücherwelt der Stiftsbibliothek spielt und
vom sinnlichen Erwachen des kleinen Neffen des betagten Stiftsbibliothekars erzählt.

Zu den berühmtesten und meist gelesenen Büchern, die im Gallus-Kloster entstanden waren, gehören die St. Galler Klostergeschichten Ekkeharts[5] IV. Im Gegensatz zu anderen Dichtungen Ekkeharts liegt das Geschichtswerk nicht mehr im Autograph, sondern nur noch in mehreren Abschriften vor. Deren Text entwickelte sich
zu einem wahren „Erfolgsbuch", das in der Neuzeit einer breiteren Öffentlichkeit
auch in gedruckter Form zugänglich wurde. 1599 hatte sich der aus der Nähe von
Bischofszell stammende Humanist Melchior Goldast zu Forschungszwecken in der
Stiftsbibliothek aufgehalten. Eine seiner Lesefrüchte und Ergebnis einer intensiven
Beschäftigung war die 1606 in Frankfurt a. M. erschienene Druckausgabe der *Casus
Sancti Galli* im Rahmen der *Alamannicarum rerum*. Der bereits erwähnte Stiftsarchivar von Arx edierte 1829 Ekkeharts Chronik in der vom Freiherrn vom Stein
begründeten Reihe der *Monumenta Germaniae Historica*, die seither mittelalterliche
Texte als Geschichtsquellen der Forschung erschließen. Dank dieser und der Aus-
gabe von Hans F. Haefele[6] befassen sich zahlreiche Studien mit den *Casus Sancti
Galli*[7] als einer der zentralen Quellen zur St. Galler Klosterchronistik und Kloster-
kultur.

---

4 Als übersichtliche Einführung vorzüglich geeignet: Tremp, Ernst; Huber, Johannes; Schmuki,
   Karl: Stiftsbibliothek St. Gallen. Ein Rundgang durch Geschichte, Räumlichkeiten und Sammlungen. 2. Aufl. St. Gallen: Verlag am Klosterhof, 2007.

5 Die Schreibweise des Namens richtet sich nach Duft, Johannes: Ekkehardus – Ekkehart. Wie
   Ekkehart IV. seinen Namen geschrieben hat. In: Variorum munera florum. Latinität als prägen-
   de Kraft mittelalterlicher Kultur. Festschrift für Hans F. Haefele. Hrsg. von Adolf Reinle [u. a.].
   Sigmaringen: Thorbecke, 1985, S. 83–90.

6 Ekkehardi IV. Casus Sancti Galli/Ekkehard IV. St. Galler Klostergeschichten. Hrsg. von H. F.
   Haefele. Darmstadt: Wissenschaftliche Buchgesellschaft, 1980 (Ausgewählte Quellen zur Geschichte des Mittelalters; Freiherr vom Stein-Gedächtnisausgabe, Bd. 10).

7 Siehe dazu Haefele, Hans F.: Ekkehard IV. von St. Gallen. In: Die deutsche Literatur des

Jenes bedeutende Dokument St. Galler Buchkultur bedingte gleichsam Scheffels Roman. Aus der lateinischen Schriftlichkeit eines Stücks epochaler Klosterliteratur leitete sich Scheffels „volkssprachliche" Weiterverarbeitung ab. Der Roman versucht die 900 Jahre Distanz zu seiner Handlungszeit zu überbrücken, indem seine aus verschiedenen Buchschichten (deren wichtigste die Ekkehart-Chronik ist) bestehende Fiktion Vergangenheit vergegenwärtigt. Nach seinem Erscheinen erreichte der Roman bis 1865 drei, dann nach der deutschen Reichsgründung 1871 bis zu Scheffels Tod 1886 neunzig und bis 1943 über dreihundert Auflagen.[8] Mit Fug und Recht kann man aufgrund der hohen Verkaufszahlen und des daraus resultierenden Umsatzvolumens von einem Bestseller sprechen, der sich auch als „Longseller" mit hohen Auflagen über Generationen hinweg gleichbleibend gut verkaufte. Illustrierte Ausgaben, Vertonungen, literarische Bearbeitungen und eine Verfilmung in Form einer sechsteiligen Fernsehserie 1989/90 für das Schweizer Fernsehen DRS machen dieses Produkt der St. Galler Buchkultur gar zu einem facettenreichen multimedialen Werk, das, berücksichtigt man auch noch die mittelalterlichen Manuskripte, über ein Jahrtausend hinweg präsent ist.

Scheffel-Gedenken in St. Gallen

Gemeinsame Erfahrungen der Epoche der Nationalstaatwerdung in der zweiten Hälfte des 19. Jahrhunderts sowie der politischen Prozesse und der gesellschaftlichen Verhältnisse in der ersten Hälfte des 20. Jahrhunderts schufen in Deutschland gleichsam ein „geheimes" Einverständnis zwischen Scheffel und seinen Lesern und auch unter den Scheffel-Lesern so zusagen als einer Lektüregemeinschaft. Gemeinsame Auffassungen von geschichtlicher Vergangenheit begründeten in St. Gallen Zustimmung zu seinen literarischen Darstellungen, während unterstellte gemeinsame Erlebniswelten irritierende Überschneidungen zwischen literarischer Fiktionalität und subjektiver Realität provozierten. Wenn wir vor diesem Hintergrund Kultur in einem universellen Verständnis als Gestaltung und Deutung der Welt in Geschichte und Gegenwart begreifen, dann gehören die Zeugen des Scheffel-Gedenkens als Ausdruck einer auf St. Gallens Lebensraum bezogenen Tradition zweifellos im weitesten Sinne zur Buchkultur der Stadt. Scheffels Roman hat in diesem Sinne eine kulturprägende Wirkung, weil er mehr oder weniger nachvollziehbar literarische Kultur und literarischen Geschmack sowie die Gestaltung der urbanen Umwelt und des öffentlichen Raums in St. Gallen beeinflusst hat.

„Gesunden Sinn, poetische frische Stoffe, Klarheit und Plastik des Gedankenausdrucks" sowie „wohltuenden Humor" bescheinigt am 13. April 1886 ein Nachruf in der St. Galler Lokalpresse dem am 9. April verstorbenen „Lieblingsdichter des

---

Mittelalters. Verfasserlexikon, Bd. 2. Berlin / New York: de Gruyter, 1980, Sp. 455–465, bes. 462ff.

8 Siehe dazu Geschichte der deutschen Literatur. Von 1830 bis zum Ausgang des 19. Jahrhunderts. Hrsg. von einem Autorenkollektiv. Berlin [DDR] 1975, S. 617.

neuen Deutschland"[9], dem der „Tribut der Dankbarkeit" zu zollen, „St. Gallens Ehrenpflicht" sei.[10] Wie in Deutschland stellten sich auch in St. Gallen Erfolg und Ruhm des „verehrten Hausautors des Bürgertums"[11] weitgehend erst in den Jahren nach der deutschen Reichsgründung in Form von Signaturen der Erinnerung und Medien des kulturellen Gedächtnisses ein. Auf diese Weise hat Buchkultur im Stadtbild ganz konkrete Gestalt angenommen und bis heute beibehalten. Scheffels Name sowie seine Romanfiguren gewinnen gleichsam als Zeichen symbolische Bedeutung für eine verehrungsvolle Einstellung gegenüber dem *Ekkehard*-Roman und seinem Autor. Insofern gewinnt Buchkultur in dieser Betrachtungsweise eine Bedeutung als räumliche, zeitliche und soziale Lebenswelt, mit der sich Menschen aufgrund gemeinsamer Traditionseinstellungen und literarischer Wertschätzung einmal identifiziert haben – und sich gewiss teils auch heute noch mit diesen die Stadtkultur mit prägenden Gedenkzeugen identifizieren, ohne dass ihnen Scheffel als literaturgeschichtliche Größe und sein Roman als Leseerlebnis gewärtig sein müssen. Aus dieser Perspektive und in dieser Hinsicht gewinnt Buchkultur als kulturelles Geschehen Sinnhaftigkeit sowie einen lebenspraktischen Zusammenhang, weil sie für die Menschen und ihre städtische Gemeinschaft Identität stiftet und ihnen Identifikation und Integration als Einwohner einer „Buchstadt" mit großer Tradition ermöglicht.

Die kulturelle Praxis des Gedenkens bedarf platzierter Artefakte und lokalisierter Objektivationen, um im Fokus dieser Wahrnehmung, Vorstellung oder Erinnerung in Bezug auf die „Blütezeit" des Gallus-Klosters mit Scheffel und seinem Roman zu verknüpfen. Damit gewinnt Buchkultur eine topologische Dimension. Denn die symbolische Besetzung von ausgewählten Orten durch die Bezeichnung mit sinnfälligen Namen verknüpft intentional die Alltagswelt auf bedeutungsvolle Weise mit einer gedenkwürdigen Tradition und Geisteshaltung oder gar mit einer verehrungswürdigen Gestalt, sei diese eine historische Person oder eine fiktionale Figur.

„Dem Dichter des Ekkehard" ist mit dieser Inschrift schon 1887, ein Jahr nach Scheffels Tod, ein Gedenkstein durch die Stadt auf der Anhöhe Berneck am südlichen Stadtrand gesetzt worden. Außerdem führt der Scheffelsteinweg zu dieser Erinnerungsstätte. Am östlichen Rande der Altstadt verläuft die Scheffelstraße. In den zwanziger Jahren des vergangenen Jahrhunderts führte auch ein Gasthof den Namen des als zechfreudig bekannten Autors im Wirtshausschild. Daneben gibt es heute noch Straßen und Gebäude, die den Namen von Romanfiguren tragen. Nach Ekkehard und Hadwig heißt jeweils eine Straße. Seit 1929 ist Ekkehard zudem Namenspatron eines Hotels. Hadwig, der fürstlichen Schülerin Ekkehards, wurde 1907 ein neu errichtetes Schulgebäude im Jugendstil in der Notkerstraße, das

---

9 Alberti, K.: Der Lieblingsdichter des neuen Deutschland. Ein Nachruf. In: Schorers Familienblatt 7 (1886), S. 268–271.
10 Tagblatt der Stadt St. Gallen, Nr. 87, 13. April 1886.
11 Potthast, Barbara: Zu Signaturen ästhetischer Erinnerung in Joseph Viktor von Scheffels *Ekkehard* (1855). In: Euphorion 94 (2000), H. 2, S. 205–224, hier S. 206.

schönste Schulhaus der Stadtgemeinde, gewidmet. Schließlich trägt auch noch ein Jugendstilhaus in der Zwinglistraße den Namen des Hirtenjungen Audifax aus dem Scheffelroman, während eine mehrgeschossige Villa in der Dufourstraße Hohentwiel heißt. Derartige öffentliche und offizielle Zeugen bekunden und repräsentieren seit dem ausgehenden 19. Jahrhundert geschichtsbewusste und traditionsstolze Verehrung eines Autors sowie seines Werks.

Auch die Restaurierung und Wiederinbetriebnahme des Bodensee-Raddampfers *Hohentwiel* mag seit 1990 in der Region zur neu belebten Erinnerung an Scheffels Roman beigetragen haben. Vor allem aber der Fernsehfilm nach Motiven des *Ekkehard*-Romans hat das Interesse an der historischen Gestalt Ekkeharts II. und namentlich an Scheffels Romanfigur Ekkehard seit 1990 neu belebt. So sehr, dass es sich offensichtlich für ein *Institut für ganzheitliche Kulturanimation* sogar lohnt, touristische Ausflüge auf Ekkehards Spuren zum Hohentwiel und nach St. Gallen zu organisieren.[12]

Gerade die lebendige Erinnerung an den Roman und die von ihm ausgehende Wirkung für die Verbreitung des Ansehens von St. Gallen waren besonders im hundertsten Todesjahr Scheffels 1986 wesentliche Bewertungsfaktoren für den *Ekkehard*. So sprach der bekannte St. Galler Geschichtsforscher und Schriftsteller Georg Thürer ein wenig gewunden und verquast von dem „wertvollen Roman, der in der Bevölkerung sehr stark mitgeholfen hat, das Kloster St. Gallen in den europäischen Kulturkreis zu integrieren."[13] Anlässlich der TV-Ausstrahlung der Romanverfilmung erinnerte das *St. Galler Tagblatt* 1989 an *Ekkehards* angeblich versöhnende Wirkung: Habe das Buch doch geholfen, die Verständigung der reformierten Stadt und der katholischen Vororte für ihre Zusammenlegung herbeizuführen.[14] Dass 1918 die Scheffel-Lektüre tatsächlich Kommunalpolitik in St. Gallen beeinflusst oder ob sie sich je in irgendeiner Weise konkret politisch ausgewirkt hatte, dürfte Wunschdenken sein und sich als schiere Behauptung historisch und empirisch kaum beweisen lassen. Feststellen aber lässt sich in solchen und anderen Rezeptionszeugnissen, dass Scheffels *Ekkehard* seit jeher – und natürlich nicht nur in St. Gallen – weniger als Literatur im Gespräch ist, sondern vielmehr als diffuses Kultobjekt einer sich selbst feiernden Tradition, die sich im literarischen Denkmal bespiegelt, ganz unbekümmert um historische Plausibilität und unbelastet von Fragen nach der Stichhaltigkeit und nach den Belegen für jene Aussagen.

Für die Beliebtheit des *Ekkehard* als einem Objekt höchst lebhafter Leseinteressen und unmittelbar daraus abgeleiteter subjektiver Bedeutsamkeit gibt es in St. Gallen rührende Zeugnisse voller Dankbarkeit ob der vermeintlich zeitlosen und damit auch stets aktuellen Lebenshaltigkeit der Ekkehardschen Irrungen und Wirrungen. Das bürgerliche Lesepublikum – zumal weibliche Leserschaft – fand offen-

---

12 Siehe dazu Hügel, Hans Otto: Ekkehard im Film – Scheffel verfilmt? Zur Formensprache und Rezeption eines Unterhaltungsromans. In: Joseph Victor von Scheffel (wie Anm. 1), S. 57–68.
13 St. Galler Tagblatt, 31. Dezember 1986.
14 St. Galler Tagblatt, 14. April 1989.

bar großen Gefallen an der Liebesgeschichte zwischen der Herzogin und dem jungen Mönch. So wie in der Gegenwart die so genannte Yellow Press ihre Leserinnen an Glück und Unglück in Fürstenhäusern, an Liebe und Leid der Reichen und Schönen teilhaben lässt, so verlockten Liebe und Zorn in diesem Geschichtsroman zu schmerz- und lustvoller Identifikation mit dem unglücklichen Helden, der gar aus seinem fiktionalen Kontext gelöst und im realen Erfahrungshorizont der Lesenden angesiedelt wird. Entzückt von Scheffels Titelhelden als einem süßen Tolpatsch flötet in St. Gallen beheimatete, gereifte frauliche Lebensklugheit kurz vor dem hundertjährigen Jubiläum des Romans huldvoll über dessen praktischen Bezug zum eigenen Männerbild: „Aber gerade darum werden wir Frauen, ob wir nun aus St. Gallen sind oder nicht, den jungen Ekkehard, wie Scheffel ihn schildert, immer lieb haben." Neckisch und mit gespielter Koketterie wird kundgetan: „Er tut uns nämlich leid. Weil er so wenig vom Wesen der Frauen versteht!"[15] Diese Sichtweise aus subjektiver Alltagserfahrung reduziert im Übrigen den Roman entgegen seines historischen Anliegens auf eine allgemeinmenschliche herbe Liebesgeschichte.

Geschichte und Fiktion

Scheffels Versepos *Der Trompeter von Säckingen* war 1854, der Roman *Ekkehard* 1855, die Liedersammlung *Gaudeamus* dann 1868 erschienen. Das dem Großherzog Karl-Alexander von Weimar 1857 gegebene Versprechen eines Romans über die seit der Burschenschaftsbewegung als nationale Weihestätte verehrte Wartburg konnte Scheffel nicht einhalten. Ein weiteres Vorhaben, einen großen Nibelungen-Roman über den von ihm als Eposdichter angenommenen „Meister Konradus" zu schreiben, gedieh über fragmentarische Entwürfe und Nebenprodukte wie die Gedichtsammlung *Frau Aventiure* (1863) oder die Novelle *Juniperus* (1868) nicht hinaus. Auch andere Werke wie die Novelle *Hugideo* (1857), die *Bergpsalmen* (1870), *Waldeinsamkeit* (1878) sowie einige Festspiele blieben praktisch ohne Resonanz. 1874 erschien Scheffels schon im *Ekkehard*-Roman pseudo-dokumentarisch aufgenommene Übersetzung des lateinischen *Walthari-Liedes*.

Wie viele andere Schriftsteller seiner Zeit projizierte Scheffel Hoffnungen des liberalen Bürgertums auf nationale und kulturelle Einheit in die ferne Vergangenheit. Mit Romantik und Biedermeier, seit Befreiungskriegen und Wiener Kongress hatten sich Ansichten und Ideen eines einheitlichen nationalen Staates mit einer obrigkeitlichen politischen und sozialen Ordnung im wahrsten Sinne des Wortes eingebürgert. Auch und gerade durch den literarischen Rückbezug auf das Mittelalter und die davon entworfenen idealisierten Geschichtsbilder vermittelten Erzählwerke und Opern diese Vorstellungen. Insbesondere zwischen Geschichtsschreibung und Geschichtsroman entstand sowohl Konvergenz als auch Konkurrenz in Bezug auf die Herstellung fiktiver Zusammenhänge innerhalb der Vergangenheit sowie zwischen dieser und der Gegenwart. Wo die Überbleibsel der Vergangenheit nur noch bruchstückhafte Zeugen einstmals vielleicht realer Verhältnisse waren, ergriff der Roman die literarischen Möglich-

---

15 Willi, H.: Auf den Spuren Ekkehards. In: Ex Libris 9 (1954), Nr. 7, S. 14.

keiten und Techniken, um Vergangenes zu (re)präsentieren. Vor allem die Verwendung pseudo-dokumentarischer Verfahren in literarischen Texten suggerierten Authentizität und empirische Überprüfbarkeit.

Dieser Rezeptionshaltung verdankt sich letztlich Scheffels Roman *Ekkehard*, „eine Geschichte aus dem zehnten Jahrhundert".[16] Mit der bedachtsam verwendeten Präposition ‚aus' wirkt der Untertitel pseudo-historisch wie ein Quellenverweis zur Herkunftsbezeichnung einer unzweifelhaft aus der Ottonen-Zeit überlieferten Geschichte. Gerade jene Epoche erschien Scheffel von fundamentaler Bedeutung für die weitere nationale und kulturelle Entwicklung in den nächsten Jahrhunderten. So stellt denn sein Roman das 10. Jahrhundert als Epoche natürlicher Ursprünglichkeit und vor Kraft strotzender deutscher Kultur sowie als entscheidende Etappe der Entwicklung zur Nation von Volk und Reich unter den Ottonen dar. Die Geschehnisse in und um St. Gallen werden in Scheffels Perspektive und ihrer Darstellung zu einem historischen Paradigma.

„Es war damals eine vergnügliche und einen jeden, der ringende, unvollendete aber gesunde Kraft geleckter Fertigkeit vorzieht, anmutende Zeit im südwestlichen Deutschland."[17] So stellt sich Scheffel das 10. Jahrhundert vor – und genau nach dieser Imagination hat er seinen Roman gestaltet, der das Historische vergegenwärtigt und das Gegenwärtige historisiert. Das heile Mittelalterbild ist von Scheffels Gegenwartsverständnis entworfen worden. Scheffel verlagerte ein krisenhaftes Verhältnis von Macht und Religion, den Kampf um nationale Identität und die kompensatorische bürgerliche Vorstellung einer Kulturnation als Ersatz für die entgangene Staatsnation sowie seine persönlichen Krisen als Künstler und Liebender in eine poetische Scheinwelt von Vergangenheit, die vom Horizont seines eingeschränkten Geschichtshorizonts begrenzt wird.

Entstehung und Vollendung

Als Scheffel sich für Gestalt und Geschichte Ekkehards zu interessieren begann, geschah dies ursprünglich nicht, um einen Roman zu schreiben, sondern zum Zwecke einer wissenschaftlichen Studie. Scheffel wollte sich nämlich nach 1850 an der Universität Heidelberg mit einem rechtshistorischen Thema habilitieren. Beim Quellenstudium war er dabei auf die vom Stiftsarchivar von Arx 1829 herausgegebenen *Casus sancti Galli* gestoßen, die ihn ganz offensichtlich fesselten. Scheffel muss dann aber schon bald sein Habilitationsprojekt aufgegeben haben zugunsten des Romanprojekts. Erste Überlegungen dafür scheint er schon 1852 angestellt zu haben. In den unveröffentlichten Notizbüchern seiner „Romfahrt" hat er offenbar den „Arbeitstitel" des geplanten Vorhabens eingetragen: „Ekkehard von St. Gallen auf Hohentwiel". (Abb. 2) Im Frühjahr 1854 reiste Scheffel dann in die

---

16 Benutzt wird die neueste Ausgabe mit einem Nachwort von Hansgeorg Schmidt-Bergmann: Ekkehard. Eine Geschichte aus dem 10. Jahrhundert. Mit Zeichnungen von Johannes Grützke. Lengwil: Libelle, 2000.
17 Ekkehard (wie Anm. 16), S. 500.

Ostschweiz, um, wie seine Mutter in einem Brief an einen Bekannten der Familie stolz und redselig preisgibt, „in der alten Klosterbibliothek von St. Gallen Notizen zu einer Arbeit zu sammeln, die einst ein Bild geben soll vom Leben auf Schloss Hohentwiel vor tausend Jahren – zur Zeit der Herzogin Hadwig und des Abtes Ekkehard.“[18]

Abb. 2: Anton von Werner: Scheffel als Wanderer am Hohentwiel
(Druck, 1882)

---

18 Scheffels Mutter an Schwanitz. In: Klinke, Willibald: Joseph Victor von Scheffel. Ein Lebens-
   bild in Briefen mit biographischen Verbindungen. Zürich: Verein Gute Schriften, [1948], S.
   107.

Scheffel will Erfahrenes und Erlebtes im Geschichtsroman Gestalt und Form an-
nehmen lassen. Das Vergangene im Spiegel von Überlieferung und Anschauung hält
sein Schreiben fest. Anregungen für sein Romanvorhaben waren Scheffel in Erzählungen und Sagen aus der Bodensee-Region, in historischen, sprachgeschichtlichen
und brauchtümlichen Aufzeichnungen aus der Ostschweiz und in den *Rechts-
altertümern* und der *Deutschen Mythologie* der Brüder Grimm begegnet.[19] Seine
Hauptquelle unter all diesen Büchern aber ist die Klosterchronik Ekkeharts IV. Sie
war das wichtigste Medium für Scheffel, um sich die zeitlich wie geistig ferne
Lebenswelt und deren religiöse und soziale Vorstellungen, deren historische und
politische Gegebenheiten anzueignen.

Doch Scheffel näherte sich der Vergangenheit nicht nur mittelbar in den schriftlichen Zeugnissen jener Zeit, sondern auch unmittelbar durch die lebendigen Eindrücke
aus Natur und Kultur der Landschaft des Bodenseeraums. Dessen Natur steht für
Scheffel in einem unmittelbaren Wechselverhältnis zu Geschichte und Kultur, die er
gleichsam wie in einem „Buch der Natur" aufspürt, liest und für sein Bild vom 10. Jahrhundert in seine Vorstellungswelt übernimmt. Hatte Rousseau einmal Natur und Geschichte einander entgegengesetzt, so sieht Scheffels verklärender Blick beide in einem
Zustand vereint, der ihm die Aneignung von Vergangenheit als Kontrastbild seiner
Gegenwart ermöglicht. Scheffel nimmt gewissermaßen mittels seines Buchprojekts eine
„Kulturalisierung der Natur" vor. So sind Überlieferung von Vergangenheit in mittelalterlichen Texten und Büchern als vermeintlich unmittelbar erfahrbare Geschichte sowie das subjektive Erleben geschichtsträchtiger Landschaft Scheffels wichtigste Instru-
mente zur literarischen Konstruktion der Handlungswelt seines Romanhelden Ekkehard.

Weil sich Scheffel ein konkretes Bild vom historischen Schauplatz machen und sich
von ihm inspirieren lassen wollte, zog er in die Meierei am Fuße des Hohentwiel und
begann mit den Arbeiten am Roman. Für dessen letzte Kapitel nistete er sich dann im
September 1854 südwestlich von St. Gallen auf dem etwa 1500 Meter hoch gelegenen
Berggasthaus Aescher beim Wildkirchli ein, einem Eremitenhäuschen in einer prä-
historischen Höhle in der Südost-Wand des Ebenalpstockes in Appenzell Innerrhoden.
Da ihm vor seinem Aufbruch nach St. Gallen die verehrte und begehrte Base Emma
Heim einen Korb gegeben hatte, wollte Scheffel auch seinen Liebeskummer in der
Berglandschaft vergessen und seine verwundete Seele kurieren. Liebe und Zorn be-
flügelten deshalb gleichermaßen die dichterische Phantasie und verliehen dem Autor
die Kraft zum raschen Abschluss des Romanprojekts; eine derartig effiziente Arbeits-
intensität hat Scheffel in seinem literarischen Schaffen der folgenden Jahre nie wieder
entwickelt.

Vor der Drucklegung des Romans hatte Scheffel, „dem Wunsche sachverständiger
Freunde entsprechend", in „Anmerkungen einige Zeugnisse und Nachweise der Quellen angeführt, zur Beruhigung derer, die sonst nur Fabel und müßige Erfindung in dem

---

19 Zu den Quellen siehe Wunderlich, Werner: „Gepräge der Aechtheit" – Scheffels Ekkehard und
   St. Gallen. In: Joseph Victor von Scheffel (wie Anm. 1), S. 73–98, hier S. 77f.

Dargestellten zu wittern geneigt sein könnten."[20] Mehr als gestelzte Staffage wissenschaftlicher Seriosität und Authentizität freilich sind die 285 Anmerkungen nicht, denn ihre sich gelehrt gebenden Nachweise und Erläuterungen sind oft ungenau, geschönt oder auch falsch, kommentieren eigentlich eher den Romantext, als dass sie diesen in Zitaten und Belegen quellentreu nachweisen. Nun wird Scheffel kaum damit gerechnet haben, dass sich seine Leser durch diesen Anmerkungswust hindurch kämpfen. Also sind die Hinweise wohl in erster Linie wichtigtuerisches Beglaubigungsmittel für die beanspruchte historische Authentizität, und sie wollen durch ihre positivistische Faktenpräsentation der erzählten Geschichte die geschichtliche Legitimation liefern. Sie sind gleichsam literarische Mittel und dienen dem Anspruch auf historische Echtheit ebenso wie der archaisierende Erzählstil, die eingestreuten Pseudodokumente, die zahllosen Zitate und Quellenanleihen, die erwähnten historischen Orte, Ereignisse und Personen.

Diese Vermischung von freier Erfindung und Pseudo-Wissenschaftlichkeit ist charakteristisch für Scheffels Erzählwerk.

Die St. Galler Klostergeschichten

Der Verfasser der St. Galler Klostergeschichten, die Scheffel benutzte, ist Ekkehart IV. Ekkehart IV. ist wohl nach 980 geboren und nach 1057 gestorben. Sein Lehrer war der berühmte „Großlefzigte", Notker III. Teutonicus, und er selbst wurde auch ein bedeutender Schulmeister. Nach 1022 hielt sich Ekkehart in Mainz bei Erzbischof Aribo auf. Nach Aribos Tod 1031 kehrte Ekkehart nach St. Gallen zurück. Hier machte er sich an die Fortsetzung von Ratperts Klosterchronik für die Zeit von etwa 870 bis 972. Es entstanden die berühmten *Casus sancti Galli*.

Deren zentrales Thema ist, „wie vollkommen oder auch unvollkommen in den Wechselfällen des Geschicks die St. Galler Äbte und Mönche die *disciplina* verwirklicht haben, d.h. die ‚Klosterzucht' einer regelgetreuen Lebensführung nach der Regel des heiligen Benedikt."[21] Der an seiner Gegenwart leidende Scheffel mag sich dem St. Galler Chronisten in besonderer Weise verbunden gefühlt haben: Auch Ekkeharts fabulös-anekdotische Darstellung verklärt Vergangenheit, und zwar die des Klosters in den Jahrzehnten vor der kaiserlichen Einsetzung des Abtes Norpert und dessen reformerischen Neuerungen, die bei vielen der Klosterbrüder auf wenig Gegenliebe stießen. Deshalb hatte sich im Kloster eine starke Opposition gebildet, wie aus Ekkeharts Chronik hervorgeht.

Aus den Kapiteln 89 bis 91 der *Casus sancti Galli*[22] bezieht Scheffel sein Hauptmotiv, und zwar die Beziehung zwischen Hadwig und Ekkehard. Außerdem greift er für bestimmte Handlungsteile wie die so genannte Wiborada-Episode, für einzelne

---

20 Scheffel in der Erstausgabe Frankfurt a. M.: Meidinger, 1855, S. 502.
21 Hellgardt, Ernst: Die Casus Sancti Galli Ekkeharts IV. und die Benediktinerregel. In: Literarische Kommunikation und soziale Interaktion. Studien zur Institutionalität mittelalterlicher Literatur. Hrsg. von Beate Kellner, Ludger Liebe und Peter Strohschneider. Frankfurt a. M. [u. a.]: Lang, 2001 (Mikrokosmos 64), S. 27–50, hier S. 29.
22 Ekkehardi IV. Casus Sancti Galli/Ekkehard IV. St. Galler Klostergeschichten (wie Anm. 6), S. 182–197.

Gestalten wie Wendelgard oder Heribald, für zentrale Geschehnisse wie den Über-
fall der Hunnen, auch auf andere, chronikalisch davor liegende Kapitel und zeitlich
ältere Ereignisse zurück. Scheffel gestaltet also die *Casus sancti Galli* keineswegs
romanhaft aus oder erzählt sie in epischer Breite nach. Er bedient sich nur einiger
weniger Kapitel, Episoden und Gestalten als Stoff- und Motivreservoir für eine
weitgehend völlig frei erfundene Geschichte.

Konstruktionen und Konfigurationen

Ekkehard

Scheffels Titelfigur Ekkehard ist eine Kontamination aus den in den *Casus* porträ-
tierten historischen Personen Ekkehart I. Decanus und Ekkehart II. Palatinus.

Ekkehart I., Angehöriger eines in der Nähe der Abtei ansässigen adeligen Geschlechts, lebte von etwa 900 bis 973 und war „decanus", Stellvertreter des Abtes. Von
ihm heißt es im Kapitel 80 der *Casus sancti Galli*, er sei der Verfasser einer *Vita
Walltharius manufortis*. Von ihr behauptet Ekkehart IV., er selbst habe sie im Auftrag
des Mainzer Erzbischofs Aribo später stilistisch überarbeitet. Scheffel setzte jene *Vita
Walltharius manufortis* umstandslos mit dem lateinischen *Walthari-Lied* gleich und
schrieb dieses Werk seinem Romanhelden Ekkehard zu, der es am Wildkirchli abfasst
und niederschreibt.

Ekkehart II., den Neffen und Schüler des „decanus", schildern die *Casus sancti
Galli* als schönen und starken jungen Klosterbruder sowie als weisen Lehrer und wissenschaftliche Koryphäe. Ekkehart IV. rühmt seinen Namensvetter als einen der bedeutendsten Vertreter jener vom „neumodischen" Reformeifer noch ungetrübten Glanzzeit
St. Gallens. Der so Gelobte ist der Verfasser u. a. von Sequenzen. Ekkehart II. kam später an den ottonischen Hof, wo er in der Hofkapelle tätig war. Deswegen erhielt er den
Beinamen „palatinus" (Höfling). Er wurde Domprobst in Mainz, wo er 990 starb.

Das Liebespaar

Über die historische Hadwig (um 938/40–994) wissen wir nicht viel. Gerade mal
eine Handvoll Urkunden mit ihrem Namen ist uns erhalten. Hadwig stammte aus
dem Geschlecht der Liudolfinger. Die Tochter Herzog Heinrichs I. war „de jure"
niemals selbst Herzogin, aber als Witwe Burchards II. faktisch die Herrscherin über
Schwaben. Als Fünfzehnjährige war sie dem etwa zwanzig Jahre älteren Burchard
954 zur Frau gegeben worden, als dieser Herzog von Schwaben geworden war.
Burchard starb 973. Hadwig überlebte ihren Gatten um einundzwanzig Jahre und
starb 994 etwa fünfundfünfzigjährig auf ihrem Witwensitz Burg Hohentwiel.

Die unerfüllt bleibende Liebesbeziehung zwischen Hadwig und Ekkehard ist eine
Erfindung Scheffels. Sie stützt sich auf eher vorsichtig-zurückhaltende Andeutungen
der „casus". Von einer unglücklichen Affäre zwischen Mönch und Herzogin ist nämlich in Ekkeharts IV. Klostergeschichten nirgends die Rede. Kapitel 90 der *Casus sancti
Galli* berichtet, dass die etwa fünfunddreißigjährige Witwe eines Tages nach St. Gallen

beten kam und Ekkehart II., der gerade das Pförtneramt versah, vom Fleck weg als Privatlehrer nach Hohentwiel engagierte.

> *Als er am verabredeten Tage nach Hohentwiel kam, ward er schon unge-*
> *duldig erwartet. Hadwig empfing ihn freundlicher, als er selber wünschte,*
> *und führte ‚ihren Meister‘, wie sie sagte, an der Hand in ein Gemach, das*
> *dem ihrigen zunächst lag. Da pflegte sie bei Nacht und bei Tage mit einer*
> *vertrauten Kammerfrau einzutreten, um zu lesen; doch standen immer die*
> *Türen offen, damit, selbst wenn einer sich unterfinge, darüber zu erzählen,*
> *seine Aussage nichts Arges bedeuten würde. Dort auch fanden Dienstleute*
> *und Vasallen und sogar Landesfürsten die beiden wiederholt beisammen, wie*
> *sie Lektüre trieben oder Beratung hielten.*[23]

Von anderen Trieben und Treiben zwischen dem in fürstlicher Erwachsenenbildung tätigen Lateinlehrer und seiner Elevin wird in den Klostergeschichten nichts berichtet. Nur, dass ihn diese „scharfsinnige Minerva" mit Geschenken überhäufte – aus welchen Gründen auch immer. Das Porträt einer nach Liebe schmachtenden Witwe entwirft erst Scheffel. Ekkehart IV. vermittelt von Hadwig zwar den Eindruck einer ebenso hoheitsvoll stolzen wie exzentrischen Frau, aber auch das Bild einer selbstbewussten und ungewöhnlich gebildeten Adeligen.

Scheffels Liebespaar entspricht weder in seinen Charakteren noch in seiner Lebensführung jenen aus den Quellen zutage tretenden Persönlichkeiten. Der Titelheld ist kein Mönch aus der geistlichen Welt des 10. Jahrhunderts, sondern das literarisch sublimierte Wunschbild eines suchenden Künstlers des 19. Jahrhunderts. Und Hadwig als besorgte Hausmutter und verliebte Witwe entspricht eher einem pseudo-romantisch verklärten Frauenbild als einer mittelalterlichen Adeligen. So sind denn auch die im Roman geschilderten Gefühlshemmungen, die Unerfahrenheit, Selbstvergessenheit, Enthaltsamkeit, der poetische Schöpferdrang Ekkehards, Hadwigs Hochmut, ihr Zorn aus verschmähter Liebe und verletztem Stolz historisch nicht nachvollziehbar.

Die Schwellenszene

Erdichtet ist auch die bekannteste Szene des Romans. Abt Cralo will der Fürstin den Zugang zum Kloster verwehren, weil es eine Frau nicht betreten dürfe. Um jene Regel nicht zu verletzen, verfällt man auf die List, die Dame hineinzutragen. Mit sichtlichem Wohlbehagen an der Szene schildert Scheffels Erzähler wie Hadwig ihren Transport durch Ekkehard über die Klosterschwelle genießt: „Aber er war unverzagten Mutes und umfasste mit starkem Arm die Herzogin, die schmiegte sich vergnüglich an ihren Träger und lehnte den rechten Arm auf seine Schulter."[24] (Abb. 3)

Die Romanepisode beschwört die Symbolik der Schwelle im Volksbrauch und Volksglauben. Mönchen galt die Schwelle als Grenze für die bösen Geister und teuf-

---

23 Casus Sancti Galli (wie Anm. 6), S. 186/187.
24 Ekkehard (wie Anm. 16), S. 35.

lischen Anfechtungen, die dem Kloster fernbleiben sollten, und Scheffels Hadwig stellt selbstverständlich so eine Versuchung dar. Dass diese dann wie eine Braut zu Beginn der Ehe vor ihrer Entjungferung von Ekkehard über die Schwelle ihres neuen Heims getragen wird, deutet die spätere Liebesbeziehung und durch den sinnfälligen Bezug auf das Kloster an, aber natürlich auch das Scheitern im Zorn.

Abb. 3: Anton von Werner: Ekkehard trägt Hadwig über die Klosterschwelle
(Zeichnung, 1865)

Die Hunnenschlacht

Neben der Liebesgeschichte spielen die Hunneneinfälle als Geschichtsfiktion in Scheffels Roman eine wichtige Rolle. In vier Kapiteln malt Scheffel aus, wie die Hunnen als Barbaren ins Land einfallen und dessen Kultur und Zivilisation verwüsten. Die historischen Ungarneinfälle des frühen 10. Jahrhunderts und die Plünderung des Klosters 926 verlegt Scheffel in die ein halbes Jahrhundert später spielende *Ekkehard*-Handlung. Dass Scheffel anachronistisch aus den frühmittelalterlichen Ungarn die Hunnen der Völkerwanderungszeit macht, verstärkt das Schreckensbild der Invasoren als rohe und erbarmungslose Heiden. Sie sind im Roman wirkungsvolle Kontrastfiguren zu jenen Mönchen und Rittern, die aufrichtiges Deutschtum und christliche Wehrhaftigkeit verkörpern. Wohl wissen die Klostergeschichten Ekkeharts IV. von Kriegsschrecken und schlimmen Kriegsfolgen, aber diese werden weder als blutige Realität detailliert ausgemalt noch heroisch überhöht. Scheffel hingegen liebt martialische und pathetische Schilderungen eines Kriegsverlaufs, der kaum etwas mit der Geschichte der Ungarneinfälle in den Bodenseeraum zu tun hat.

Besiegt werden die marodierenden Hunnenhorden unter wackerer Beteiligung Ekkehards in einer Scheffels Phantasie entsprungenen offenen Feldschlacht, die bedeutungsvoll am Karfreitag zwischen Hohentwiel und Bodensee stattfindet. Die Episode spielt an auf den Verteidiger Augsburgs, Bischof Ulrich, und die Entscheidungsschlacht auf dem Lechfeld, in der Otto I. die Ungarn 955 vernichtend schlug und dauerhaft zurücktrieb.

Der Alte in der Heidenhöhle

Die Entscheidung zugunsten des aus Rittern und Klosterbrüdern zusammengewürfelten Heeres fällt in einem Zweikampf zwischen dem hunnischen Heerführer Ellak und dem „Alten in der Heidenhöhle". Scheffel bedient sich hier der Sagenbildung um Karl den Dicken, der nach seiner Absetzung nicht gestorben sein soll, sondern – wie später Barbarossa im Kyffhäuser – in einer Höhle oberhalb Überlingens ausharrt, bis für ihn die Stunde zum letzten Gefecht gekommen ist. Karl der Dicke erhielt 881 als Karl III. von Papst Johann VIII. die Kaiserkrone aufgesetzt. Er erwies sich rasch als unfähiger und unglücklicher Regent, der 887 von seinem Neffen Arnulf von Kärnten zur Abdankung gezwungen wurde und 888 verstarb. Bald rankten sich Sagen um seine Gestalt.

Der „Alte in der Heidenhöhle", der eine Erlösergestalt sowie ein Wiederkehrermotiv verkörpert, ist der fiktive Abklatsch der historischen Person und der Sagengestalt Karls des Dicken. Aber mit der historischen Realität haben Rolle und Bedeutung von Scheffels Romanfigur nichts zu tun. Scheffels Romanfigur verleiht dem Schmerz über die gescheiterten nationalliberalen Hoffnungen und der Sehnsucht des Bürgertums nach nationaler Einheit nach der missglückten Märzrevolution von 1848 pathetischen Ausdruck; besonders dann, wenn der rüstige Greis im Roman angesichts der Bedrohung aus dem Osten die Verderbnis der gegenwärtigen Zwietracht beklagt und von Macht und Größe des einst unter einem starken Herrscher geeinten Reiches schwärmt.

Die Wiborada-Episode

Manchen St. Galler Lokalgelehrten brachte die Wiborada-Episode des Scheffel-romans in buchstäblich heiligen Zorn. Für den Reallehrer Emil Schlumpf beispiels-weise ist Scheffels Darstellung „eine schwere Versündigung an der Kulturgeschich-te".[25] Berühmt wurde Wiborada[26] – ihr sprechender Name Weiberrat („mulierum consilium") weist sie als Ratgeberin aus – durch ihre umständehalber leicht nach-vollziehbare Empfehlung für Abt Engilbert II., die Schätze des Klosters vorsichts-halber vor den Ungarn in Sicherheit zu bringen. Engilbert folgte ihrem Rat, eva-kuierte die Bücher der damals schon berühmten Bibliothek auf die Insel Reichenau ins dortige Kloster und schaffte liturgische Gold- und Silbergeräte in ein rasch errichtetes Kastell bei Bernhardzell auf halbem Weg zum Bodensee. Wiborada starb der Viten-Überlieferung nach 926 unter einem ungarischen Beilhieb den Märtyrer-tod, wurde 1047 als erste Frau von einem Papst (Clemens II.) in Rom offiziell kano-nisiert (Heiligentag ist der 2. Mai) und avancierte aufgrund ihres Rats zur Erhaltung der St. Galler Bücherschätze zur Schutzpatronin der Bibliothekare.

Von dieser in St. Gallen hochverehrten Heiligen mit einem auch heutzutage noch lebendigen Andenken zeichnet Scheffel in der Tat ein nicht eben frommes und ein-nehmendes Bild: eine reichlich unsympathische und lächerliche, hysterische alte Vettel, nicht ganz richtig im Kopf, ein raffgieriges und zänkisches Weibsbild, mit einem heftigen Drang aus ihrer Klause hin zu Freuden ganz von dieser Welt. Die ersten hagiographischen und chronikalischen Quellen, die das heiligenmäßige Leben und den Märtyrertod Wiboradas buchstäblich glaubhaft machen wollen[27], überliefern von der Heiligen allerdings keine derartige Vorstellung. Heiligenviten entstanden freilich aus religiösem Empfinden und ihre literarischen Darstellungen dienten der Verehrung und Belehrung. Sie überlieferten Märtyrer als Identifikationsfiguren, die mit dem Opfer des eigenen Lebens aus Liebe zu Christus den Kreuzigungstod erwidern. Scheffel indes ging es in erster Linie um eine literarische Gestalt als Kontrastfigur zu der hübschen, klugen und munteren Griechin Praxedis aus Hadwigs Gefolge, eine jener Roman-

---

25 Schlumpf, Emil: Wiborada Vindicata oder Viktor v. Scheffels ‚Wiborada Reklusa' im Lichte der Quellen. In: Monat-Rosen (1926), No. 1/2, S. 3–12, hier S. 4.

26 Vitae Sanctae Wiboradae. Die ältesten Lebensbeschreibungen der heiligen Wiborada. Ein-leitung, kritische Edition und Übersetzung von Walter Berschin. St. Gallen: Historischer Verein des Kantons St. Gallen, 1983 (Mitteilungen zur Vaterländischen Geschichte 51). – Siehe dazu Duft, Johannes: Sankt Wiborada im Schrifttum eines Jahrtausends. In: Ders.: Die Abtei St. Gallen, Bd. 2: Beiträge zur Kenntnis ihrer Persönlichkeiten. Hrsg. von Peter Ochsenbein und Ernst Ziegler. Sigmaringen: Thorbecke 1991, S. 175–183.

27 Irblich, Eva: Die Vitae Sanctae Wiboradae. Ein Heiligen-Leben des 10. Jahrhunderts als Zeit-bild. St. Gallen 1970 (Sonderdruck aus den Schriften des Vereins für Geschichte des Bodensees und seiner Umgebung, H. 88).

figuren, die Hugo von Hofmannsthal als „zart und rein umrissene Gestalten"[28] gelobt hat. Deshalb versetzt Scheffel die Reklusin, die ja schon 926 von den Ungarn erschlagen worden war, in die jüngere Handlungszeit des Romans und beleuchtet erzählerisch ihre überlieferte Lebensweise im Licht einer ordentlich-hygienischen Sichtweise des 19. Jahrhunderts, natürlich ungeachtet der Überlieferung und unbekümmert um die erzählerisch vorgegebene hagiographische Authentizität seiner Romanfigur. Hier wie an anderer Stelle geht es Scheffel bei der Schilderung religiösen Brauchtums oder geistlicher Verhältnisse eben nicht um ein historisches Verständnis von Mönchtum oder Askese. Das machen nicht nur die quellenwidrige Schilderung, sondern ebenso offenkundiger Spott oder auch eine putzig-verniedlichende Darstellung deutlich.

Scheffels Dichterideal Ekkehard

Scheffels Roman endet mit der Reifung des am Liebes- und Weltschmerz leidenden Ekkehards zum „neuen Vergil". Die glänzende Karriere, die der historische Ekkehart II. noch gemacht hat, bleibt, da unwichtig für das Handlungsmotiv der Selbstüberwindung, ausgeblendet. Scheffel propagiert dagegen mit dem Romanausgang die Idee der reinigenden Selbstbefreiung und erlösenden Selbstfindung durch den rettenden dichterischen Schöpfungsakt: „Selig der Mann, der die Prüfung bestanden!" So lautet die Widmung in Gestalt eines Apostelspruches von Jakobus auf der Hadwig zugeeigneten Handschrift des von ihm geschaffenen *Walthari-Lieds*, das sein Pfeil nach Hohentwiel trägt. Ekkehards unglückliche Liebe hat sich im Blick zurück im Zorn in poetische Kraft verwandelt.

Wenn Scheffel seinen Ekkehard zum Dichter aus innerer Notwendigkeit reifen lässt, dann stilisiert und literarisiert er damit auch das im 19. Jahrhundert weit verbreitete Klischee vom Dichter als einsamen Sänger, dem die Kunst zum eigentlichen Leben geworden ist und der in der Kunst den Widerspruch von niederen Trieben und höherer Berufung aussöhnt.

Musikalische *Ekkehard*-Rezeption um 1900

Dic naivc Vcreinnahmung von Scheffels Roman schlägt sich in einigen Zeugnissen der literarischen Rezeption nieder, welche vernachlässigbar sind.[29] Größeren Anklang fanden vorübergehend einige Vertonungen für Opernbühne und Konzertsaal[30], die heute kaum noch bekannt und zugänglich sind. Die *Ekkehard*-Vertonungen jener Epoche gehören längst nicht mehr zum Repertoire, sind aber gleichwohl in kulturgeschichtlicher Hinsicht höchst aufschlussreiche Zeugen der grassierenden Simili-Mode des späten 19. Jahrhunderts und ästhetische Dokumente eines schon vom Fin de siècle geprägten Schwulststils.

---

28 Hofmannsthal, Hugo von: [Scheffels *Ekkehard*]. In: Ders.: Gesammelte Werke in Einzelausgaben, Bd. 6; Prosa, Bd. 4, Frankfurt a. M.: Suhrkamp, 1955, S. 507.

29 Siehe dazu Wunderlich, „Gepräge der Aechtheit" (wie Anm. 1), S. 90ff.

30 Siehe dazu Wunderlich, Werner: Scheffels Trompeter von Säckingen und Ekkehard in Oper und Konzert. In: Joseph Victor von Scheffel (wie Anm. 1), S. 191–222.

Johann Joseph Abert

Johann Joseph Abert (1832–1915) vertonte als erster Scheffels *Ekkehard*.[31] Abert
stammte aus Böhmen, war 1867 bis 1888 in Stuttgart zuerst Kontrabassist, dann
Hofkapellmeister und Dirigent. Er gehörte zu den Opernkomponisten, die musikalisch und thematisch bewusst überkommene Traditionen pflegten. Er hat mehrere
„Mittelalter-Opern" komponiert: *Anna von Landskron* (1858), *König Enzio* (1862,
1875 als *Enzio von Hohenstaufen* überarbeitet), *Astorga* (1866), *Die Almohaden*
(1890).

Der Verleger Adolf Kröner regte Abert zu einer Vertonung von Scheffels
Bestseller an. Kröner bekniete Scheffel, um dessen Zustimmung zur Vertonung zu
erreichen, und als das geschafft war, machte man sich gemeinsam ans Werk. Kröner
entwarf die Grundzüge des Librettos und war auch an dessen Ausführung maß-
geblich beteiligt. Zu dem Unternehmen, aus dem Roman ein Textbuch für eine
große Oper französischen Stils zu fabrizieren, stieß noch Wilhelm Hertz, Professor
für germanische Altertumskunde und neu-romantischer Lyriker und Epiker, der das
Lied „Klosterwein von Reichenau" im 1. Akt beisteuerte. Dritter im Operntext-
Dichterbunde war der Schriftsteller und Dragonerrittmeister Carl Hecker.

Holperige Verse, falsche Betonungen und klappernde Reime, unbeholfenes
Sprachpathos und angestrengter Stilkitsch erzeugen eine schwülstige Sentimenta-
lität. Akte und Szenenfolge sind durch ein einfaches Schema von Auftritten und Ab-
gängen geprägt. Die schablonenhaften, stereotypen Figuren sind allein durch ihre
deklamatorischen Bekenntnisse charakterisiert; jedwede differenzierende Darstellung als handelnde Charaktere geht ihnen vollständig ab.

Das Autorentrio setzte auf handfeste Operneffekte: Hadwig bekennt ohne Um-
schweife ihre Leidenschaft für Ekkehard, der als Liebhaber in der neu eingeführten
Figur des Intriganten Montfort einen eifersüchtigen Rivalen erhält. Aus Rache
schlägt sich dieser auf die Seite der Hunnen und wird im Kampf von Ekkehard
getötet. Als Sieger kehrt dieser heim, allerdings tödlich verletzt. Sterbend lauscht er
nochmals einem ungestümen Liebesgeständnis der herzoglichen Buhlin und erfährt
bei dieser Gelegenheit auch gleich noch von der heimlichen Liebesglut ihrer
Dienerin Praxedis. Dass Ekkehard seine sündige Liebe zu Hadwig durch den gesuchten Tod in der Schlacht sühnt, sattelt das Libretto auf Scheffels Geschichte
ziemlich unmotiviert, dafür aber effekthascherisch auf.

Die Vertonung dieses bizarren Librettos offerierte Abert der Berliner Hofoper,
neben München das wichtigste Opernhaus in Deutschland. Am 11. Oktober 1878
gelangte das Werk in der Königlichen Oper Berlin zur Uraufführung. Ein phäno-
menaler Erfolg war Aberts „Heimspiel" am 18. Januar 1880 in der Stuttgarter Oper.

---

31 Ekkehard. Oper in fünf Akten. Nach J.V. v. Scheffel's Roman frei bearbeitet. Musik von J.J.
   Abert. Leipzig 1878. – Johann Joseph Abert. Ekkehard. Oper in 5 Akten. Libretto: Adolf Kröner, Wilhelm Hertz, Carl Hecker. Nach dem Roman von Viktor von Scheffel. SWR Rund-
   funkorchester Kaiserslautern. Leitung: Peter Falk. Ein Konzertmitschnitt der Herbstlichen
   Musiktage Bad Urach 1998. Capriccio 60080.

Der württembergische König war begeistert. Die Oper wurde zu einem Kassen-schlager und blieb bis zur Jahrhundertwende ein erfolgreiches Repertoirestück in Stuttgart. (Abb. 4)

Der Komposition wurde „perfektes Handwerk in Satztechnik und Orchestration" bescheinigt, wenn auch aufgrund der miserablen Textvorlage die musikalische Cha-rakterisierung der Figuren oft unklar und widerspruchsvoll bleibe. Angelehnt an Wagners Vorbild, führt Aberts Partitur die Leitmotivik konsequent durch und drückt die zahlreichen dramatischen Situationen mit einer entsprechend lautmalerischen Tonsprache aus. Das kurze Andante-Vorspiel beispielsweise beginnt im Streicher-sordino mit der Motivik aus der Eröffnung des 2. Aktes und nimmt zweimal mit Oboen und Streichern den finsteren Schlachtgesang von Abt und Mönchen mit seinen Harmonie- und Taktwechseln aus dem 4. Akt als Quintessenz der Oper vorweg: Ekkehard überwindet seine unselige Liebe im inneren Ringen und im Kampfeinsatz für den Glauben.

Abb. 4: CD-Cover der Einspielung von Alberts *Ekkehard*-Oper
(Herbstliche Musiktage Bad Urach, 1998)

Die Handlung konzentriert sich auf die unglückliche Liebesgeschichte von Mönch und Herzogin. Ekkehard verliebt sich auf den ersten Blick in Hadwig und schmachtet sie in einer Tenorarie an, welche an die Aussage von Taminos Bildnisarie aus der *Zauberflöte* erinnert:

> *Wer ist die Fremde, deren holdes Bild*
> *Gleich einem Wunder mir das Auge blendet?*
> *Wie eine Heil´ge ist sie schön und mild,*
> *Die gnadenreich der Himmel niedersendet!*

Der 2. Akt beginnt mit einer Unterrichtsszene. Ekkehard liest Hadwig aus dem Vergil vor. Gemeinsam erhitzt man sich an der Liebesgeschichte von Aeneas und Dido, kommt sich seufzend und turtelnd näher. Musikalisch erinnert die Szene mit Harfenklängen sowie dem Spiel von Violinen und Celli an den 2. *Tannhäuser*-Akt oder an Lohengrins Gralserzählung.

Die ebenfalls neu erfundene Waldfrau, unheilvolle Gegenspielerin der christlichen Protagonisten, unterbricht die Idylle mit ihrer düsteren a-Moll-Weise, welche leitmotivisch die Oper durchzieht. Die Szene findet in einem Sextett ihren versöhnlichen Abschluss. Hoffnungsfroh singt Ekkehard deshalb im 2. Akt von der unendlichen Macht des Herrn und dessen unendlicher Milde. Denn schließlich: „Es ist ein Gott der Liebe." Der melodische Hymnus unterstreicht zugleich mit musikalischen Mitteln den Gegensatz zur dunklen Klangwelt heidnischer Mächte, die in der Waldfrau verkörpert sind.

Im musikalischen Prolog des 3. Aktes entwirft Ekkehard in einer Arie ein pathetisch-schwulstiges Seelengemälde seiner Wonnen und seines Wehs, das in eine vehemente Selbstverdammung übergeht. Liebe als moralisch-geistliche Kraft und Liebe als sinnlicher Ausbruchsversuch fechten einen Kampf aus, der durch den reinigenden Zorn auf die eigene Fehlbarkeit beendet wird. Im folgenden Gebet Hadwigs wird deren tiefe Gläubigkeit durch eine aufwendige Polyphonie ausgedrückt. Dann folgt mit dem Liebesduett von nahezu verdischem Brio der musikalisch-dramatische Höhepunkt der Oper.

Ekkehard verführt Hadwig und wird deswegen aus dem Kloster verstoßen und in den Kerker geworfen. Reichlich aufgesetzt ist im 4. Akt die Wandlung der sanften Praxedis, deren Herz wie das ihrer Herrin Hadwig an ungestillter Sehnsucht leidet. Sie mutiert zur blutdürstigen Opernwalküre zum Zwecke der Befreiung Ekkehards aus dem Kerker. Eben verkündet sie noch in einer melodiösen G-Dur-Kavatine „Rings tiefe Stille – alles ruht, ich wag's, ich will ihn retten", stachelt sie auch schon den im Kerker Schmachtenden martialisch zu Heldentaten im Fronteinsatz gegen die Hunnen auf.

Der 5. Akt schildert im tonmalerisch schwelgenden Bericht der Waldfrau die Hunnenschlacht. Zur Sühne stürzte sich Ekkehard todesbereit in den Kampf – und wird tatsächlich tödlich verwundet: „Ein gift'ger Hunnenpfeil flog jäh ihm durch's Visier." Sterbend bekennt Ekkehard seine Verfehlung und bittet Gott in einer krönenden Schlussszene um Vergebung, damit er von seiner Sünde erlöst werde und in den Himmel komme. Dem Opernhelden als einem elegisch sterbenden Kämpfer ist im Gegensatz zum Romanhelden die Sublimierung seiner sündigen Liebe durch die Dichtkunst nicht vergönnt.

Hugo Röhr

Ein heute weitgehend unbekanntes Singspiel nach Scheffels *Ekkehard* entstand 1900. Es stammt vom Münchener Hofkapellmeister Hugo Röhr (1866–1937), Komponist von Opern, Kammermusik und Liedern, Bearbeiter vielgespielter Rossini-Opern wie *Die Italienerin in Algier*. Auch Röhrs Komposition ahmt namentlich die dramatischen Mittel aus Richard Wagners Opern nach und orientiert sich melodisch-klanglich ebenfalls an Giacomo Meyerbeer oder auch an Pietro Mascagni.[32]

Die Münchener Aufführung der Oper Röhrs wurde von einer Delegation aus St. Gallen für eine Darbietung in der Gallusstadt nachdrücklich empfohlen. Am 1. Dezember 1901 hat daraufhin der *Stadtsängerverein-Frohsinn* in der St. Laurenzen-Kirche Röhrs *Ekkehard* konzertant als „weltliches Oratorium" für „Soli, Chor, Orgel und großes Orchester" aufgeführt. Die Vereinschronik hält begeistert fest: „Eine Reihe von lebenden Bildern brachten verschiedene Episoden aus Scheffel's *Ekkehard* zu äußerst farbenprächtiger und gelungener Darstellung."

Das Libretto von W. Schulte vom Brühl konzentriert sich – wie schon Aberts Oper – ganz auf die Liebesgeschichte und steigert deren süßliche Entsagungsmoral noch weiter ins Kitschig-Sentimentale. Hadwigs Liebessehnen ist ungewollt komisch ins Schnulzige geschraubt:

> *Freiheit, Jugend, Land und Leute,*
> *Ach, der stolzen Wittwenschaft!*
> *Lange Tage, lange Nächte,*
> *Und das Herz geschwellt von Kraft.*

Die Schwellen-Szene macht auch das Singspiel zu einem zentralen Vorkommnis. Damit „kein Weib den Fuß über des Klosters Schwelle setze", schlägt Pförtner Ekkehard dem Abt vor, die hartnäckig Einlass Begehrende über die Schwelle zu tragen:

> *Bedenket,*
> *Des Klosters Schirmvogt ist die Herzogin,*
> *In solcher Eigenschaft als Mann zu achten;*
> *Und Einlaß kann der Vogt als Recht begehren.*
> *Wir wollen, Brüder, die Gewalt nicht reizen!*
> *Darf eine Frau die Schwell' auch nicht betreten,*
> *Wohlan, so mag man sie darüber tragen.*

---

32 *Ekkehard. Dramatische Dichtung in 3 Teilen. Frei nach dem gleichnamigen Roman von J. V. von Scheffel*, bearbeitet von W. Schulte vom Brühl. Komponiert für Soli, Chor und Orchester von Hugo Röhr. Stuttgart 1900.

Das Textbuch des Singspiels knüpft an die Romanszene an, um sinnliche Liebe auch als Unterwerfung unter bürgerliche Verhaltensnormen wie Selbstbeherrschung, Affektkontrolle oder Triebverzicht im Dienste patriotischer Pflichten und gesellschaftlicher Konventionen darzustellen. So vermittelt das Singspiel Vergangenheit als zeitlos gültige mannhafte Bewährung höherer Ideale, die persönlichen Verzicht, aber geistige Bereicherung und Vorbildhaftigkeit über den Tod hinaus bedeuten. Das Singspiel lässt deshalb den geläuterten Ekkehard geradezu erlöst in Tenorlage verkünden: „Lasst die Lüste der Welt dort unten in den Thalen bleiben!"

Franz Schreker

Seit den vierziger Jahren des 19. Jahrhunderts hatte sich der Begriff Programmouvertüre für einsätzige Musikwerke mit Bezug auf Dichtungen eingebürgert. Der österreichische Komponist Franz Schreker (1878–1934; eigentlich Franz August Julius Schrecker) dessen früher musikalischer Stil mit üppiger Orchestrierung, motivischen Verknüpfungen und thematischen Metamorphosen wiederum an den frühen Wagner erinnert, hat ein derartiges symphonisches Werk mit einer episch sich ausbreitenden Musik geschaffen: *Ekkehard, symphonische Ouvertüre für großes Orchester und Orgel, op. 12.*[33] Die Komposition entstand 1902 und wurde ein Jahr später von den Wiener Philharmonikern uraufgeführt.

   Der Partitur vorangestellt ist auf einer Seite die Romanhandlung in Versen und Reimen, die Dora Leen verfasste. Der Name ist ein Pseudonym für Dora Pollak, die 1942 ins KZ deportiert wurde und dort umkam. Daktylische Verse und archaisierender Schwulststil des literarischen Prologs geben mit der dramatischen Schilderung von Ekkehards Schicksal der Komposition programmatisch Thema und Aufbau vor. Der Sichtweise des Fin de siècle erschien die Affäre zwischen Frater und Frau ganz offensichtlich als dekadente, dämonische Leidenschaft, deren sündhafte Verfehlung durch ästhetische Sublimierung erlöst wird.

   Schrekers Komposition drückt in Tonsprache voller „Kitsch und Glorie" die literarisch erzählten Vorgänge aus:

> *Weitab der Welt, gehorchend der strengen*
> *Satzung des Glaubens im Banne des Klosters,*
> *Lebt seine Tage Ekkehard hin. –*
> *Aber, verhallend im Klang der Choräle,*
> *Bebt durch die Tiefen der Seele ihm leises,*
> *Rätselhaft unverstandenes Sehnen –*
> *Weltfrohen Lebens lockender Ruf.*

---

33 Ekkehard. Symphonische Ouvertüre von Franz Schreker nach dem gleichnamigen Roman von Scheffel für großes Orchester und Orgel (ad libitum), opus 12. Wien [o. J.], Neudruck Miami, Fl. 1985. – Franz Schreker. Ekkehard. BBC Philharmonic Orchestra. Conductor: Vassily Sinaisky. Chandos 9797.

Die Ouvertüre setzt mit wuchtigen Tutti-Akkorden ein. Es folgt eine von Streichern und Bläsern dominierte langsame Introduktion. Deren exotische Klangmalerei lässt die einfallenden Hunnenhorden vorausahnen und vermittelt in den Paukenwirbeln und Celli-Akkorden ein Hörerlebnis von äußerer Bedrohung und innerer Beunruhigung. Dann werden die Klangregister gewechselt, Oboen und Klarinetten, Hörner und Fagotte intonieren einen Bläserchoral. Aus dem Wechselspiel von Streichern und Holzbläsern entwickelt sich das *Ekkehard*-Thema, kämpferisch und lyrisch zugleich: In Ekkehard „funkelt reiches, glüh'ndes Verheißen", aber er zügelt sein Verlangen, „zwingt die Seele zurück in entsagende Knechtschaft", gilt es doch – von Klarinetten als Verkörperung von Hadwigs Stimme umschmeichelt – „eisenumgürtet" mit dem von der Herzogin dargereichten Schwert die Hunnen zu vertreiben. Nach dem Sieg weist ein einfacher Bläsersatz den Weg in die Kapelle zur betenden Herzogin. Die Orgel intoniert den Einleitungschoral und unterstreicht damit die Entweihung des heiligen Orts durch Ekkehards ungezügelte Begierde:

> – *Bis eines Tag's des sehnenden Fühlens*
> *Länger nicht mächtig, er frevelnd der Gottheit*
> *Tempel entweiht – und jäh die betende*
> *Hadwig in stiller Kapelle an sich reißt,*
> *Sinnlos, in ungezähmt glühendem Taumel. – – –*

Sinnigerweise eine Fugato-Episode begleitet Ekkehards Flucht vor den Mönchen und der zürnenden Hadwig. Ein ruhiges Sonaten-Allegro verdeutlicht Ekkehards innere Um- und Einkehr.

Am Ende beruhigt sich die Musik, findet zu einer harmonisch dahin strömenden Melodie, die sanft ausklingt. Ekkehard hat sich „mählich lastendem Leid" entrungen. Eine getragene Coda lässt noch einmal das Ekkehard-Thema anklingen. Unter dem weichen Klang der Hörner und Bratschen, Violoncelli und Fagotte betritt Ekkehard die „Pfade der Kunst" und gestaltet „tönende Sänge", die seine Seele reifen und heilen lassen. Umspielt von triolischen Streicherfiguren, Achtelbewegungen der Flöten und Harfenakkorden klingt im pianissimo die Ouvertüre aus:

> *Denn über jeglichem ird'schen Erleben,*
> *Ewig erhaben, ewig erhebend,*
> *Leuchtet die Kunst – in Schönheit vereinend*
> *Leiden und Seligkeit, Wunsch und Entsagung,*
> *Sengende Liebe und trautes Gedenken. –*
> *– Von eines Pfeiles Spitze geschleudert,*
> *Sendete Ekkehard seine Gesänge*
> *Hin zu den Füßen der Herzogin Hadwig –*
> *– Als sie zu Ende gelesen, da neigte*
> *Still sie das herrliche Antlitz und weinte.*

Plastisch vermittelt die Musik Handlung und Personal, Motive und Dramatik der literarischen Vorlage, oft ebenso künstlich und angestrengt virtuos wie der Text von

Dora Leen. Der Drang zu programmatischer Bekundung von Selbstentsagung und Selbstüberwindung als den Quellen von Seligkeit und Schönheit leistet sich literarisch wie musikalisch opulente Klischees.

Erfolg in ihrer Zeit freilich war von allen musikalischen Bearbeitungen allein der Oper Aberts und der Ouvertüre Schrekers beschieden. Sie sind heute als CD-Einspielungen erhältlich. Die *Ekkehard*-Vertonungen beschwören vermöge ihres historischen Sujets und mittels dramatisch-pathetischer Musik Geschichtlichkeit und Gegenwärtigkeit in einer theatralischen Allianz, die nur aus dem Geist ihrer Zeit verstanden werden kann.

Der *Ekkehard*-Roman, die *Ekkehard*-Opern und die *Ekkehard*-Konzerte sind nicht nur wegen ihres Sujets „altdeutsch", sondern vor allem auch wegen der ihnen innewohnenden Geschichtsauffassung. Geschichte wird aus der Sicht einer Gegenwart gedeutet, die Vergangenheit als erbaulich-sentimentale Kulisse für ihre pseudo-romantischen Sehnsüchte, für ihre patriotischen Identifikationsbedürfnisse, für ihre Natur- und Liebesempfindungen benutzt.

,Brennen' und ,zürnen' – Hans Rudolf Hilty und Zeitgenossen der fünfziger Jahre

Rainer Stöckli

Der Tod, die Brücke, Masken und Granaten,
die Rose, Brot und Wein – und deine Augen:
war alles denn ein Gaukelspiel des Traums?

Hans Rudolf Hilty, *Der kleine Totentanz*[1]

Gedichte, die aufbegehren, und Strophen, welche vom Liebhaben Kunde geben, sind leicht gefunden. Das gilt für jedes Jahrzehnt des 20. Jahrhunderts. Sie sind geschrieben und veröffentlicht mit alt-tradierten Motiven sowie aufgrund neu-akuter Anlässe. Die Verbindung indessen zum St. Galler Verlagswesen, zum Ostschweizer Buchmarkt ist zu suchen. Im nachstehenden Aufsatz widme ich mich besonders Hans Rudolf Hilty, nehme jedoch seine Vorgänger, Zeitgenossen, Nachfahren in Acht, so dass insgesamt eine ,kaleidoskopische' Schau zu lesen ist mit – wie es sich fürs optische Spielzeug gehört – recht scharfem Grenzkreis, nämlich den Rändern bei 1945 und 1960.

Nicht zur Sprache kommen (versteht sich: neben anderen) Herbert Meier, Erica Maria Dürrenberger, Armin Sigrist; die hier namentlich Genannten haben nie in St. Gallen oder Umgebung publiziert. Von ihnen deshalb hier eingangs je zwei Verszeilen: ,einschlägig', was das lyrische Reden über die ,Liebe' anbelangt.[2] – Als Gegengewicht zur Anführung dreimaligen ,Dichtens von der Liebe' mag man gelten lassen die Zitierung ,zürnender' Zeitgenossen der fünfziger Jahre: mit ihren eben nicht liebeselig temperierten Stimmen wird mein Aufsatz zu schließen sein.

Herbert Meier:
Wenn ich über den Schnee / deines Schlafs hinwandle,
[...] fall ich in dich / und singe mitten in dir.
(Siebengestirn, 1956, S. 20)

---

1 Der Text ist 1953 im St. Galler Eirene-Verlag erschienen (darin S. 33), mit einer Umschlagzeichnung von Jost Hochuli; letztere hier S. 148 abgebildet. – Die im Aufsatz erwähnten Veröffentlichungen sind am Schluss (S. 156f.) bibliographiert.

2 Dass ausgerechnet an sie erinnert wird, ist auch damit zu verfechten, dass von ihnen – allen dreien – ein Gedichtoeuvre vorliegt, von Herbert Meier sogar eine Ausgabe *Gesammelte Gedichte* aus dem Jahr 2003 (Freiburg: Johannes).

Erica Maria Dürrenberger:
> *Da […] sah [ich dich] zum ersten Mal. Du sassest*
> *an der Orgel. Deinen Händen / entblühte eine Fuge.*
> *(Silberbecher, 1957, S. 16)*

Armin Sigrist:
> *Leben: […] besetzen / Feld um Feld des Spiels. […]*
> *Auch die dürstenden Lippen netzen, / küssen vielleicht.*
> *(Wolke im Flug, 1956, S. 48)*

Hie Gras – hie Schlote. Arnet

Edwin Arnet (1901–1962) wird, falls nicht vergessen oder verstoßen, als Zürcher Novellist und Erzähler im literaturhistorischen Gedächtnis des 21. Jahrhunderts verbleiben. Sonst wenigstens im Archiv der *Neuen Zürcher Zeitung*, deren Mitarbeiter, später Redaktor er zwischen 1920 und 1960 war. Bei Tschudy in St. Gallen hat ‚At‘ (sein Kürzel als Journalist) zwischen 1942 und 1961 vorwiegend Erzählprosa veröffentlicht. Traugott Vogel hat ihn die *Bogen*-Hefte 10 (1953) und 56 (1957) schreiben lassen; die frühe Sammlung *Lyrische Gedichte* ist im Werkverzeichnis von 1962 unterdrückt; eine exemplarische Veröffentlichung Arnets dürfte jedoch das schmale Büchlein *Ömpoät* von 1954 sein: zwölf Textseiten, meisterlich illustriert von Hanny Fries, das Porträt eines Bauern im französischen Jura zunächst der Schweizer Grenze, der während Zweitweltkriegs-Jahren von drei deutschen Soldaten exekutiert wird, weil eine Verständigung misslingt.

In seiner Lyrik hat Arnet das Lob unstürmischer Zeitläufte gesungen. ‚Gesungen‘, nicht gesagt. In Versen von schönstem Melos. Er hat die Ruhe gerühmt, welche Kind und Gras gleichermaßen nötig hätten, um reden zu lernen und zu reifen; hat die Kerze gepriesen, welche „auf dem Masermeer des Tischs" friedlich „wie das Licht von Hirtenfeuern brennen" dürfe; hat den Trott „heimwärts" des Hundes, den Zug „heimwärts" des Baches gelobt. – Aber Arnet hat auch auf die Schlote der Industrien am Rand von Großagglomerationen geschmäht; hat Asphalt und Beton verdammt und die „Bürotempel" in Stadtzentren verrufen. „Ach, die Stadt ist ein Dschungel"; zwar sei sie auch ein Geheimnis, aber sowohl es als überhaupt sie mache einen naturverwurzelten Mann schwermütig.

Am drastischsten zürnt Arnet – immer in seinen *Gedichten des Tagebuchs* von 1957 – den Wortverfremdern: den Zeitungsmacher-Brigaden, weil sie mittels Dolchstoßsätzen und wegen ihrer Meinungseitelkeiten die Redlichen unter den Zeitgenossen verstörten.

In herzlicher Verbundenheit. Neujahr 1960

Dem im Jahr 1960 bereits kränkelnden Schriftsteller-Kollegen Edwin Arnet hat Hans Rudolf Hilty das Exemplar 125 seiner *Borgis*-Mappe gewidmet. Als Neujahrsgabe. *Daß die Erde uns leicht sei.* Ein bibliophil gemachtes Heft (25x33cm) mit der bis Sommer '59 unveröffentlichten „Lyrischen Suite" nebst Zeichnungen von Esther Leist-Stein. ‚Liebe' darin und ‚Zorn'?

Das Gedicht „Idyll" legt in den Keller eines besonderen Hauses (auf dessen „Dachzinne" ein Alter regelmäßig Fernseh-Antennen gießt) „die kleine halsstarrige Antigone"; legt das Mädchen „eingeschneit" unter „Zwiebelhäuten, / die abblätterten von erfrorenen Herzen". Was in den rund 25 Zeilen mit mehrmals dem Refrain „vive la rose" bzw. „vive le lilas" Requiem auf eine Bekannte sei, was Lektüre-Spiegelung (Jean Anouilhs Antigonestoff-Bearbeitung), was schließlich Imagination einer wirklichkeitsübersteigenden Szene (der ‚finto giardiniero' mit seiner „nicht ohne Rührung" geübten Aktion), dies alles wird hier in meinem Aufsatz zu St. Galler liebeseliger bzw. zornentbrannter „Literatur und Buchkultur" offen bleiben dürfen. Im voraufgehenden Text, dem ersten der „Suite", war vokativisch „Schwester" vorgekommen, im anzitierten Gedicht „Idyll" fällt aus glücklicheren Antigone-Zeiten der Adhortativ „Komm lieber Bruder"; ein anderer Text der Suite im edlen *Borgis*-Heft (die Buchausgabe 1969 bei Kandelaber, Bern, erweitert um zwei Texte auf eine Abteilung zu neun Texten) widmet sich der Lektüre von Gedichten Ingeborg Bachmanns, ein weiterer der Tanzkunst und dem Grabspruch Anna Pawlowas, der zweitletzte notiert Ratschläge – dringlich, in Merkblattform – an Weltraumfahrer. Und hinter allen Texten schwelt, in der Wiederholung schwillt der ergreifende Wunsch, die Erde möchte uns leicht sein – der Hingang, die Landnahme, „der letzte Grand pas de deux": leicht. Sogar „unsre Mütter" möchten uns leicht werden.

Darf man an dieser Stelle fundieren, warum ein Aufsatz mit Hauptaugenmerk auf Hans Rudolf Hilty (1925–1994) mit flüchtigem, nicht lieblosem Blick auf Edwin Arnet begonnen sei? Beide Verfasser begreifen ihre Lyrik der fünfziger Jahre nicht als die eminente Aussage ihres Schaffens, sondern als Nebenarbeit. Bei Arnet rückt das in den Titel der Sammlung; bei Hilty lässt sich in den ausgreifenden „Nachbemerkungen" zum Band von 1969, *Zu erfahren*, erstens der Hinweis auf den vorrangigen *Parzival*-Roman finden (München 1962), zweitens die Selbsteinschätzung, es handle sich bei der Lyrik der mittfünfziger/sechziger Jahre „in einem präzisen Sinn" um „Tagebuch-Texte" (*Zu erfahren*, S. 69). Hiltys sechs informationsstrotzenden Kommentarseiten strengen sich buchstäblich an, die Bezüge seiner Texte – die Herkünfte des Stoffs oder Zielpunkte der Lyrisierung – vor Lesers Auge zu stellen. Es resultiert dabei Lesers Innewerdung einer exorbitanten Auslegeordnung von Lektüren und Erfahrungen (oder umgekehrt).

Überschwänglich poetisch?

Hans Rudolf Hilty ist beim Notieren der „Lyrischen Suite" rund vierzig Jahre alt. In der Sammlung *Zu erfahren* datiert er Lyrik zwar noch auf 1953ff., aber nicht weiter zurück. Ich folgere, Hilty habe Früheres wie die Gedichte von *Nachtgesang* (1948 bei Tschudy) nicht wieder vorlegen wollen. In der *Eingebrannt*-Sammlung von 1956 nicht, im erwähnten Band von 1969 nicht. Aus den Jahren zwischen dem Erstling und der *Eingebrannt*-Sammlung (auch sie bei Tschudy) stammt *Der kleine*

Totentanz, herausgegeben im St. Galler Eirene-Verlag. Dem „Spiel in sieben Bildern" (Untertitel), übrigens mit Umschlagzeichnung von Jost Hochuli, sind Bemerkungen zur Technik einer Aufführung angefügt – im Ton von Ratschlägen, und zwar des Verfassers – und es ist die Uraufführung im Stadttheater St. Gallen erwähnt: Oktober 1953.

Titelblatt-Zeichnung von Jost Hochuli, gefertigt als zwanzigjähriger Rekrut in der Kaserne St. Gallen eine Stunde vor der Tagwache
(St. Gallen: Eirene-Verlag [M. Pfändler], 1953)

Hilty hat, 35 Jahre später, zum Spiel Distanz nicht nur gehabt, sondern ausdrücklich ‚genommen': „es ist mir heute fremd" (Privatbrief vom 12. Juli 1988). Einige „besonders überschwängliche Poetismen" habe er denn auch bald „gestrichen oder zurückgenommen" (ebd.). Beiläufig hat Hilty mich Briefempfänger darauf hingewiesen, dass er mit der ‚Thematik des Totentanzes' zuletzt, d. h. vor 1984, im Band *Zuspitzungen* befasst gewesen sei.

Der Hinweis betrifft einen – in der eben erwähnten Zusammenstellung von „Klartexten"[3] erstveröffentlichten – Aufsatz, welcher Niklaus Manuels *Totentanz* beizieht, Niklaus Meienberg zurechtweist und Werner Weber rehabilitiert; Hauptgegenstand des Essays ist Walter Matthias Diggelmanns *Tagebuch einer Krankheit* (Haupttitel „Schatten") – und dessen Sterben.

Jüngling – Tod – junge Frau

Mit dem *Kleinen Totentanz* versteht sich Hans Rudolf Hilty in der Überlieferung ‚lyrischer Dramatik' (Stillage Hugo von Hofmannsthals) und älterer Streitgespräche (Stillage des Johannes von Saaz alias von Tepl). Hiltys Gestalten weichen vom geläufigen Figural der Totentanz-Matrix minim ab: neben die erwartbaren „Gestalten" ist ein Baumeister gesetzt, eine Schauspielerin eingeführt. Mit Jüngling, Soldat, Mädchen, Dichter und je ihrer Konfrontation mit dem Tod haben wir gerechnet. Wer sich allerdings des *Tor-und-Tod*-Spiels von Hofmannsthal entsinnt, ist gefasst auf eine ruhige Folge schwerblütiger Szenen. Eher Liebe als Zorn, dazu Melancholie, Verlustgefühle, Gewissensqual, Vergeblichkeitsbewusstsein. Das ist bei Hilty streckenweis ähnlich, passagenweis anders: das Mädchen im sechsten Bild ist jung, Krankenschwester, imstand, Geige zu spielen, neigt zum Schwärmen und zeigt sich wehmütig berührbar im Innewerden von Erinnerungsbildern. Dass am Ende der Szene sie des Todes Opfer wird, ist die seit je erschütternde Botschaft des makabren Reigens: schönste Blüte des Daseins (denken, dichten und sagen wir ‚Männer') als Beute des „grausen schwarzen [Knochen]mannes" (S. 30).

Zwischen den beiden Hauptfiguren des sechsten Bildes wächst das Gefühl ins Große. In die poetisch-schwindlige Höhe der Lebensopferbereitschaft. Ja, „gerne sterb ich", sagt das Mädchen (an Jünglings Brust geschmiegt), damit „du leben kannst".

> *Ich lieb dich mehr, als ich mein Leben lieb.*

Der Jüngling darauf:

> *Nein, Liebste, nein. Mit dir nur leb ich gern,*
> *Du bist mein Leben, meines Lebens Leben. (S. 30)*

So weit ‚die Liebe' in Hiltys Spiel – sie hat zum Aufsprießen anderthalb Seiten gebraucht. Tritt der Tod dazwischen und lacht die Beteuerungen schrecklich aus dem Mädchenzimmer, so schlägt das Weiche/Weichliche, das Zarte/Zärtliche um ins Harsche. In Schelte, Zornausbruch, Fluch! Der Störenfried muss sich „Unflat" heißen lassen, „seelenloser Dunkelmann"; und muss sich indirekt vorwerfen lassen, unempfindlicher Buchhalter zu sein, weil er seine Opfer zähle. Wörtlich: „Denn peinlich, peinlich muß die Rechnung stimmen." (S. 31, übrigens auch schon S. 10)

---

3   So titelt Urs Herzog im Nachwort des Bandes *Zuspitzungen*, S. 262.

Es geht nicht an, dass er Jüngling *und* junge Frau hole, sondern, wie's pro Tagewerk halt höherer Ratschluss ist, eines *oder* das andere.

Im Spiel, soweit es die hier nicht beobachteten „Gestalten" betrifft, sind Bedingungen, welche wir in Makaber-Texten erwarten, umgekehrt: wo es sonst um ‚lebensfreudige' Todesbeute geht, die dem Knochenmann Widerstand – rhetorisch oder leibhaft – leistet, geht es in Hiltys *Kleinem Totentanz* um ‚Lebensmüde', die beim Erscheinen der Todesfiguration nicht geschockt sind und das Weggeholtwerden nicht abwehren. Wenn also der daseinsüberdrüssige Jüngling – das Spiel lang – für den Tod eine Tauschbeute sucht, so missrät dies insofern, als weder der Baumeister noch die Schauspielerin noch der Soldat noch der Dichter aufs Sterben verzichtet! „Alle haben sie Lebensmomente erreicht, wo das Totsein Schlußpunkt, Erlösung, auch Steigerung [der Existenz, ja] Kulmination bedeutet, und sie nehmen, erstaunlicherweise, die Nachricht vom anstehenden Tod – die Botschaft des Sterbenmüssens – an."[4]

Ha ha, du selbstgewisser Weltschmerzjünger!

Noch andernorts im Spiel stehen wir einiger ‚Heftigkeit' der Gefühle – und gewisser Disput-Passagen – gegenüber. Der sterbensmüde, der moribund-todeslustige Jüngling, dem aller Halt abhanden gekommen ist, seit er einen Freund verloren hat, und dem fast jede Energie fehlt; dieser junge Mann, dem bis in die Mitte des sechsten Bildes „der Schlüssel fehlt / zum Leben" (S. 14); dieser „Weltschmerzjünger", dem das Dasein fremd geworden, das Fortleben eine Last ist, zieht, ja saugt den Tod folgendermaßen herbei:

> *Tod! Tod! Tod! Hör mich rufen! Tod! Tod! Tod!*
> *Ich bin zum Tanze mit dir wegefertig.*
> *Zu mir, zu mir komm, Tod! Ich folg dir gern.*
> *Tod! Tod! Ich folg dir willig. Tod – Tod – Tod –*
> (S. 9)

Im Verlauf von knapp dreißig Seiten zeigt Hilty dreierlei Sinneswandel: die Todessehnsucht weicht einem Genusstrieb; sobald dem Jüngling die junge Frau nahetritt, kommt ihm das Dasein – nach fünf Anläufen zum Exitus – lebenswert vor; der anfänglich verhasste ‚junge Tag' ist ein Versprechen geworden – scheint ihm „heimatlich" (S. 34). Der beneidete Freund, dem das Sterben mühlos gelungen ist, wird zum beklagten Freund; „so früh, so allzu früh geschieden" (S. 33). Und die ‚Alten', die „den Tod gebildet" (Lessing), jedenfalls ‚der alte Meister', vor dessen Bildwerk der Jüngling am Anfang und am Schluss des Spiels verhält, haben sich bzw. hat sich nicht geirrt: kein Befreier führt „heimwärts" ins Selig-Heitre (S. 8), sondern ein „Knochenklappermann" (ebd.) zwingt zum Abgang, „furchterregend", ein „Feind alles holden Lebens" (S. 33).

---

4   Stöckli, Rainer: *Zeitlos tanzt der Tod. Das Fortleben, Fortschreiben, Fortzeichnen der Totentanztradition im 20. Jahrhundert.* Konstanz: Universitätsverlag, 1996, S. 134.

Bei Tschudy, bei Pfändler, bei der *Volksstimme*

Mit dem Verlag von Henry Tschudy, mit dem Eirene-Verlag, mit der Buchdruckerei Volksstimme sind drei St. Galler Druckhäuser genannt, die (selbstverständlich?) nicht bloß Schöne Literatur produziert haben, ohne die aber – zwischen Zweitem Weltkrieg und 1960 – St. Gallen zwar ‚Buchstadt‘, nämlich Buch‚bewahr‘stadt heißen dürfte, nimmermehr jedoch Buchverlegerstadt. Dass die genannten Häuser einander nicht ebenbürtig gewesen seien, ist hier belanglos. Beim Produzenten einer Tageszeitung, der *Volksstimme*, haben meines Wissens ‚Gaben‘ zum Jahreswechsel im Vordergrund gestanden, über Jahre hin Prosa von Karl Schölly, aber auch etwa die Auswahl *Woher ich kam, wohin ich ging* von Albert Ehrismann (um 1959). Marcel Pfändlers Eirene-Verlag, nach Dominik Jost zwischen 1950 bis 1956 bestehend, brachte (unter Pseudonym) Eigenes und, wie inzwischen notiert, den *Kleinen Totentanz* des Freundes aus dem sog. ‚Notker-Kreis‘, übrigens auch *Gedichte* (1954), dann *Lieder* (1955), schließlich die *Tobias Klein*-Prosa (1957) von Hermann Kopf. – Für mehrere der Genannten, auch zum Beispiel für Richard B. Matzig, Siegfried Einstein, Eduard H. Steenken, Eduard Stäuble, war ein vierter, stadtnah tätiger Verleger wichtig: die Offizin Franz Vetter – der Pflugverlag Thal (SG) – seine Reihe „Bücher der Ernte“.

‚Brennende‘ oder ‚zürnende‘ Zeitgenossen Hiltys

Wir folgen dem Programm des Pflugverlags nicht und auch nicht dem Wegzug des Eirene-Verlegers nach Zürich, so wenig wie Marcel Pfändlers Publikationen unter drittem Pseudonym; wir stellen uns weiter der Frage nach dem ‚Brennen‘ und ‚Zürnen‘ in der Lyrik zwischen 1950 und 1960 – und haben uns zu verbeugen vor Henry Tschudys Leistung, Einverständnis oder Gewährung. Das *Hausbuch* von 1958, von Traugott Vogel betreut, verzeichnet zwischen 1930 und dem Erscheinungsjahr – oder anders markiert: zwischen einerseits den beiden ‚frühen‘ *St. Gallischen Jahrbüchern* (1928; 1929/30; ein späteres ist 1942 erschienen), andererseits den letzten Heften der verdienstvollen *Bogen*-Reihe Traugott Vogels – belletristische Veröffentlichungen sonder Zahl.

Wer waren Hiltys ‚entbrannte‘ oder ‚zornige‘ Gefährten? Wer schrieb hierzulande mit / neben ihm, schrieb für / gegen ihn Lyrik – und soll jetzt, fünfzig Jahre später, nicht einzig aus Mitleid aufs Tapet? Butz/Mägerle/Riklin/Sonderegger/ Überschlags *Bäuchlings*-Anthologie verzeichnet wohl im Großen und Ganzen die St. Galler und St. Gallerinnen; aber in Tschudys Verlag sind innerhalb der markierten Zeitspanne auch Max Allenspach (VP: Verlagsprodukt) und Hans Boesch (BR: *Bogen*-Reihe) aufgetreten, Heinz Helmerking (VP) und Hanneliese Hinderberger (VP), Fritz Senft (BR) und Charles Tschopp (BR), Erika Burkart (BR) und Manfred Gsteiger (VP), Manfred Sturmann (BR) und Adrien Turel (BR), Hermann Hiltbrunner (BR), Cécile Lauber (VP), Elfriede Huber-Abrahamowicz (BR). Nebst beispielsweise Jürg Schubiger, Jörg Steiner, Heinz Weder als Prosaisten. Alle Nennungen stets ‚unter anderen‘. Selbstverständlich wurde bei Tschudy auch privatgedruckt, etwa für die „Vereinigung Oltner Bücherfreunde" (u. a. Hans Rudolf Hiltys *Indisch-rotes Heft* und Werner Zemps *Hochtal*, 1954 bzw. 1956).

Wer sonst – nochmals gefragt – waren Hiltys falls nicht Gefährten, so doch schriftstellende Zeitgenossen? Lauber und Zemp sind erwähnt, an Hans Boeschs Frühwerk soll unten nochmals gemahnt werden, Charles Tschopps biedermeier-zärtliche Reime „Kleine Geburt" und mildzornige Reime „Erdbeben" darf man hintanstellen. Maria Lutz-Gantenbein jedoch, deren frühe vier Bändchen bei Huber in Frauenfeld erschienen sind (1944–1957), erinnere ich uns gerne. Das ‚Entbranntsein' ist im Gedichtpaar „Die Liebende / Der Liebende" leidenschaftlich artikuliert; bis wir hingegen die zürnende, die ‚jäh zornige' (!) Lyrikerin lesen, vergehen Jahre. Im *Sommer ohne Glut*, nach einem herzbewegenden Motto („Erbarmungslos / aus dem Kruge / tropft Tod"), ein grandios-klagendes Requiem (der Gatte, der Appenzeller Buchhändler Friederich Lutz, ist 1955 gestorben). Bis aber der Tourismus sein Fett, die Literaturvermarktung ihres und der Verkehr wiederum sein Fett abbekommen, will's noch zwanzig Jahre dauern. 1978 in *Mond und Spinne* wird Schelte laut und Fragen fechten an:

> *Die heutigen / Wohlstandswänste*
> *schwelgen / in komfortabelsten Fress-*
> *Paradiesen. (S. 55)*

Und in der gleichen „Bestandesaufnahme 1971" über „Kilometer-Fresser":

> *Blind / rasen sie*
> *heute / durch jedes Gelände [...]*
> *Sie sehen / und hören*
> *nichts / ausser / Vehikeln*
> *im mörderischen Motorengeheul. (ebd.)*

Hier also Urteile, Verurteilungen. Anderswo Fragen, und zwar einer Frau und Autorin, die in Kamerun geboren ist, ein Fachlehrerinpatent für Englisch, Französisch und Deutsch erworben hat und als ‚weitgereist' gelten darf. 1957 hat sie eine Anerkennungsgabe der Stadt St. Gallen erhalten. Fünfzehn Jahre darauf stellt sie fest, dass „die Heimkehrer / aus Vietnam" den Frühling nicht wiedererkennen, und sie schürt die lesende Gesellschaft von 1973 mit Fragen wie:

> *Warum / trägt der Jude*
> *noch immer den Stern?*
> *Wer weiss,*
> *wie verletzbar / der Hase war,*
> *den wir auf Ostern geschlachtet?*
> *(„Mai 73", S. 45)*

Lutz-Gantenbeins späte Liebeslyrik und ihre drei zornigsten Gedichtbücher bringt dann in raschester Folge der Zürcher *pendo-verlag* heraus: 1980ff. vier Titel. 1986 stirbt die Lyrikerin, 1996 gedenken ihrer die Tochter Regina Maria Lutz, der Herausgeber Thomas Dütsch und das Pendo-Verlagspaar Bernhard Moosbrugger und Gladys Weigner mit einem Gedichte-Querschnitt 1938–1986, *Mohnblut*.

Pan, Kran, Oleander – der junge Boesch

Im Blick auf Hans Boesch (1926–2003) kommen einem die Biographie streckenweis und Hiltys literarisches Frühwerk überhaupt gespiegelt vor. Boesch hat im Dezember 1971 – Jahre nach Schöllys und Ehrismanns ‚Gaben' zum Jahreswechsel und immer noch in Zusammenarbeit mit dem unermüdlichen Illustrator Albert Saner – zwei Erzählungen veröffentlicht: hergestellt und offeriert jetzt durch die ‚Druckerei am Spisertor'. Boesch hat vier Jahre vor Hilty eine *Borgis*-Mappe fertigen lassen (*Pan*, Textauswahl besorgt durch Max Bolliger, Sins 1955). Boesch hat von Anfang an und bis mindestens 1960 zu Hiltys *Hortulus* beigetragen. Und Boesch hat mit Heft 20 der *Bogen*-Reihe den melancholisch grundierten, poetisch-samtenen Zyklus *Oleander* veröffentlicht (1951) – seine erste Publikation, sieht man von zwei einsam erschienenen Gedichten ab. Vogel, Herausgeber des Hefts, verdeutlicht in den Nachsätzen, es handele sich beim Skriptum um ein Geschenk an die Braut des Lyrikers, Mathilde Kerler, aufs Hochzeitsfest (Juli 1950) hin. Konkret: „als Danklied eines Geretteten", denn Boesch war 1949 zum wiederholten Mal an Typhus/Tuberkulose erkrankt, was neuerdings Spital- und Sanatoriumsaufenthalte nötig gemacht hatte.

In der Mappe *Pan* und im Heft *Oleander*, naturgemäß, viel Malerisches; Natur antwortet einem Liebhaber, der dem alttestamentlichen *Hohen Lied* entstammen könnte, und der wiederum bettet in seine Wahrnehmung der Natur die Evokation eines Du. Im *Bogen*-Heft aufersteht freilich auch – Boesch ist da fünfundzwanzig – die Figur des ‚Mephisto', dem lyrischen Ich verwandt und doch antipodisch, jedenfalls einer, dem sarkastisches Lachen liegt und der allzeit auf Distanz zu gehen vermag, weil ihn weder ‚caritas' noch ‚pietas' bewegt.

> *Du lachst an Pfingsten,*
> *wenn die hundert weißen Böcklein*
> *tot, erschlagen, / reihenweise blutig*
> *über Trog und Fleischbank hangen,*
> *[...] lachst, / und streichelst*
> *deine roten Lenden. (Text V)*

Endlich die ‚Zürner'

Zwischen Lutz-Gantenbeins Hasen vor dem Osterfest und Boeschs Zicklein vor dem Pfingstfest verschwinden 22 Jahre! Für den Zorn aber zwischen 1945 und 1960 wenden wir uns – nein, nicht weiteren *Borgis*-Mappen zu (jener von Arthur Häny, noch einem Lyriker bei Tschudy; jener von Erika Burkart, noch einer Lyrikerin bei Tschudy; jener von Urs Oberlin, dessen Frühlyrik 1951 bei Origo, Späteres in Deutschland erschienen ist; jener von Walter Gross, der an einem Gedichtzyklus „Die Taube" gearbeitet hat, während Boesch an seinem Gedichtzyklus „Die Eule"

schrieb). Wenden uns vielmehr Erwin Jaeckle zu, der Mitte der fünfziger Jahre
‚Liebe' vorwiegend in lyrischen Texten „für eine weibliche und eine männliche
Stimme" verdichtet, ‚Zorn' hingegen – allzeit elegant – formuliert, etwa wenn er den
„Tod in den Gazetten" bespricht (im Atlantis-Band von 1956, S. 23–27) oder wenn
er im *Quadrat-Buch 33* „nachrichten aus dem hotel Demut" addiert:

> *da soll einer sonette schreiben [...]*
> *lächerlich von oase zu reden*
> *das quillt aus den fugen*
>   *ist anderer art*
>   *von heißem quarz*
>   *und messerscharf*
>   *schlitzt auf / geht um //*
>   *ein steuerrad*
>   *rasend / und ohne ruder //*
> *man kann das fleisch hamstern*
> *mit blut seine seele meißeln //*
> *und dieser torso*
>   *sonette?* (Nachricht 55)

‚Zorn' und seine Geschwister? Es hat in der ‚Hilty-Zeit', die wir beobachten (ohne
unter die Lupe zu nehmen, wer alles in der Deutschschweiz gerade in diesen
fünfzehn Jahren Lyrik öffentlichgemacht hat), etwa auch Gertrud Wilker zu publizieren begonnen: eine später unbedingt strenge Zeitgenossin und Schriftstellerin. Bis
ihre *Feststellungen für später* erscheinen (Frauenfeld 1981), vergeht allerdings viel
Zeit; Hilty zieht derweil nach Zürich, reist in Algerien und Rumänien, bereitet
schließlich den Wohnortwechsel nach Jona (bei Rapperswil) vor. Wilker hat in
Vogels *Bogen*-Reihe das Heft 64 bekommen: Platz für die zwei Erzählungen „Der
Drachen" und „Ein Gespräch". Wilkers Drohung an „Jemand" – an jedermann, der
die Zeitläufte verschläft, vernebelt, übersäuft, verschnarcht – kommt also erst 1981
zum Vorschein: zu einer Zeit, wo Niklaus Meienberg schon ‚in seinem Element' ist
und erstmalig „Poesie" veröffentlicht, gemäß Untertitel: aus den Jahren 1966–1981.
Glücklicherweise, sagt Wilker (und wir Nachfahren bzw. Nachleser dürften Meien-
berg miteinbeziehen), hätten die Schreiber Wörter; als die „ihnen fast / schon den
Mund verbrannten", hätten sie (die Schreiber) sie (die Wörter) geholt und je uns
Jemands befohlen: „faß!"

> *Ihre [der Wörter] Hitze macht*
> *Brandblasen, es / wird aufflammen*
> *lichterloh, / ach / wie hell*
> *ein zündendes Wort brennt!* (S. 18)

‚Aufbegehren' auch bei Adrian Wolfgang Martin im Privatdruck von 1955 (bei
Tschudy): Das vierte Gedicht von neun ist gerichtet „an einen Holzfäller" („Was
fällst du die Bäume? / Einer wird dich erschlagen"); die starke Prophezeiung und die

Einschüchterung, es folge dem Tun Strafe auf dem Fuß, sind freilich aufgehoben in der Berufung einer dunklen Frau / dunklen Mutter, die dort wohne, wo das Unheilige geschehe.

   ‚Angriff' und ‚Hohn' führen 1956/55/54 das Wort in Walter Gort Bischofs kühn gegen die Zeitachse geordnetem, nämlich jahrrückwärts und monatrückwärts eingerichtetem Band *Die ungleichen Jahre* (Artemis 1958); wieder und wieder würzt, pfeffert, ätzt Kapuzinerpredigt die Welt- und die Menschheitsgeschichte, hinterfragt Treiben und Getriebensein, entwirft wort- und bildmächtig Visionen des Untergangs.

> *Wir kommen Alle um im großen Staub.*
> *Des Sands ist viel, und Feuer in den Wüsten*
> *und Winde, die zu Salz ihn mählich malmen [...] (S. 12)*

‚Heftigkeit' ferner kommt zum Vorschein bei Urs Martin Strub, der 1946 noch einen erstaunlich bauernwirklichkeits- und bauernsprachnahen Zyklus „Dörfliche Welt" publiziert hat, 1953 dann aber vor Entwürfe kosmischen Geschehens, ja eigentlich von tellurisch-astraler Dimension (Strub zeigt eine Vorliebe dafür – und hat in Deutschland Gesinnungskollegen) seinen zweistrophigen Text „Der Jüngling" platziert (mit „Die Stimme" zusammen der Eintritt in den Band *Lyrische Texte*):

> *Und er stand und er griff und er spürte,*
> *Das Leben, das Leben war nah,*
> *Und die schlanke, die heiße, geschürte,*
> *Die Flamme, die Flamme war da!*
> *Und er ritt auf dem Schimmel, dem Schimmel,*
> *Der Schimmel hieß Anbeginn,*
> *Und der Himmel, der herrliche Himmel,*
> *Der Himmel war groß um ihn! (S. 10)*

Orakel, aber geerdet

Hans Schumacher, Jahrgang 1910, gleichfalls ein großer und lebenslang ein Homme de lettres, hat fünfzehn Jahre ‚Vorsprung' auf Hans Rudolf Hilty. Schumachers Erstling, druckbogenschmales Büchlein von 24 Seiten Umfang, erschien 1939. Bis 1990 umfasst Egon Wilhelms Verzeichnis der belletristischen und literaturwissenschaftlichen Publikationen Schumachers rund 35 Titel, die Liste der Editionen des ‚Herausgebers Schumacher' hat ähnlichen Umfang. – Dieses Autors Lyrik wirkt bis und mit dem Band *Nachtkurs* (Zürich: Artemis, 1971) nobel und realitätsnah. Wenn Texte unter unserem derzeitigen Engblick ‚Wo zürnt er?' ins Auge stechen, dann sind es „Das Gras", davor „Der verkritzelte Himmel" im Band von 1959, *Meridiane*. Das ersterwähnte Gedicht behauptet sich zwischen Walter Gort Bischofs hochlyrisch-pathetischen, oben angeführten apokalyptischen Versen, andererseits Erich Frieds nachmaligen, zierlos-lakonischen Dikta. Schumacher stellt her, was ich einen Orakelton heißen möchte. „Nur Gras wird sein. / Später, / sehr viel später, /

dereinst nach der Zeit Null. / Unmähbare Halme / vor streifigem Himmel. / Mehr nicht, / aber genug, / um zu zeugen: / sie verschlackten sie nicht, / sie brachten die Erde nicht um." (S. 24, Dritteltext)

,Vorwurf' nicht ohne Tröstung! Überdauern wird nicht unsere Spezies, sondern „die wogende Wiese" hat Zukunft, wann einmal Mensch und Menschenwerk vom Planeten verschwunden sein sollten. „Kein Hammer" folglich, „kein Amboß" mehr überm Schrott, der rostet; „kein Steigbügel" mehr, der die Mitkreatur zum ,Reittier' macht; und „kein erregtes Pick-up", das weiter seinen Dienst tut! Mit so evoziertem Bestandteil des Grammophons alias Plattenspielers, mit dem – englischsprachigen – Namen für Tonkopf oder Tonabnehmer, erreichen wir die technischen Gegebenheiten und ihre Nomenklatur zur Schreibzeit Schumachers. Hilty hätte das auch vermocht: sowohl aufzumerken angesichts unserer instrumentellen Aufrüstung (,Fortschritt' genannt) als auch lyrisch zu nutzen das Vokabular, das dazu gehörte.

Die Rückerinnerung ans Sonder-Vokabular Urs Martin Strubs soll das definitiv ins Licht stellen: der erwähnte Gedichtzyklus „Dörfliche Welt" verwendet über acht Texte hin *Pferch*, *Zwilch*, die *Schneide* (für Sense), *Euter*, *Mist*, *Genäck*, *Gesind*, *der Gischt*, die *Brente*, *Storzen*, *Runkel*, *Gaden*, *warmer Schnauf*, *vespern*, *Geschell*, *Rauchfang*, *Säue*, *Trog*, *Holzschuh*... Josef Weinhebers, falls wir uns erinnern, ländliches, bauernjährliches Lexikon. – Schumacher bezieht in sein Gedicht vom „verkritzelten Himmel" – mit Anspielung auf Kurz-/Mittel-/Lang- und UKW-Sender und auf Kondensstreifen – *Flugzeuge*, *Radiowellen*, *Drähte*, *die Planimetrie* (der Gestirne), *gerastert*, das *Gitter der Technik*, das *Reißbrett* und endlich Rundfunk-*Sendungen* ein. Und braust nicht auf: zum Alten und Vertrauten solle (!) das Neue; es gebe Gründe für Zuversicht, „der Mensch haust sich ein"; „Wärme des Wohnens" sei zu gewinnen trotz dem „Blech des Verkehrs" und der Wahrnehmung „des Verschleißes" (S. 8/9). Wenn das nicht den Anschluss der Dichter an sogar unsere 2009er Tage des Zorns und Tage der Zähren, Tage freilich auch des Liebhabens (Meienberg: „des Liebäugelns") und der poetischen Rede darüber bedeutet!

Im November 2008. Elektronisch erfasst durch Agnes Affolter-Stöckli, Oberbüren (SG).

Verzeichnis der zitierten literarischen Werke

Edwin Arnet: Gedichte des Tagebuchs. St. Gallen: Tschudy, 1957 (= Der Bogen Heft 56)

   Ders.: Ömpoät. Illustriert von Hanny Fries. Zürich: Alpha-Presse, 1954

Walter Gort Bischof: Die ungleichen Jahre. Zürich: Artemis, 1958

   Ders.: Sieben blaue Sommer. Zürich: Fretz & Wasmuth, 1952

Hans Boesch: Im Kran. St. Gallen: Druckerei am Spisertor, 1971

   Ders.: Oleander. Der Jüngling. St. Gallen: Tschudy, 1951 (= Der Bogen Heft 20)

   Ders.: Pan. Vier unveröffentlichte Gedichte. Sins: Borgis 1955 (= Mappe 2)

Walter Matthias Diggelmann: Schatten. Tagebuch einer Krankheit. Zürich:
    Benziger, 1979
Erica Maria Dürrenberger: Der Silberbecher. Liestal: Lüdin, 1957
Albert Ehrismann: Woher ich kam, wohin ich ging. [Mit] Vignetten von Albert
    Saner. St. Gallen: Volksstimme, zirka 1959
Walter Gross: Botschaften noch im Staub. Hamburg: Ellermann, 1957
Hans Rudolf Hilty: Dass die Erde uns leicht sei. Sins: Borgis, 1959 (= Mappe 5)
    Ders.: Der kleine Totentanz. St. Gallen: Eirene, 1953
    Ders.: Eingebrannt in den Schnee. St. Gallen: Tschudy, 1956
    Ders.: Nachtgesang. St. Gallen: Tschudy, 1948
    Ders.: Zu erfahren. Bern: Kandelaber, 1969
    Ders.: Zuspitzungen. Zürich: Limmat, 1984
Erwin Jaeckle: Gedichte aus allen Winden. Zürich: Atlantis, 1956
    Ders.: Glück im Glas. Zürich: Atlantis, 1957
    Ders.: im gitter der stunden. nachrichten aus dem hotel Demut. St. Gallen:
    Tschudy, 1963 (= quadrat-bücher band 36)
Hermann Kopf: gedichte. [Mit] federzeichnungen von jost hochuli. st. gallen:
    eirene, 1954
    Ders.: Lieder aus grauen Gärten. St. Gallen: Eirene, 1955
    Ders.: Tobias Klein. Küsnacht: Eirene, 1957
Maria Lutz-Gantenbein: Mohnblut. Zürich: Pendo, 1996
    Dies.: Mond und Spinne. Zürich: Classen, 1978
    Dies.: Sommer ohne Glut. Frauenfeld: Huber, 1957
Adrian Wolfgang Martin: Neun Gedichte. St. Gallen: Tschudy, 1955
Herbert Meier: Gesammelte Gedichte. Freiburg: Johannes, 2003
    Ders.: Siebengestirn. Zürich: Arche, 1956
Urs Oberlin: Gedichte. Hamburg: Claassen, 1961
    Ders.: Eos. Zürich: Origo, 1951
    Ders.: Zuwürfe. Pfullingen: Neske, 1964
Hans Schumacher: Der Horizont. Zürich: Fretz & Wasmuth, 1950
    Ders.: Meridiane. Zürich: Artemis, 1959
    Ders.: Nachtkurs. Zürich: Artemis, 1971
Armin Sigrist: Wolke im Flug. Zürich: Classen, 1956
Urs Martin Strub: Lyrik. Zürich: Atlantis, 1946
    Ders.: Lyrische Texte. Köln: Kiepenheuer & Witsch, 1953
Traugott Vogel: Hausbuch des Tschudy-Verlags. St. Gallen: Tschudy, 1958
Gertrud Wilker: Der Drachen. Ein Gespräch. (= Zwei Erzählungen). St. Gallen:
    Tschudy, 1959 (= Der Bogen Heft 64)
    Dies.: Feststellungen für später. Frauenfeld: Huber, 1981

„Auf den obersten Rängen meiner Schreibmaschine" – Das Welt- und Schreibtheater des Niklaus Meienberg

Andreas Härter

Niklaus Meienberg, sprach- und bildgewaltiger Akteur im deutschsprachigen, vor allem helvetischen, *theatrum mundi* des letzten Viertels des vergangenen Jahrhunderts, hat die Medienszene der Schweiz nachhaltig geprägt. Dass heute von Meienberg noch die Rede ist, hängt indessen nicht nur mit seiner legendären rhetorischen Wirkkraft und seinem polemisch-poetischen Furor zusammen, sondern auch mit dem Medienwechsel von der Presse zum Buch. Es gehört zur Buchkultur, dass das Buch den Erzeugnissen der Presse höhere kulturelle Würden verleiht, dass also ein journalistischer Autor, wenn er in Buchform publiziert ist, als vollends etabliert gelten kann.[1] Meienberg als politisches Ärgernis, als Sprachereignis, als Zeuge seiner Zeit, insbesondere ihrer journalistischen Kultur, ist – auch praktisch – deshalb noch greifbar, weil er von der Tagespresse in die relative Dauerhaftigkeit des Buches versetzt wurde. Bereits zu Lebzeiten hat der streitbare *scriptor* aus St. Gallen in der Promotionsordnung der Printmedien jene Stufe erreicht, auf der er über den Tag und über seine Zeit hinaus auffindbar und lesbar geblieben ist.[2]

Gerade mit Blick auf den Medienwechsel kann Meienberg zudem als eine der gewichtigen Stimmen der jüngeren Schweizer Literatur gelten, auch wenn er nicht ganz so reibungslos in die Kategorie der Literatur einzuordnen ist wie etwa Peter Bichsel, Otto F. Walter, Adolf Muschg, Peter Weber oder Ruth Schweikert, oder auch Jürg Federspiel und Hugo Loetscher: Der Reportagenschreiber und mehr oder minder zünftige Historiker ist leichter aus der belletristischen Hutweide auszugrenzen als die ‚eigentlichen' Schriftsteller, die nebenher auch in der Tagespresse

---

1 Dieses mediale Legitimationsritual findet sich vor allem bei Vertretern der ‚Königsdisziplin' des Journalismus, der Reportage. Exemplarisch hierfür Egon Erwin Kisch; für die jüngere Gegenwart des Schweizer Journalismus neben Meienberg etwa Al Imfeld, Laure Wyss, Jürg Altwegg. Vgl. Linsmayer, Charles (Hrsg.): Für den Tag schreiben. Journalismus und Literatur im Zeitungsland Schweiz. Eine Anthologie. Zürich: Weltwoche-ABC-Verlag, 1999; darin v.a. die Einleitung von Hugo Loetscher: Literatur und Journalismus, S. 11–23, und der historische Überblick zum Verhältnis von Journalismus und Literatur in der Schweiz von Charles Linsmayer im Nachwort: Phantasie als Disqualifikation? Die schwierige Partnerschaft zwischen Schweizer Literatur und Schweizer Presse zwischen 1899 und heute, S. 275–304.

2 Und seine Lesbarkeit bleibt sichergestellt, etwa in einer neuen Zusammenstellung bedeutender Reportagen: Meienberg, Niklaus: Reportagen 1 / Reportagen 2, ausgew. u. zus.gest. v. Marianne Fehr, Erwin Künzli und Jürg Zimmerli, Zürich: Limmat, 2000; oder auch in der Textauswahl des Tamedia-Verlags: Meienberg, Niklaus: St. Finden – Paris – Oerlikon, Zürich: Tamedia, 2005 (Das Magazin. Schweizer Bibliothek, Bd. 8).

publizieren.[3] Abgrenzungen solcher Art als Kriterium für eine bestimmte Zu-
schreibung und Kategorisierung hat Meienberg mit Argumenten bekämpft und praktisch ignoriert; die Gestaltung und Reflexion des Verhältnisses von Journalismus
und Literatur – und implizit von Zeitung und Buch – gehört theoretisch wie praktisch zum Kernbestand der Meienbergschen Schreibtäterschaft.

   Seine Arbeiten für die Tagespresse haben offenkundig Buchqualitäten, aber was
heißt das? Meienbergs Buchpublikationen weisen – wie das für journalistische Arbeiten vielleicht des öfteren gilt – nicht einfach den Charakter buchwürdiger Sach-
texte auf. Auch wenn sie von ‚Sachen‘ handeln, von den Tatsächlichkeiten der politischen und sozialen Realitäten, entstehen aus ihnen folglich nicht einfach Sachbücher. Handelt es sich um literarische Texte? In welchem Sinn? Wie sind Sprache,
Schreibweise, Textstrategien beschaffen? Wie verändert der Medienwechsel den
Status der Texte? Von solcherlei Erwägungen handelt der vorliegende Beitrag.

Tastensprünge

Im Oktober 1983 publiziert die *Wochenzeitung* unter dem Titel „Tagebuch: Still sitzt
der Concierge der zeichnend träumt“ einen Bericht Meienbergs über einen Spanien-
aufenthalt. Darin ist Folgendes zu lesen:

> *Die Stiere von Pamplona galoppieren mir immer noch durch den Kopf und,*
> *miniaturisiert, über die Tasten der Schreibmaschine. Mit gewaltigen Sätzen*
> *jucken sie von einer Taste über den Abgrund zur nächsten und hinterlassen*
> *auf dem Blatt ihren Stierentext: q-w-e-r-t-z-u-i-o-p-, und hetzen dann zurück*
> *über die ganze obere Buchstabenreihe: p-o-i-u-z-t-r-e-w-q-, dann hinunter*
> *links über a zum y, aber vom y bis in die Freiheit wäre der Sprung zu gross,*
> *aus der Arena kommt man lebendig nicht heraus, auch aus der Schreibarena*
> *nicht, so wenig wie die schönen schwarzen horny hodenschwenkenden*
> *Miaura-Stiere in Pamplona.*
> *[…]*
> *Auf den obersten Rängen meiner Schreibmaschine, wo die periodisch zu-*
> *schlagenden zuckenden Buchstaben liegen, auf den billigen Plätzen der*
> *Arena, bespritzen sich jetzt die Pamplonesen mit Sangria und bestäuben sich*
> *mit Mehl und hexensabbaten sich in ihre Todesliebe hinein, wie ich das in*
> *Pamplona gesehen habe anlässlich der Festlichkeiten von San Fermin in*
> *grauer Vorzeit vor drei Monaten, in der Antike.*[4]

Meienberg inszeniert eine Interferenz der Sphären: des Ereignisses und des Schreibens über dieses. Er berichtet nicht nur von einem Stierkampf, lässt vielmehr das

---

3 Wie das in der jüngst erschienenen *Schweizer Literaturgeschichte* der Fall ist, die ohne Hinweise auf Meienbergs Werk auszukommen glaubt: Rusterholz, Peter / Solbach, Andreas (Hrsg.):
   Schweizer Literaturgeschichte. Stuttgart: Metzler, 2007.

4 Meienberg, Niklaus: Tagebuch: Still sitzt der Concierge der zeichnend träumt. In: Ders.: Der
   wissenschaftliche Spazierstock. Zürich: Limmat, 1985, S. 169.

Bild der Arena auf sein Schreiben hinüberspringen, oder, auf gut Helvetisch, hinüber„jucken", und eröffnet damit eine Aussicht auf dessen Bedingungen und Eigenarten. Zu diesen gehört, dass Meienbergs Schreiben Texte hervorbringt, die allzu einfache Lesarten konsequent in Frage stellen (diese allerdings auch zulassen). In der zitierten Passage scheint eine geradezu pathetische Gleichsetzung von Stierkampf und Schreiben angelegt zu sein, aber bei näherem Zusehen zerfällt die Gleichsetzung und mit ihr das Pathos. Die Vorstellung mächtiger Stiere, die „miniaturisiert" werden, dann aber, in ihrer ganzen Winzigkeit, „mit gewaltigen Sätzen" die Abgründe zwischen Schreibmaschinentasten überspringen, ist unübersehbar ironisch; zudem erweist sich der „Stierentext"[5] in seiner sturen Buchstaben- und Tastenlinearität als blindwütig-sinnloser Sturmlauf: das scheinbare Gegenteil jener scheinbaren „Freiheit", die auf die Stiere wartete, würden sie die Arena mit einem Sprung verlassen können.

Aus dieser tragikomischen Konstellation ergibt sich nicht unmittelbar ein Bild von Meienbergs Schreiben. Wenn Meienberg über „Stierentext" schreibt, schreibt er keinen „Stierentext". Sein Schreiben zeigt sich nicht im Bild der Stierkampfarena, sondern in der Inszenierung von dessen Disparatheit: in dem textdramaturgischen Spiel, vorgeblich eine einfache Aussage über Sachverhalte vorzutragen, dies aber in einer Sprache zu tun, die das Beharren auf schlichter Faktizität unterläuft. Wenn dieses Spiel gelingt, dann entsteht oben, „auf den obersten Rängen meiner Schreibmaschine", jener Rausch der Intensität, der nicht als journalistische bzw. poetologische These aufgestellt, sondern vorgeführt und durch die selbstwidersprüchliche Zeitangabe „in grauer Vorzeit vor drei Monaten, in der Antike" gleich wieder ins Spiel zurückverbracht wird.

In den zitierten Passagen klingen Motive an, die sich bei Meienberg immer wieder finden: Schreiben in der Arena der Öffentlichkeit, Schreiben als Inszenierung eines Kampfes, Männlichkeit, Erotik, Tod und Todessehnsucht. In Meienbergs Textarena werden reale Personen, Institutionen und Verhältnisse zu Figuren in einem medialen Spektakel, einem Schaukampf, den er immer wieder, von Text zu Text, von Neuem beginnt. Es ist ein politischer Kampf, oft auf persönlicher Ebene geführt, aber es ist immer auch ein Spiel, eine Inszenierung des Kampfs, die sich als solche nicht verbirgt. In dieser Doppelung lokalisiert sich die Schreibarbeit Meienbergs zwischen Journalismus und Literatur; natürlich hat der Aufenthalt in dieser Zwischenzone Tradition, für Meienberg deutsche und französische, wobei die deutsche von Lessing über Heine zu Kraus und Tucholsky, Kisch und Kästner und weiter führt.[6]

---

5 „Stierentext" steht in semantischer Nähe zum berndeutschen „Schtieregring" (Stierenkopf), das „Dickschädel" bedeutet.
6 Vgl. Müller Farguell, Roger W.: Literarischer Journalismus. Hugo Loetscher und Niklaus Meienberg. In: Arnold, Heinz Ludwig (Hrsg.): Literatur in der Schweiz. München: Edition Text und Kritik, 1999 (Text und Kritik. Zeitschrift für Literatur IX/1998. Sonderband), S. 157–169, v.a. S. 164–168.

Meienbergs Textinszenierungen verwenden die Konventionen journalistischen Schreibens als bewegliche Elemente in einem Spiel, das sich auch thematisch unkonventionell verhält. Zu Konventionen und Institutionen hatte Meienberg ein ambivalent enges Verhältnis: Ihnen galt zeitlebens ein geradezu anhängliches Misstrauen und eine geradezu diabolische Lust am ‚Aufmischen' der Verhältnisse und Schweigezonen. Diese Ambivalenz der distanzierenden Nähe bestimmt seine Texte, und sie besitzt auch eine medienwirksame Qualität: Sie übersteht den Medienwechsel von der Tagespresse zum Buch nicht nur, sondern begründet und gewährleistet ihn. Jedes Medium operiert mit spezifischen Konventionen der Text- bzw. Gegenstandsproduktion.[7] Wenn ein Text im Zug eines Medienwechsels die Grenze von einem Medium zum anderen überschreitet, wird die Geltung der jeweils spezifischen Konventionen relativiert. Auf der anderen Seite jedoch offenbart ein Text, der erfolgreich Mediengrenzen passiert, selbst Eigenschaften, die eine Konventionsüberschreitung – und damit den Medienwechsel – erst ermöglichen. Texte, die sich von einem Medium in ein anderes versetzen lassen, ohne in ihrer Wirkung neutralisiert zu werden, sind an sich schon konventions- und medienflexibel – d.h. in je spezifischem Maß intermedial – angelegt.[8] Diese Flexibilität gehört zu den text- und medienstrategischen Charakteristika von Meienbergs Schreibweise; sie legitimiert die Buchpublikation und -präsenz seiner Texte.

Ein homme de lettres aus St. Gallen

Niklaus Meienberg ist 1940 im Stadtquartier St. Fiden geboren und dort aufgewachsen, und er ist immer wieder nach St. Gallen zurückgekehrt, 1990 zur Verleihung des Kulturpreises der Stadt St. Gallen, ansonsten weniger aus Lokalverbundenheit denn aus familiären Gründen.[9] Meienberg war zunächst Frankreich-Korrespondent für die *Weltwoche*, später für kurze Zeit Pariser Korrespondent für den *Stern*, aber insgesamt war er ein Schweizer Journalist, der mit schweizerischen Themen und helvetisch disponierter Sprache das schweizerische Publikum gesucht hat. Dieses hat ihm sein kritisches, provokatives Engagement gedankt oder auch sehr übel genommen. 15 Jahre Publikationsverbot beim ansonsten liberalen *Tages-Anzeiger*[10] zeugen von der zwiespältigen Stellung des St. Galler Einzelkämpfers,

---

 7 Das ist spätestens seit McLuhans medientheoretischen Analysen ersichtlich; siehe v.a. McLuhan, Marshall: Die magischen Kanäle [Understanding Media, 1964]. Aus d. Engl. v. Meinrad Amann. Düsseldorf / Wien: Econ, 1968.

 8 Vgl. hierzu Füger, Wilhelm: Wo beginnt Intermedialität? Latente Prämissen und Dimensionen eines klärungsbedürftigen Konzepts. In: Helbig, Jörg (Hrsg.): Intermedialität. Theorie und Praxis eines interdisziplinären Forschungsgebiets. Berlin: Schmidt 1998, S. 41–57 (zu erzählstrategischen Verfahren im Journalismus, v.a. mit Blick auf den „New Journalism", v.a. S. 47–53).

 9 Das heißt vor allem wegen jener Person, die in Meienbergs privater Mythologie die „Magna Mater Sangallensis" heißt, die Mutter Maria Meienberg-Geiges, seine offenbar zeitlebens wichtigste Instanz.

10 Vgl. Durrer, Martin / Lukesch, Barbara: Ein Schreibverbot wird zwölf. Niklaus Meienberg und der *Tages-Anzeiger*. In: Durrer, Martin / Lukesch, Barbara (Hrsg.): Biederland und der Brandstifter. Niklaus Meienberg als Anlass. Zürich: Limmat, 1988, S. 9–19.

Linken, Intellektuellen, Katholiken, Atheisten, Sprachkünstlers in der schweizerischen Medienlandschaft.

Rund 35 Jahre Schreibzeit wären auszumessen, 35 Jahre Widerspruch, Provokation und Parteinahme, Aufklärung und Kritik, Angriff und Verteidigung, Verletzung und Empfindlichkeit; zu betrachten wäre das sich wandelnde Bild des Autors: öffentliches Ärgernis und Störefried des bequemen Konsenses, schließlich linker Starschreiber und auch ein bisschen Tanzbär; zu studieren wären Dutzende großformatiger Reportagen, drei historische Studien, Filme, zwei Lyrikbände, 13 Bücher insgesamt zu Lebzeiten – viel Zorn und auch nicht wenig ‚Liebe' sind da in Werk und Wirkung zu verzeichnen. 1993 hat Meienberg sein Leben beendet. Sein Nachlass liegt im Schweizerischen Literaturarchiv in Bern, wo auch die Nachlässe verschiedener Freunde und Feinde liegen, in der letzten Ruhe- oder, womöglich, Unruhestätte des schweizerischen Literatentums. Meienberg ist präsent geblieben: 1999 erschien die umfassende Biographie von Marianne Fehr[11]; aus Anlass des sechzigsten Geburtstags wurden Meienbergs Reportagen wurden in Auswahl neu aufgelegt[12]; 2000 wurde eine Hör-CD mit Texten Meienbergs, gelesen von Matthias Gnädinger, produziert[13]; 2003 kam zum St. Galler Kantonsjubiläum die Messe *Media Vita* von Peter Roth nach Gedichten von Meienberg und Elsbeth Maag zur Aufführung[14]; eine eigens für Meienberg eingerichtete Webseite gibt Auskunft über Leben, Werk und Wirkung.[15] Meienberg ist noch lange nicht „bleich u. tot"[16].

Wer die Meienberg-Biographie von Marianne Fehr aufschlägt, sieht sich einer Welt gegenüber, die bereits etwas in die Ferne gerückt ist. Derselbe Eindruck entsteht bei der Lektüre vieler Texte Meienbergs: Die Gegner, mit denen er sich anlegte, sind verblasst, die Kämpfe abgeklungen, man wundert sich über den Eifer, mit dem seinerzeit verbal gefochten wurde, auch über den Zorn, den er immer wieder erregt hat. Die Persönlichkeiten, die Meienberg einer journalistisch-polemischen Behandlung unterzogen hat – seien es ehemalige Bundesräte, auch eine Ex-Bundesrätin und besonders ihr Gatte, oder Schriftsteller wie Otto F. Walter, Sportler wie Jo Siffert, Wirtschafts- und Medienleute wie Marc Rich, Otto Coninx und Peter Studer, Prominente wie Franz Josef II. von Liechtenstein –, stehen bei heutigen Lektüren weniger im Mittelpunkt der Aufmerksamkeit als die Texte selbst; der persönlich-biographische Gesichtspunkt in der Lektüre ist kaum noch so dominant wie zum

---

11 Fehr, Marianne: Meienberg. Lebensgeschichte des Schweizer Journalisten und Schriftstellers. Zürich: Limmat, 1999.

12 Wie Anm. 2.

13 Niklaus Meienberg. Ausgewählte Reportagen und Essays, gelesen von Matthias Gnädiger. Zürich: Kein&Aber, 2000.

14 Roth, Peter: Media Vita – eine Messe für N.M. Nach Texten von Elsbeth Maag und Niklaus Meienberg. CD: Unterwasser: Peter Roth, 2004.

15 Unter http://www.meienberg.ch.

16 Meienberg, Niklaus: Vielleicht sind wir morgen schon bleich u. tot (1989). Chronik der fortlaufenden Ereignisse, aber auch der fortgelaufenen. Zürich: Limmat, 1996.

Zeitpunkt des ersten Erscheinens dieser Texte in der *Weltwoche*, dem *Tages-Anzeiger*, der *Wochenzeitung*, dem *Stern*, dem *Spiegel* usw. Aus größerem Abstand werden die Texte damit als Zeitzeugen lesbar – auch als Zeugen der zeitgenössischen journalistischen und Pressekultur.

Meienberg war nicht nur Reporter, sondern auch Historiker und Lyriker. Seine historischen Arbeiten, vor allem jene über den Landesverräter Ernst S.[17] sowie über Ulrich Wille und den Wille-Clan[18] (weniger das Buch und der Film über den Hitler-Attentäter Maurice Bavaud[19]) haben größere Auseinandersetzungen verursacht, sowohl im Blick auf die Gegenstände wie auch hinsichtlich der historiographischen Methode und der Perspektivierung.[20] In Meienbergs Darstellung der Erschießung des als Landesverräter verurteilten St. Gallers Ernst S. im Jahr 1942 etwa wird am Einzelfall exemplarisch die Militärjustiz als Klassenjustiz angeklagt, die kleine Missetäter mit rigidester Strenge verfolge, große Gestalten am Rande des Landesverrats aber laufen lasse. Die nicht vorbehaltlose, aber doch explizit geäußerte Anerkennung seiner Arbeit durch den großen Schweizer Historiker Edgar Bonjour hat Meienberg über die Maßen viel bedeutet.[21]

Die Zeit seiner publizistischen Tätigkeit dauerte von 1959 bis zu seinem Tod im Jahr 1993. 1959, als Gymnasiast im Klosterinternat in Disentis, veröffentlichte er seinen ersten Zeitungsartikel, und zwar in der St. Galler *Ostschweiz*.[22] Sein letzter Zeitungsartikel handelte vom Brand der Kapellbrücke in Luzern; er erschien in der *SonntagsZeitung* vom 22. August 1993.[23] Einen Monat später war Meienberg tot. Seine bedeutendste Wirkens- und Wirkungszeit waren die siebziger und achtziger Jahre. Die 68er Unruhen hat er in Paris hautnah und prägend erlebt. Zu neueren Themen wie Ökologie, Feminismus und Globalisierung, auch zur Postmoderne insgesamt hat er nicht mehr den energischen Zugang gefunden, der ihm früher eigen war. Die Verlagerung der Spannungen vom Ost-West-Konflikt, vom Kalten Krieg

---

17 Meienberg, Niklaus: Die Erschießung des Landesverräters Ernst S. Darmstadt: Luchterhand, 1977. Erw. Neuaufl. Zürich: Limmat, 1992.

18 Meienberg, Niklaus: Die Welt als Wille & Wahn. Elemente zur Naturgeschichte eines Clans. Zürich: Limmat, 1987.

19 Meienberg, Niklaus: Es ist kalt in Brandenburg. Ein Hitler-Attentat. Zürich: Limmat, 1980. Taschenbuchausg. Berlin: Wagenbach, 1990.

20 Vgl. kritisch Looser, Heinz: Sittengemälde der Historikerzunft. Reaktionen der etablierten Geschichtsschreiber auf *Die Welt als Wille und Wahn*; sowie: Lang, Josef: Die Geschichtsbücher müssen neu geschrieben werden. Der Historiker Niklaus Meienberg. Beide in: Durrer / Lukesch (Hrsg.): Biederland und der Brandstifter (wie Anm. 10), S. 101–118 bzw. S. 119–139.

21 Und seine historischen Arbeiten hatten auch zeitgeschichtliche Wirkung. Josef Osterwalder schreibt im *St. Galler Tagblatt* vom 27. Januar 1999, mitten in der internationalen Diskussion um die Rolle der Schweiz und ihrer Banken zur Zeit des Dritten Reichs: „Unserem Land wäre viel von der internationalen Demütigung erspart geblieben, hätte man Meienberg rechtzeitig gelesen – und sein Leiden an der Geschichte geteilt." St .Galler Tagblatt, 27.01.1999.

22 Thema war das Schultheater. Vgl. Fehr, Meienberg. (wie Anm. 11), S. 70f.

23 Meienberg, Niklaus: Die Kapellbrücke: Ein rentabler Brand in Luzern. In: Reportagen 2 (wie Anm. 2), S. 464–474. Siehe dazu die editorische Notiz S. 476 und den Nachweis S. 479.

zu den Krisengebieten im Nahen und Mittleren Osten hat Meienberg noch mitvollzogen anlässlich des ersten Golfkriegs, aber jene Ereignisse haben ihn eher überrollt, als dass er sich ihrer angenommen hätte.[24]

Tonlagen

Zur Tatsächlichkeit der Texte gehört ihre Geschichtlichkeit, damit die Veränderung ihrer Rezeption. Und es gehört der Ruf dazu, den sie ihrem Autor eintragen und den er – wie im Fall Meienbergs – kaum mehr los wird, ob er ihn nun selbst fördert oder flieht (Meienberg hat zu Zeiten das eine, später das andere getan). Rezeption und Ruf bedingen einander, und dies kann sich gerade bei einem Autor mit polemischer Disposition nachteilig auf die Textwahrnehmung auswirken. Ein Text wie „Aufenthalt in St. Gallen (670 m ü.M.)" lässt sich aus einigem Abstand zu den politischen Ressentiments des Tages differenzierter lesen; dabei zeigt sich unter anderem auch, wie beschränkend diese gewirkt haben müssen.

> *Im Vaterhaus noch die Uhren und das alte Holz, die gedrechselten Lampen, ehemalige Ochsenjoche und Spinnräder, die der Vater zu Beleuchtungskörpern umgebaut hatte, drunten in seinem Reich der Drechslerwerkstatt neben der Zentralheizung, wo er auch die Uhren reparierte. Der Vater ist vor zwei Jahren gestorben auf seine stille Art, liegt jetzt auf dem Ostfriedhof unter einem schmiedeisernen Kreuz, von Maler Stecher leicht aufgefrischt. Wenn die Russen dann in St. Gallen einmarschieren, werden sie mit ihren Stiefeln nicht über die Gräber des Ostfriedhofs zu trampeln vergessen, denn sie haben keine Pietät. Das hatten wir in der Schule gelernt beim Lehrer Ziegler zur Zeit des Koreakrieges, im Krontalschulhaus bei den Kastanienbäumen. Die Russen wollten St. Gallen als Einfallstor benutzen, wie schon Hitler. St. Gallen ist ein unübertreffliches Einfallstor, das war ja auch den Hunnen aufgefallen. Der Vater hattte im Hinblick auf seinen Tod schon jahrelang Grabkreuze gesammelt, die nicht benützten hängen jetzt im Keller neben der Waschküche. So hat er vorgesorgt für seine ganze zahlreiche Familie, die jetzt in der Welt draussen zerstreut ist. In St. Gallen geblieben ist keines.*
>
> *[…]*
>
> *St. Gallen und sein Hinterland, Gallen- und Nierenstadt, eine Gegend, wo die Liebe reglementiert war und die Blasen reguliert wurden und die Eingeborenen den wöchentlich einmal stattfindenden Geschlechtsverkehr mörgele nannten. Dieser fand im allgemeinen am Sonntagmorgen früh statt. Die Woche über war die Liebe zugunsten der Geschäfte unterdrückt, die Stickereiblüte war mit werktäglichem mörgele nicht vereinbar. Die Liebe*

---

24 Die Überwältigung Meienbergs durch die Ereignisse des Golfkriegs wie auch seine letzten Lebenswochen schildert Marianne Fehr ebenso akribisch wie bedrückend: Fehr, Meienberg. (wie Anm. 11), S. 418–512.

> *überall zurückgebunden, sogar im Freudenbergwald sah ich die St. Galler immer nur spazieren. Die Lust hatte sich in Ortsbezeichnungen hineingeflüchtet, und dort bleibt sie auch, Lustmühle, Nest, Freudenberg. Der Freudenberg hat seinen Namen von der Freude, welche die spazierenden St. Galler empfinden, wenn sie auf den gegenüberliegenden Rosenberg blicken, der herrschaftlich überbaut ist durch die Residenzen der reichen Mitbürger, die es durch ihre Tüchtigkeit zu einer Villa gebracht haben, während es die meisten St. Galler nur zu einem lohnenden Spaziergang bringen, etwa durch das Tal der Demut zum Wenigerweiher.*[25]

Man liest diesen Text aus dem Jahr 1975 und fragt sich: Wie kommt es, dass 1990, im Umfeld der Verleihung des Kulturpreises der Stadt St. Gallen an Niklaus Meienberg, so viel Empörung gegen den „Nestbeschmutzer" aufwallte? Woher rührt der Zorn, gerade auch der lokale Zorn, den Meienberg erregt hat? Was hier, und auch in anderen Texten zu St. Gallen, vorgelegt wird, sind präzise Beobachtungen und Erinnerungen, fast zärtliche Reminiszenzen, die auch in der sozialpolitischen Polemik eher nachsichtig ironisch sind als bissig.[26] Und es ist auch ein elegischer Ton zu hören, hier wie bei anderen Texten Meienbergs, die Rückschau halten, etwa auf die Internatszeit im Kloster Disentis.[27] Die Elegie indessen ist gattungstypisch kaum offensiv; sie rückt das Kämpferische, wo es denn vorhanden ist, in ein melancholisches – nachsichtig-ironisches oder bitter schwarzgalliges – Zwielicht.

Gewiss gibt es erheblich polemischere und ganz unelegisch angriffige Texte Meienbergs, aber auch bei diesen wundert man sich aus distanzierterer Sicht über den Aufschrei, den sie seinerzeit bei ihrem ersten Erscheinen in der Tagespresse vielerorts verursacht haben.[28] Die durch den Kalten Krieg profilierten politischen Antagonismen der siebziger und achtziger Jahre allein dürften es nicht gewesen sein, welche die Rezeption Meienbergs massiv kontrovers haben ausfallen lassen; die seit 1968 verstärkt betriebene Infragestellung gesellschaftlicher und moralischer Normen, Autoritäts- und Identitätsvorstellungen sowie deren Verteidigung werden ihren Teil beigetragen haben. – Als Beispiel für einen polemischeren Text sei die

---

25 Meienberg, Niklaus: Aufenthalt in St. Gallen (670 m ü.M.). Eine Reportage aus der Kindheit. In: ders.: Reportagen aus der Schweiz. Darmstadt / Neuwied: Luchterhand, 1974, S. 13f. und S. 18f. (das Copyright datiert die Publikation auf 1974; erschienen ist das Buch im Frühjahr 1975; unveränderte Neuauflage 1984 im Limmat Verlag Zürich). Auch in: Reportagen 1 (wie Anm. 2), S. 321/325f.).

26 So etwa auch: Wach auf du schönes Vögelein. In: Der wissenschaftliche Spazierstock (wie Anm. 4), S. 9–15. Auch in: Reportagen 1 (wie Anm. 2), S. 334–340.

27 Meienberg, Niklaus: O du weisse Arche am Rande des Gebirges! (1133 m ü.M.). In: Weh unser guter Kaspar ist tot. Plädoyers u.dgl. Zürich: Limmat, 1991, S. 62–78. Auch in: Reportagen 1 (wie Anm. 2), S. 341–354.

28 Vgl. zur Rezeptionsgeschichte Stillhard, Christoph: Meienberg und seine Richter. Vom Umgang der Deutschschweizer Presse mit ihrem Starschreiber. Zürich: Limmat Verlag 1992; Durrer / Lukesch (Hrsg.): Biederland und der Brandstifter (wie Anm. 10); Fehr, Meienberg. (wie Anm. 11), passim.

Eröffnungspassage eines Angriff auf die Sozialpolitik der Stadt Zürich zitiert, publiziert während der Zürcher Jugendunruhen (1980–1982) unter dem Titel „Zurick Zurick horror picture show".

> *Noch mehr. Warum nicht noch ein bisschen mehr? Nie genug davon. Noch mehr MAC DONALZ KENTUCKY FRIED CHICKEN, noch mehr BEEFBURGERS CHEESEBURGERS EARLY WARNING SYSTEM schnalz / mir einen Mac Donalz. Noch mehr CRUISE MISSILES- MARSCHFLUGKÖRPER auf denen wir schneller zum Stauffacher reiten zur bequemen Tramhaltestelle zischen DURCHSAGE DER LEITSTELLE ATTENTION PLEASE KOLLISION FUSSGÄNGER / TRAM ECKE NÜSCHELERSTRASSE / KENTUCKYSTRASSE DAS TRAM DER LINIE VIER WIRD UMGELEITET WE THANK YOU FOR YOUR VERSTÄNDNIS DER KADAVERABHOLDIENST DES TIERSPITALS WIRD DAS HINDERNIS BESEITIGEN ENDE DER DURCHSAGE.*
>
> *Wir danken für Ihr Verständnis beim Abriss der letzten erschwinglichen Wohnungen in Zurick. Der Mensch in seiner bisher gebräuchlichen Form ist ein Ungeziefer, welches störend wirkt. In der Stadt sieht man ältere Leute, die trippeln mit erhobenen Armen auf die andere Strassenseite.*
>
> *Soldaten einer geschlagenen Armee machen diese Geste: Sie ergeben sich. Manchmal gelingt es den Autos, einige von den älteren Igeln zu überfahren, aber eine Garantie besteht nicht. Die müssen dann durchgefüttert werden bis zum Lebensende. Auch jüngere Igel werden mängisch zum Überfahren freigegeben. Ungeziefer verkriecht sich gern in alte Häuser; mit dem richtigen Spray kann es daraus vertrieben werden. Jedoch eine Garantie für die definitive Vertilgung des Ungeziefers besteht nur, wenn das alte Gebäude abgerissen wird. Oder wollen wir es teuer renovieren? Die Jungen in die Jugendheime, die Alten in die Altersheime.[29]*

Der hier sichtbar werdende Zynismus ist nicht jener des Texts; vielmehr exponiert dieser mit den Mitteln des Sarkasmus eine Politik, die als zynisch und menschenverachtend gebrandmarkt wird. Sarkasmus ist kein Argument, wohl aber eine Darstellungsstrategie, die zur Einforderung bzw. Entwicklung von Argumenten – und damit zu Eingriffen in die Politik – animiert. Die verfremdende Montage von Versatzstücken der City-Kommunikation erzeugt nicht eine Beschreibung der Lage; vielmehr wird der Text selbst zum Schauplatz eines – sprachlich in Szene gesetzten – sozialen und kulturellen Dramas.[30]

Durch die Sprache der Darstellung wird der Wirklichkeitsbezug in Bewegung versetzt, irritiert, verändert. Darin zeigt sich die literarische Eigenart und Qualität Meienbergscher Texte. Und es zeigt sich darin auch unmissverständlich, dass

---

29 Meienberg, Niklaus: Zurick Zurick horror picture show. In: Ders.: Vorspiegelung wahrer Tatsachen. Zürich: Limmat, 1983, S. 51f., hier S. 51. Auch in: Reportagen 2 (wie Anm. 2), S. 398f.

30 Es erstaunt angesichts der sprachexperimentellen Kaskaden nicht, dass Meienberg ein Joyce-Verehrer ist: Joy Joint Joyce Choice Rejoice. In: Vorspiegelung wahrer Tatsachen (wie Anm. 29), S. 102–108. Auch in: Reportagen 1 (wie Anm. 2), S. 147–154.

Meienberg – entgegen Aussagen empörter Zeitgenossen – kein Dogmatiker ist; er hat seine linke Perspektive, aber keine ideologische Fixierung. Wo er Missverhältnisse wahrnimmt, fragt er schonungslos nach, nennt Namen und Machenschaften ohne Bedenken. Aber es wird nicht nur benannt und festgestellt, sondern auch sprachlich-textlich inszeniert; seine Gegenstände sucht Meienberg mit rhetorischer Vehemenz und (oft) Brillanz heim. Seine Sprache ist ideologiefeindlich; sie ist der Ort seines aufklärerischen Furors. Sie stört den Gewohnheitsblick und evoziert Widerstreit, mit den Dingen oder mit Meienbergs Texten, und beides dient, gut aufklärerisch, dem Selberdenken, dessen Fehlen Meienberg mit ebenso viel Ungeduld begegnet, wie er den Missbrauch der Macht attackiert.

Meienbergs Schreibart wird umso sichtbarer, je weniger unmittelbar die Aufmerksamkeit von dem jeweils aktuellen Gegenstand absorbiert wird. Die Verschiebung weg von der Tagesaktualität beginnt mit der Publikation der Reportagen und Artikel in Büchern, mit dem Medienwechsel von der Zeitung zum Buch – an dem Meienberg seit den *Reportagen aus der Schweiz* (1974) sehr gelegen war.[31] Diese Verschiebung erlaubt es, die Frage nach Machart, Textstrategien, Sprachgestus, Verhältnis zu Medium, Wirklichkeit und Literatur zu erwägen, die Frage auch, was ein journalistischer Text sei, der, *pour le jour même* geschrieben, diesen Tag längst hinter sich gelassen hat. Wenn etwa ein Text einen konkreten Anlass wie die Neueröffnung des Zürcher Opernhauses im Jahr 1984 mit prominenten Gästen beschreibt und – während der Zorn der Jugendunruhen noch einmal aufflackert – den Prunk und Pomp mit der Wohnungsnot in der Stadt kontrastiert[32], dann bleibt, über den Anlass hinaus, ein böse funkelnder Text, eine Vignette der sozialkritischen Betrachtung, eine exemplarische Inszenierung eines exemplarischen Kontrasts, exponiert mit den Mitteln der Ironie, der Verdichtung, der Polemik, der Montage. Was bleibt, ist das an dem Text, was seinen Anlass überschreitet, was hinter sich lässt, weswegen er allererst entstanden ist. Mit dieser Überschreitung schwindet das unmittelbar Polemische; dieses überdauert den Moment des Angriffs nur beschränkt. Es verschiebt sich teilweise ins Anekdotische; die Ereignisse und Personen des Zeitgeschehens, die es betraf, sind aus der allgemeinen Aufmerksamkeit gerückt und nur noch bedingt als Ziele von Polemik zu verstehen, was dieser die Schärfe nehmen

---

31 Die ersten Reportagenbände erscheinen im Luchterhand Verlag (Leiter des Literaturprogramms bei Luchterhand war seinerzeit Otto F. Walter): *Reportagen aus der Schweiz* (1974) und *Das Schmettern des gallischen Hahns* (1976). In den achtziger und neunziger Jahren kamen seine Reportagensammlungen im Zürcher Limmat Verlag heraus. Vgl. Fehr, Meienberg. (wie Anm. 11), S. 206–208; S. 222–224; S. 322f.

32 Meienberg, Niklaus: Der restaurierte Palast (und seine ersten Benützer). In: Der wissenschaftliche Spazierstock (wie Anm. 4), S. 86–93. Auch in: Reportagen 2 (wie Anm. 2), S. 102–110. Der Text endet wie folgt: „… und alle klatschten und waren zufrieden mi diesem Finale, während draußen am Limmatquai die Scheiben klirrten und im vorübergehend frei zugänglichen Schaufenster der Firma Hug sich ein Junger ans Harmonium setzte und eine Melodie spielte, nämlich ‚STRANGERS IN THE NIGHT‘; einer von den Jungen, für die das Wort ‚Loge‘ kein Begriff aus der Opernwelt ist, sondern ‚Wohnung‘ bedeutet, die man verzweifelt sucht, in diesen Zeiten der Verknappung." (S. 93 bzw. S. 110)

muss. Was sich aber darüber hinaus zeigt, wenn die spezifisch zielende Polemik verblasst, ist der polemische Gestus selbst, seine Taktiken, sein nicht immer benevolenter Impuls.

Die Lust am Text und der Zorn über die Wirklichkeit

Vom Angelpunkt zwischen Anlass und Inszenierung aus lassen sich Charakteristika von Meienbergs Texten und ihrem Status zwischen Journalismus und Literatur – und damit auch: zwischen Zeitung und Buch – erkunden. Das sei mit Bezug auf einige Texte Meienbergs, in denen er sich selbst zum Schreiben äußert, aber auch mit Blick auf seine Schreibpraxis unternommen.

1978 veröffentlicht Meienberg einen Text mit dem Titel „Die Lust (oder auch nicht) am Text". Der Titel bezieht sich auf eine Schrift des französischen Philosophen Roland Barthes (*Le plaisir du texte*, 1973).[33] Barthes entwirft in dieser Schrift eine Theorie des Lesens, die nicht auf Sinnkohärenz und Subjektkonsolidierung zielt, sondern auf den Prozess des – literarischen – Lesens als eines lustvollen Auflösungsvorgangs, eines Vorgangs der Dispersion fester Sinn-, Bedeutungs- und Subjektgrenzen. Die Sprache vor allem moderner Texte sei es, die die „jouissance", die Wollust des Zerfließens erlaube. Eine sozusagen erotische Theorie des Lesens also, die die Sprache, die Zeichen, die Textualität der Texte im Blick hat. Meienberg schließt an diese Betonung der Sprachlichkeit der Texte an, indem er folgende Frage an den Anfang seiner auf das linke journalistische Engagement – auch das eigene Engagement – zielenden Erörterung stellt:

> *Darf man Literatur, auch die linke und schweizerische, noch danach beurteilen, ob sie aus einem guten, das heisst lustvollen, also mit artistischer Subversion geschriebenen und zu verzehrenden Text besteht, oder genügt es für einen linken Schriftsteller, eine anständig-wacker-progressiv-gesellschaftsverändernde Gesinnung zu haben, um ein guter schreibender Linker zu sein?*[34]

Am Schluss des Textes findet sich folgender Befund:

> *Also, solange einer mit Sprache zu tun hat, wollen wir seine Erzeugnisse auch noch ein bisschen nach sprachlichen Kriterien beurteilen dürfen und uns u.a. die Frage stellen können: Welcher Aufstand, welche Veränderung ereignet sich im Stil?*[35]

Natürlich spricht Meienberg hier in eigener Sache; „[…] man kann nicht mit einer abgedroschenen, ausgelaugten, phantasielosen Sprache eine Gesellschaft verän-

---

33 Barthes, Roland: Die Lust am Text. Aus d. Frz. v. Traugott König. 11. Aufl. Frankfurt a.M.: Suhrkamp, 2006.

34 Meienberg, Niklaus: Die Lust (oder auch nicht) am Text. In: Vorspiegelung wahrer Tatsachen (wie Anm. 29), S. 132.

35 Meienberg, Die Lust (oder auch nicht) am Text (wie Anm. 34), S. 135.

dern"[36]; lustvoll inszenierte, schöpferisch-subversive Sprache ist für Meienberg Politik. Aufstand und Veränderung im Stil – solches ist bei Büchner (der auch ein hoch brisantes Flugblatt geschrieben hat) nachzulesen, bei Kleist (der auch ein Journal herausgegeben hat), bei Hölderlin, Heine, Flaubert, Joyce, Döblin, Robert Walser, Arno Schmidt, Max Frisch (der auch Politisches, auch für den Tag, geschrieben hat) – bei Dichtern und Journalisten und solchen, die beides zugleich sind; und auch bei Schreibenden, die keinen gesellschaftlichen Aufruhr betreiben, wohl aber einen Aufstand im Kopf proben oder erfahren. Da ist Meienberg in illustrer Gesellschaft.

In Meienbergs auf Barthes rekurrierendem Aufsatz findet sich nun aber eine Gegentendenz zu dessen Lust am Zerfließen von Sinnsystemen und festen Bedeutungszusammenhängen. Diese Gegentendenz entsteht aus der nicht in Frage gestellten, sondern entschieden postulierten Forderung nach direktem Wirklichkeitsbezug der Texte. Statt Erfindung fordert Meienberg Findung und Darstellung von Wirklichkeit, Fakten statt Fiktionen. Er führt in seinem Aufsatz die Romane von Otto F. Walter, Walther Kauer, Walter Vogt, Urs Karpf als zwar politisch progressive, aber sprachlich unergiebige Werke vor; diesen Werken hält er Max Frisch entgegen, an dem er den präzisen Bezug auf „Namen, Zahlen, Ereignisse" lobt:

> *Frisch beschreibt die wirkliche Schweiz mit Raffinesse, das heisst mit konkreter Präzision, der seine eigentümliche Sprachlust entspringt. In seinen Büchern stehen Namen, Zahlen, Ereignisse. (Zum Beispiel im* Tagebuch II, *wo vom Globus-Krawall, dem Vietnam-Krieg, Kissinger, der „NZZ" und anderem mehr die Rede ist. Da braucht nichts erfunden zu werden, nur montiert und reflektiert, und darin zeigt sich höchste Kunst.) Die genaue Beschreibung dieser real existierenden Schweiz oder ihrer Teile, zum Beispiel der Armee, im* Dienstbüchlein *oder der „Bourgeoisie", man denke an seine Erlebnisse mit dem Kunstsammler Werner C.(oninx), die in* Montauk *beschrieben werden, und natürlich braucht Frisch das Wort „Bourgeoisie" nicht, sondern zeigt die Sache: All diese subversiven Texte können mit grosser Lust verzehrt werden, woraus auch für einen schweizerischen Menschen, sofern er lesen kann und nicht nur romanhaft konsumieren, eine langsame Verschiebung im Bewusstsein entsteht, welche tiefer wirkt als hurrapolitische Fiktionen. Nur Lust ist schöpferisch. Sie entsteht aus literarischer Präzisionsarbeit.*[37]

Meienberg weist am Beispiel Max Frischs – oder genauer: am Beispiel besonders autobiographienaher Texte Frischs – die literarische Erfindung, die „hurrapolitische Fiktion", zugunsten des konkreten Wirklichkeitsbezugs zurück. Angesichts des Titels *Die Lust am Text* überrascht dieses Postulat der Wirklichkeitsanbindung. Lust

---

36 Meienberg, Die Lust (oder auch nicht) am Text (wie Anm. 34), S. 135.
37 Meienberg, Die Lust (oder auch nicht) am Text. (wie Anm. 34), S. 134.

am Text bedeutet bei Barthes Lust an der Auflösung von als repressiv verstandenen
Sinnordnungen – diese Lust steht in Opposition zur Absicht, mittels Schreiben auf
die Wirklichkeit und ihre Ordnungen einzuwirken. Der Widerspruch ist indessen
keine bloße argumentative Fehlkonstruktion mittels einer Umdeutung Barthes';
vielmehr benennt er – zwischen „Lust" und „(oder auch nicht)" – präzise den Ort von
Meienbergs Publizistik. Das konflikträchtige Verhältnis zwischen Wirklichkeitsbezug und kreativ-reflektierender Sprache befeuert Meienbergs Schreiben, es ist
seine Krux (dieser Ausdruck mag bei einem katholisch imprägnierten Schreiber
angehen) und sein Pläsier.

    „Literarische Präzisionsarbeit" ist Arbeit im Medium der Sprache. Der „schöp-
ferische" Vorgang betrifft bei Meienberg nicht die Erfindung, sondern die Montage
und Reflexion des Vorhandenen. „Namen, Zahlen, Ereignisse" sind das Material der
montierenden und reflektierenden Präzisionsarbeit. Wo solche Textarbeit geschieht,
lässt sich das Kriterium der „artistische[n] Subversion" erfüllen – Barthes bleibt im
Blick. Die „Lust am Text" verlangt eine angemessene Lesekompetenz („lesen" statt
„romanhaft kosumieren"); dank dieser soll es möglich sein, die Lust an der Subversion und ihrer Artistik auf den Umgang mit dem überspringen zu lassen, was die
Texte „beschreiben". Meienberg vertritt hier einen Optimismus der aufklärenden
Textwirkung („eine langsame Verschiebung im Bewusstsein"), der Medien- und
Genregrenzen übersteigt: Sein Begriff von Literatur ist journalistisch, sein Begriff
von Journalismus literarisch positioniert.[38]

Dokumentarismus und „freie" Sprache

Die Auseinandersetzung um den Status von Meienbergs Schreiben findet ihre Fortsetzung in der so genannten „Realismusdebatte", die 1983 in der *Wochenzeitung*
ausgetragen wurde.[39] Anlass der Debatte war der eben erschienene Roman von Otto
F. Walter, *Das Staunen der Schlafwandler am Ende der Nacht*[40], und der neue Film
von Thomas Koerfer mit dem Titel *Glut*[41], beides gesellschaftskritische Werke,
beide gelobt und getadelt, letzteres auch von linker Seite. Meienberg nahm die
Gelegenheit wahr, in einer vehementen Kritik an Roman und Film mit dem Titel
„Ein Werkstattbesuch bei zwei hiesigen Subrealisten" die eigene Position zu spie-
geln.

---

38 In dieser Positionierung lässt sich auch eine indirekte (und späte) Stellungnahme zu der
   Polemik um das „Ende der Literatur" in den Debatten der 68er Bewegung, insbesondere im
   legendären *Kursbuch* 15 (Nov. 1968), sehen.
39 Die Debatte ist dokumentiert in: Wochenzeitung (Hrsg.): Vorschlag zur Unversöhnlichkeit.
   Realismusdebatte 1983/84. Zürich 1984. Zum Verhältnis zwischen Meienberg und Otto F. Walter siehe Caluori, Reto: Vom literarischen Stoff zum Konfliktstoff. Der Briefwechsel zwischen
   Niklaus Meienberg und Otto F. Walter. In: Entwürfe. Zeitschrift für Literatur, 24 (2004);
   online: http://www.entwuerfe.ch/entwuerfe24/text3.html (12.05.09).
40 Walter, Otto F.: Das Staunen der Schlafwandler am Ende der Nacht. Roman. Reinbek b.
   Hamburg: Rowohlt, 1983.
41 Koerfer, Thomas: Glut [1983]. DVD: Thomas-Koerfer-Edition. Zürich 2006.

> *Man freut sich immer, wenn ein bisschen Wirklichkeit aufs Tapet kommt,*
> *nicht mehr um sie herumgeschrieben oder -gefilmt, sondern in sie hinein-*
> *geschrieben wird, wie in einen Abszess, den man zum Platzen bringt. (Die*
> *Schreibkunst von Flaubert wurde nicht ohne Grund mit einem Skalpell ver-*
> *glichen.) Natürlich habe ich mir keinen Abklatsch der Wirklichkeit vor-*
> *gestellt, den gibt es auch im rein Dokumentarischen nicht, sogar die*
> *„härteste" Reportage, und die vielleicht ganz besonders, braucht Phantasie,*
> *Notieren und Montieren geht nicht ohne Einbildungskraft (– wie hört man*
> *zu? wie bringt man wen zum Reden? wie setzt man in Sprache und Bilder*
> *um? was spart man aus, um hervorzuheben?), – aber ich habe mir vor-*
> *gestellt, Walter und Koerfer, die beiden schönen Flugmaschinen, würden sich*
> *einen harten Boden aussuchen, damit sie die richtige Startgeschwindigkeit*
> *erreichen auf der Grundlage des Realistisch-Dokumentarischen, und sie*
> *dann WIRKLICH abheben können, und ich ihnen aus der Tiefe, ganz aus-*
> *geflippt vor Begeisterung, zuwinken darf... Hätte ich doch viel lieber getan,*
> *statt ihren Fehlstart zu beklagen. Das Beschreiben des Wracks am Ende der*
> *Piste ist keine schöne Aufgabe. Muss aber sein. Leider!*[42]

Wer beim literarischen Schreiben nicht von der Wirklichkeit ausgeht und diese als solche sichtbar macht, wer sich nicht an Überprüfbarkeit bindet, wer also nicht auf dem „harten Boden" des „Realistisch-Dokumentarischen" schreibt, hat laut Meienberg die Relevanz für die Wirklichkeit verpasst und erhält das böse Prädikat des „Sub-Realisten":

> *Bei Walter & Koerfer habe ich dieses Gefühl (Gewissheit!), dass die Fiktion*
> *eine neue Wirklichkeit ist, nie, weil ihre Fiktionen der Wirklichkeit nicht*
> *zuerst aufs Maul geschaut und sie erst dann überhöht haben, sondern will-*
> *kürlich ins Blaue hinaus fiktioniert sind. Es sind mühsame Konstrukte, die*
> *jeder Wahrscheinlichkeit entbehren, zurückgeblieben hinter der Realität,*
> *sub-realistisch statt, wie vermutlich angestrebt, mit einem Hauch von Sur-*
> *Realismus belebt.*[43]

Am Ende geht es nicht darum, was Otto F. Walter oder Thomas Koerfer hätten tun sollen; Meienberg schreibt ja keine Romane, setzt keine Spielfilme in Szene. Viel-mehr geht es darum, dass und wie Meienberg sich durch Abgrenzung gegen andere

---

42 Meienberg, Niklaus: Ein Werkstattbesuch bei zwei hiesigen Subrealisten. In: Der wissen-schaftliche Spazierstock (wie Anm. 4), S. 75. Auch in: Reportagen 1 (wie Anm. 2), S. 106.

43 Meienberg, Ein Werkstattbesuch bei zwei hiesigen Subrealisten (wie Anm. 42), S. 76 bzw. S. 107. Interessant ist die Bestimmung der Position des (nach Meienberg angemessenen) Lesers: Dieser bleibt auf dem Boden und schaut in die Luft, wo die Roman-Flugmaschine fliegt; er winkt der Flugmaschine zu und erkennt sich als Nichtmitfliegenden, was es ihm erlaubt, an-gesichts der Überhöhung, also des Flugs der „Flugmaschinen", die Spanne zwischen Flug und Boden auszumessen: ein realistischer Leser, der aus der Begeisterung der Flugschau heraus sich dem „harten Boden" zuwenden wird.

Positionen im literarischen Feld eine eigene Parzelle sichert. Indem er von der Literatur Wirklichkeitsbezug verlangt, wendet er ein Kriterium des Journalismus auf die Literatur an und postuliert damit einen nicht von der Kategorie der Fiktion zwingend abhängigen Literaturbegriff. Das Interessante – und wohl das für Meienberg Wichtigste – an diesem Postulat ist die Folgerung für den Journalismus: Wenn Wirklichkeitsbezug in der Literatur Platz hat, dann ist, auf der anderen Seite, Journalismus nicht einfach deshalb, weil er von der Wirklichkeit spricht, von der Literatur ausgeschlossen. Das ist der erste Schritt dazu, den Journalismus in die Literatur einzuführen.

Der zweite Schritt deutet sich in einem Streitgespräch zwischen Meienberg und Otto F. Walter, das im Rahmen der Zürcher „Realismusdebatte" stattfand, ganz nebenher an. Er betrifft, nicht überraschend, die Sprache. Die Interviewer von der *Wochenzeitung* fragen Otto F. Walter: „[…] Aber wie kann man in sich eine dienende und eine freie Sprache vereinigen?" Walters Antwort lautet: „Vielleicht gerade darum. Weil dein Beruf als Journalist dich zu einer dienenden Haltung gegenüber der Sprache zwingt. Gerade das kann ja in dir den Wunsch nach einem autonomen Schreiben, wo du nur dir gegenüber verantwortlich bist, verstärken. Das ist möglich."[44] Die – offenkundig fragwürdige, aber nicht weiter befragte – Unterscheidung von „dienender" und „freier" Sprache fungiert hier als Kriterium der Unterscheidung von Journalismus und Literatur. Meienberg benützt im Fortgang der Diskussion dieselbe Unterscheidung, aber er setzt mit ihr zwei andere Textbereiche ins Verhältnis zueinander, wenn er sagt, man könne Verdacht erheben „[…] gegen Werbetexter, die glauben, sie könnten bis um sechs Werbetexte machen und dann am Abend persönlich aufleben und integren Journalismus schreiben."[45] Es geht im Gesprächskontext immer noch um „freie" und „dienende" Sprache, aber nun, bei Meienberg, ist die dienende Sprache mit den Werbetextern korreliert, die freie Sprache mit dem „integren Journalismus" (und dem „persönlich[en] [A]ufleben"; bezeichnenderweise klingt hier indirekt erneut die „Lust am Text" an). Meienberg reklamiert damit für den Journalisten jene „Freiheit", die Walter – mittels der Etiketten „autonomes Schreiben" und „nur dir gegenüber verantwortlich" für den literarischen Schriftsteller geltend macht. Engagement für die gesellschaftliche Wirklichkeit und („schöpferische", „artistische") „Freiheit" der Sprache: das ist Meienbergs Position, wie sie hier halb argumentativ, halb subversiv – also nicht ganz untypisch für Meienbergs Schreibverfahren – in Szene gesetzt wird.

Meienberg hält sich konsequent von der Fiktion fern, bleibt beim journalistischen Wirklichkeitsbezug.[46] In immer wieder neuen Anläufen, in Reportagen, Pamphleten, Essays, historischen Recherchen fesselt er sich an die Wirklichkeit, an soziale Realitäten, an Machtfiguren und ihr Umfeld, an geschichtliche und aktuelle

---

44 Vorschlag zur Unversöhnlichkeit (wie Anm. 39), S. 73.
45 Vorschlag zur Unversöhnlichkeit (wie Anm. 39), S. 73.
46 Ansätze zu einem Stück über den Tagesanzeiger (1987) wie zu einem Drama über den Wille-Clan bleiben stecken; vgl. Fehr, Meienberg. (wie Anm. 11), S. 369f. und S. 399f.

Problemlagen. Seine Texte beißen sich oft geradezu an ihrem Gegenstand fest, sie sind thematisch wenig distanziert, darin nicht „frei" wie ein Roman, der ein ganzes Geflecht von Stimmen und Strömungen enthält. Solcher Wirklichkeitsverpflichtung entspricht bei ihm aber keine Sprache des direkten Bezugs, der einfachen Benennung und Beschreibung. Stattdessen: Wortmusik und Wortgetöse, Ironie und Selbstironie, Bilderreichtum, Helvetismen, freche und frivole Formulierungen, polemische Highlights, wirkungsvolle Montagen, treffende Charakteristiken, gelegentlich kleine, vorläufige Idyllen usw.[47] Es ist eine („freie") Sprache, die den Blick des Lesers, der Leserin nicht allein auf Aussagegehalte lenkt, sondern ebenso auf sich selbst. Diese Blicklenkung teilen seine Texte mit der Literatur, und ganz besonders mit der Lyrik – es überrascht nicht, dass Meienberg auch Gedichte geschrieben hat.

Lyrik

Wenigstens ein kurzer Blick sei auf Meienbergs Lyrik geworfen. Diese ist vielfältig in Form und Gehalt, ein dornenreiches Florilegium von Liebesgedichten, Memento-mori-Texten, poetischen und politischen Aperçus, satirischen Versen, Figurengedichten, Text-Bild-Kombinationen, Reimen und Reimlosigkeiten. Zu vernehmen sind intertextuelle Anklänge an Villon, Heine, Baudelaire, Apollinaire, Hölderlin, Übersetzungen, Zitate (oft ohne Nachweis) usw. Als Beispiel kann das Gedicht „geboren und aufgewachsen / gefärbt und gebleicht"[48] gelten – wieder einmal ein Text mit Blick auf St. Gallen.[49] (Abb. 1)

„Geboren und aufgewachsen in" ist die Kurzformel des Lebenslaufs; „gefärbt und gebleicht in" hingegen bezeichnet in der Sprache der Textilindustrie die kulturelle bzw. lokale Einfärbung, aber auch die Auszehrung oder Entfremdung der Individualität durch Herkunft. Der Text ist als Klagelied angelegt, als *lamentatio* über den „Tod vor dem Tod", über das arme, verarmte Leben. Der Zorn über die Enge zwischen Freuden- und Rosenberg, in Herz und Hirn, flammt an manchen Stellen auf, bisweilen mit ätzender Ironie versetzt, aber viel deutlicher kommt die trauernde Liebe zum Ausdruck, der Schmerz darüber, dass die Todesnähe keine Lebensfülle erzeuge, die Klage, dass die geliebte Vaterstadt nicht geliebt werden könne.

---

47 Zu Meienbergs Verhältnis zum „New Journalism" vgl. Meier, Marco: La réalité surpasse la fiction. Jürg Federspiel, Hugo Loetscher und Niklaus Meienberg als Schweizer Vertreter des „New Journalism". In: Durrer / Lukesch (Hrsg.): Biederland und der Brandstifter (wie Anm. 10), S. 141–157.

48 Meienberg, Niklaus: geboren und aufgewachsen in / gefärbt und gebleicht in. In: ders.: Die Erweiterung der Pupillen beim Eintritt ins Hochgebirge. Zürich: Limmat, 1981, S. 17f.

49 Die Antiphon *media vita in morte sumus*, die Meienberg hier als *vanitas*-Ermahnung zitiert, stammt von Notker Balbulus (siehe den Aufsatz von Ernst Tremp in diesem Band). Die Anrufung „o Thalmannstadt" bezieht sich auf den Theologen und (von 1960 bis 1982) Studentenseelsorger der Universität (damals Hochschule) St. Gallen, Richard Thalmann (1915–2002), der u.a. auch in der *Ostschweiz* publizistisch tätig war und bedeutenden Einfluss auf das katholische Leben in St. Gallen hatte. Der Verf. dankt Josef Osterwalder, St. Gallen, für diesbezügliche Hinweise; vgl. auch http://www.kath.ch/skz/skz-2002/amtlich/bi24.htm (28.04.09).

MITTEN IM
LEBEN SIND
WIR SCHON TOT
hat Kollega Notker genannt der Stammler lateinisch Balbulus im
Tal der Steinach gedichtet gesungen so ca. anno 890 hatten wir in
der Schule gelernt 1952 MEDIA VITA IN
MORTE SUMUS
MITTEN IM LEB
EN SIND WIR
VOM TODE
UMGEBEN
wird das gemeinhin übersetzt und ist halt kein Zufall dass so ein
Totenjodel dort ausgeknobelt wurde im Leichentobel Death Valley
wo das Läbigste die beiden Gottesäcker sind gwüssgott es tötelet
stets tüchtig in der Gegend und fahren statt der gebräuchlichen
Säuglinge serienweise gmögige Greislein gut dressierte Mostbröckli
aus den Mutterbäuchen u. hat der Tod vor dem Tod der allgemeine
Friedhof unterm Mond die kravattierten ambulanten Kadaver unse-
rem Todesreporter die Sprache verschlagen die Zunge gestockt
drum stammelt Balbulus balbiert die Totgeburten über den Löffel
stürchelt über die Sprache staggelet
O Vavaterstadt
O Vadianstadt
O Gallenstadt
O Nierenstadt
O Olma Brodworscht Biberstadt
O Furglercity Stickerstadt
O Schübligtown grau anzuschaun
Wie stickig ists in deinen Mauern
wie leicht lässt es sich da
versauern
Schlafend im Prokustesbett
zwischen Freuden- und Rosenberg
zwängst du
klemmst du
drängst du
in diese Bettstatt
was nicht zum Vornherein
hineinpasst
streckend was kurz und zierlich
köpfend was stark begierlich
dich kosen will   O Othmar Leintuch Handballstadt
O Freisinn Weihrauch Pferdestadt
O Sportler Pfaffen Metzgerstadt
O Färber Gerber Bleicherstadt
O Stadt im Thal o Thalmannstadt
O dreimal gottvergessene bleiche Heimat
heimatlich gebleichte kreuzbleich schielende Mumie
in der Wolle gefärbte in der Sitter gegerbte
feldgrau trommelnde Leiche Vaterstadt

Abb. 1: „geboren und aufgewachsen / gefärbt und gebleicht"

(Niklaus Meienberg: Die Erweiterung der Pupillen beim Eintritt ins Hochgebirge.

Formal spielt der Text auf die Gattung des Figurengedichts an.[50] Die zweiteilige Form – der schmale, säulenartige Teil und die auslandenden Passagen – erinnert zudem an die Antiphon, die „Gegenstimme", als *Media vita* für den gregorianischen Choral gedacht war. Gegenstimme impliziert Zwiesprache, Rede und Gegenrede, Dialog statt Monolog – aber es redet im Gedicht nur einer; die angerufene Vaterstadt schweigt.[51]

Lebens- und Liebesfülle, wenn auch prekär, sei repräsentiert durch ein Gedicht aus dem Band *Geschichte der Liebe und des Liebäugelns* (1992).[52] (Abb.2) Wie so oft spielt Meienberg auf einen anderen Text an, hier im Titel auf einen Vierzeiler von Apollinaire, der ungefähr besagt: Meine Ungewissheit und ich, wir entfernen uns wie die Krebse, nämlich rückwärts.[53] Das heißt wohl auch: Auge in Auge mit dem Gegenüber. Dies mag Meienbergs Gedicht andeuten, wenn es Lust und Liebe besingt, aber den Rückzug der Frau beklagt, die sich statt auf den fliegenden Teppich der Lust auf den Boden des Alltags stellt.

Auch dieses Gedicht spielt mit der Gattung des Figurengedichts; es inszeniert das Spiel der *voluptas*, der Wollust – für Meienbergs katholisch imprägnierte Imagination signifikant: eine der sieben Todsünden – mit ironischer Virilität. Meienberg lässt am gegebenen Ort die Frau sprechen, sie ist es, die die überlange Zeile aufrichtet, aber es gibt eben ein „Nachher", den „Sauertopf", das „Hirni" und den „Alltagstrott", dem gegenüber der Lustteppich auch ein Lügenteppich ist, sofern er Dauer der Lust suggeriert, wo sie doch, *media vita*, vergänglich ist wie alles.

---

50 Das Figurengedicht hatte seine Blüte im Barock, geht aber auf antike Anfänge zurück. In den Beständen der Stiftsbibliothek St. Gallen finden sich diverse Figurengedichte, in Kreuzform etwa im Cod. Sang. 196 (http://www.e-codices.unifr.ch/de/list/one/csg/0196), einer Abschrift aus dem 9. Jh. Bei Meienberg finden sich weitere Figurengedichte, etwa ein Gedicht in Galgenform über sein Publikationsverbot beim *Tages-Anzeiger* (in: Die Erweiterung der Pupillen beim Eintritt ins Hochgebirge (wie Anm. 48), S. 134), oder in Phallusform zur Frage des (un-)tolerierbaren Vokabulars in Tageszeitungen (ebd., S. 138); weitere Figurengedichte im selben Band.

51 Wie Meienbergs Vater, verglichen mit der Magna Mater, geschwiegen habe ein Leben lang; vgl. Fehr, Meienberg. (wie Anm. 11), S. 20–24; zur dominanten Bedeutung der Mutter vgl. ebd., S. 88, 244, 288, 337, 355f., 470f.

52 Meienberg, Niklaus: Ungewissheit mein Vergnügen (Incertitudes ô mes délices). In: ders.: Geschichte der Liebe und des Liebäugelns. Zürich: Limmat, 1992, S. 33.

53 „Incertitude, ô mes délices / Vous et moi nous nous en allons / Comme s'en vont les écrevisses / A reculons, à reculons". Apollinaire, Guillaume: Le Bestiaire ou cortège d'Orphée. In: ders. Oeuvres poétiques. Paris: Gallimard, 1965 (Bibliothèque de la Pléiade, 121), S. 24. Meienberg gibt in Geschichte der Liebe und des Liebäugelns selbst eine freie Übersetzung (inklusive Originaltext, aber ohne Nennung des Autors): „Ungewissheit mein Vergnügen / Du und ich wir hauen ab / Wie die Krebse sich bewegen / hinderschi und ach so zag". In: Geschichte der Liebe und des Liebäugelns (wie Anm. 52), S. 23.

UNGEWISSHEIT MEIN VERGNÜGEN
(INCERTITUDES Ô MES DÉLICES)

Immer wenn sie mich umarmt
immer wenn ich sie umgarnt
wird mir ringsum gförchig warm
warm von hinten und von vorn
warm vor Liebe und vor Zorn

Weil sie immer manchmal zögert
und le pour et le contre abwägert
anstatt einmal, Kuss ist Kuss
spräch ein defitifigs:
Schluss!
mit allen andern Faxen
Wer mich eskaliert
ist mir gewaxen

Wer mich ekstasiert
wird gekürt und spürt:
dass er mich mutiert
mein Baum mein Bär mein Schaum mein tiefer Trösterich o Grillenkopf du Faun & Wiedehopf

Nachher, wieder auf dem Teppich
nicht auf unserm fliegenden
geil beflügelt lügenden
nicht mehr ganz getrost
wird ihr Mund zum Sauertopf
kühl beherrscht vom Hirni und
vom Alltagstrott

Abb. 2: „Ungewissheit mein Vergnügen"
(Niklaus Meienberg: Geschichte der Liebe und des Liebäugelns.
© 1992 by Limmat Verlag Zürich)

Diese Lyrik führt den Nachweis, dass es auch einen privaten Meienberg-Ton gibt, ruhiger, kaum zornig, liebeshungrig, todessehnsüchtig. Der Nachweis ist nicht überall gut aufgenommen worden; man hatte sich ein Bild von dem journalistischen Berserker gemacht, in das die zarteren Töne nicht passten.[54] Meienbergs Lyrik erhebt den Anspruch, dass neben der politisch-polemischen Rhetorik Raum für eine Sprache des Privaten sein müsse, eine Sprache der Zärtlichkeit, der Trauer, des Glücks und der Verzweiflung. Diese Sprache und ihr Anspruch melden sich auch in Meienbergs Rede zur Verleihung des Kulturpreises der Stadt St. Gallen.

Der Kulturpreis der Stadt St. Gallen

Seit den achtziger Jahren, vor allem seit seiner Tätigkeit als Pariser Korrespondent für den *Stern*, gilt Meienberg in der Schweiz als zwar unbequemer, aber arrivierter Journalist, der in vielen Presseorganen publizieren kann, der im Fernsehen auftritt und in den Klatschspalten erwähnt wird. Schließlich beginnen auch öffentliche Auszeichnungen Meienberg zu erreichen. 1988 erhält er den Werkpreis der Max-Frisch-Stiftung, 1989 den Zürcher Journalistenpreis, und 1990 wird ihm der Kulturpreis der Stadt St. Gallen zugesprochen.

1990 ist Meienberg 50 Jahre alt. Er hat Jahre intensiver Recherche, Schreib- und Publikationstätigkeit hinter sich, Krisen und Erfolge, Kämpfe und Ernüchterungen. Er ist zu einer Art Star und bösem Buben der deutschschweizerischen Presse geworden; die Verleihung des Kulturpreises der Stadt St. Gallen ist wohl erst vor diesem Hintergrund einer allgemeinen Arriviertheit und Prominenz möglich geworden. Die Verleihung hat heftige Reaktionen in den Leserbriefspalten bewirkt.[55] Auch die Feier selbst zeigt den Konflikt, den die Verleihung der Stadt beschert hat; so bleibt der gesamte Regierungsrat des Kantons St. Gallen der Feier fern, ebenso viele andere prominente Eingeladene aus Politik, Kirche und Kultur.[56] Meienbergs Dankesrede sieht über die Zwiespältigkeit der Preisvergabe nicht hinweg. Zwischen Provokation und Ehrerbietung steht die Begrüßung, die er seinem an- und abwesenden Publikum angedeihen lässt.

> *Geschätztes Publikum,*
> *Sehr verehrter Stadtrat,*
> *Sehr abwesender Regierungsrat von Kanton und Republik St. Gallen,*
> *Dear Representatives of the business school of Saint Gall,*
> *Estimable Kollegen aus dem Mediensektor & der Schriftstellerei, als da sind:*
> *Hugo Loetscher, Laure Wyss, Notker Balbulus, Kurt Marti, Notker Labeo,*

---

54 Vgl. etwa Sprecher, Margrit: „Was heckt der Böses aus?" In: message. Internationale Zeitschrift für Journalismus 3 (2006), S. 108f.

55 Auch eine penible Postkartenaktion einer zunächst anonym auftretenden Gruppe namens „KAK" („Kulturelles Aktions-Komitee St. Gallen") ist zu verzeichnen; vgl. Fehr, Meienberg. (wie Anm. 11), S. 414 und, für Näheres, Anm. 34.

56 Zur Feier vgl. Fehr, Meienberg. (wie Anm. 11), S. 413–417.

Jürg Laederach, Notker Teutonicus, Eveline Hasler, Ekkehard I., Gerold Späth, Ekkehard IV., Jürg Federspiel,

und nicht zu vergessen Ihre Exzellenz Fürstabt Beda Angehrn, welcher den heute unabkömmlichen Bischof Mäder vorteilhaft vertritt,

und natürlich lieber Herr Rabbiner Schmelzer, welcher, als einziger Vertreter der monotheistischen Religionen die Einladung des Stadtrates zu diesem Anlass angenommen hat und, wie er schrieb, mit Freude akzeptiert hat,

erlauchte Spitzen-Politiker, von denen einer sogar aus dem Irak extra nach St. Gallen zurückgedüst ist,

edle Verwalter und Seelenapotheker der Stiftsbibliothek, Ochsenbein und Vogler, über der Stifts-Bibliothek steht bekanntlich, wie früher über dem Eingang der ungeheuren Bibliothek von Alexandria, PSYCHES IATREION, Seelenapotheke,

werte Vertreter der Wirtschaft, z.B. der Firmen von Roll, Stoffel und Mettler, aber auch der Wissenschaft, insbesondere die Abgesandten der Universität Zürich in Gestalt ihrer hervorragenden Germanisten, Herzog u. von Matt,

liebe Familie Scola aus den Dolomiten, aber auch aus Paris,

und last but not least, ehrwürdige Madame Meienberg geborene Geiges, genannt Magna Mater Sangallensis, Stamm-Mutter eines nachgerade über den ganzen Erdball verzweigten Clans –

Es ist mir ein Bedürfnis, Ihnen allen heute die Grüsse und den ehrerbietigsten Dank des prämierten Meienberg zu überbringen. Er selbst, Niklaus Meienberg I., hat es vorgezogen, in dieser zeremoniösen Stunde in den Untergrund abzutauchen, weil seine sensible Natur die Feierlichkeiten nur ächzend bzw. grochsend überstehen könnte und natürlich auch deshalb, weil die Wogen der bü-bü-bürgerlichen Empörung, welche nach dieser Preisverleihung aufgebrandet sind, oder aufgequirlt oder aufgeschäumt oder abgeschäumt sind, sein Wohlbefinden doch recht sehr beeinträchtigen könnten. Einem Herrn im mittleren Alter kann es ja gesundheitliche Störungen verursachen, wenn er, wie das in der hiesigen Presse geschehen ist, in einer Zeichnung als Männeken Piss dargestellt wird, der auf seine Mitbürger herunterbrunzt, oder wenn er als abverstrupfter Klosterschüler und Nestbeschmutzer tituliert wird – nachdem er sich so lange als Nest-Entschmutzer betätigt hat. Er hat mich deshalb gebeten, an seiner Stelle ein paar Dankesworte, die er allerdings teilweise selbst redigiert hat, an die Festgemeinde zu richten. Es spricht also jetzt nicht das Original zu Ihnen, sondern ein Duplikat oder double des prämierten Meienberg, auch stuntman genannt.[57]

---

57 Meienberg, Niklaus: St. Galler-Diskurs bei der Preisübergabe. In: ders., Weh unser guter Kaspar ist tot (wie Anm. 27), S. 207–217, hier S. 207. Auch in: Reportagen 1 (wie Anm. 2), S. 86. Die Reverenz, die Meienberg Notker Balbulus, Notker Labeo (der freilich mit dem ebenfalls genannten Notker Teutonicus identisch ist), Ekkehart I. und Ekkehart IV. erweist, gilt nicht nur

Meienberg, der als Stuntman für Meienberg einspringt, Meienberg als Doppelgänger Meienbergs – diese Inszenierung erlaubt es ihm, auf eine Spaltung hinzuweisen, die nicht von Anfang an bestand, sondern sich im Lauf seiner Karriere auf der publizistischen Bühne einstellte. Der Name „Meienberg" stand einst für eine Person, die sich der Erkundung großer gesellschaftlicher Themen verschrieben hatte; als dann das Echo stark und Meienberg zur öffentlichen Figur im medialen Spiel wurde, war die Verwandlung in eine Rolle nicht aufzuhalten, der Markt war zu bearbeiten bis zur Selbstentfremdung. „Seine Sujets und sein Stil waren anscheinend im Begriff, eine Marktlücke zu füllen" – so Meienberg II. über Meienberg I. – „die Reaktionen (d.h. sehr oft: die Antwort der politischen Reaktion) kamen hageldicht, es war etwas los, manchmal sogar der Teufel."[58] Die Ausfüllung der Rolle des Extremjournalisten, der „als Streithammel und Rammbock und offiziell akkreditierter Robin Hood und wackerer Rächer der Armen […] in Sachen Umsturz über die Dörfer"[59] zieht, treibt einen Mangel hervor und damit den Wunsch nach Pflege einer – auch literarischen – Seite Meienbergs, die im öffentlich festgestellten Signalement nicht vorgesehen ist: die ruhige, gar stille, private, lyrische Seite. Von dieser Seite ist schließlich mittels Rezitation eines Gedichts die Rede, und auch davon, dass die Öffentlichkeit, die Freunde wie die Feinde, mit ihr nicht viel anzufangen weiß.

> *Eigentlich*
> *bin ich mir längst abgestorben*
> *ich tu nur noch so, als ob*
> *Atemholen, die leidige Gewohnheit*
> *hängt mir zum Halse heraus*
> *Mein Kadaver schwankt unsicher*
> *auf tönernen Füssen*
> *die wissen nicht*
> *wohin mit ihm*
> *[…]*
> *Genossen. Von Geniessen ist bei euch*
> *keine Spur*
> *ihr meldet euch nur*
> *wenn ich in eure Agenda pass*
> *wenn ihr mich plant*
> *wenn ich veranstaltet werde. Schöner*

---

den Dichtern und Gelehrten, sondern auch ihrem Wirkungsort, dem Kloster St. Gallen. Fürstabt Beda Angehrn (1725–1796) spielt in der Rede später noch eine Rolle (S. 212f. bzw. S. 90f.); über ihn und sein politisches Geschick hat Meienberg auch anderswo geschrieben: Zahl nünt, du bist nünt scholdig. In: Der wissenschaftliche Spazierstock (wie Anm. 4), S. 41–55. Auch in: Reportagen 1 (wie Anm. 2), S. 234–249. Die Fülle der Anspielungen und Konnotationen in Meienbergs „St. Galler-Diskurs" bietet einer rhetorischen Analyse reichlich Material.

58 Meienberg, St. Galler-Diskurs bei der Preisübergabe (wie Anm. 57), S. 209 bzw. S. 88.

59 Meienberg, St. Galler-Diskurs bei der Preisübergabe (wie Anm. 57), S. 210 bzw. S. 89.

Artikel gefällig
was darf es diesmal sein
vielleicht wieder
einer meiner
beliebten Aufschreie gegen die Hartherzigkeit der
Bourgeoisie

Freunde
Freunde? Es ist schon schön
gebraucht zu werden
ihr braucht aber nur
einen Teil von mir
der Rest verreckt
der grössere Teil

Fürs nächste Podiumsgespräch
schick ich euch
eine Podiumsgesprächspezialanfertigung
von mir. Ambulanter Kopf direkt
montiert auf Bein. Kutteln Herz Gekröse Galle Sonnengeflecht
sämtliche Innereien
bleiben daheim. Kompaktmodell

es ist

verreckt mit euch bin ich
ein Gebrauchsgegenstand eine alternative
War manchmal
vergeht ein Jahr man hört
obwohl mein Telefon lauthals kräht
keinen Ton von euch ich meine
von eucheucheucheucheuch nicht von eurer
verfluchten Funktion in der ihr ganz
begraben seid wie ich
in meinem eigenen
Sarkophag. Ihr wir hoffnungslosen linken
Aktenköferli[60]

Nach außen bedeutete die Verleihung des Kulturpreises der Stadt St. Gallen die öffentliche Anerkennung eines kritischen Geistes, die Anerkennung auch der Rolle, die Kritik in einer Demokratie spielen kann und soll. Zugleich aber ist die Preisverleihung auch ein Schritt zur Eingemeindung eines Aufsässigen in die etablierte Gesellschaft. Oder anders gesagt: Das System integriert auch die Kritik an ihm.

---

60 Meienberg, St. Galler-Diskurs bei der Preisübergabe (wie Anm. 57), S. 213–215 bzw. S. 91–93.

Meienberg hat dies wahrgenommen und ist sich (und anderen) dabei, wie das zitierte Gedicht zeigt, zum Problem geworden.[61] Er sah, dass er zunehmend Teil eines Kalküls wurde, das den Unterhaltungswert seiner Provokationen berechnete und auf Verkaufszahlen münzte; so erschienen seine Texte ab Mitte der achtziger Jahre nicht mehr nur in linken oder linksliberalen Zeitungen (auch die *Weltwoche* war einst linksliberal), sondern auch in Publikationen wie der *Schweizer Illustrierten*, *Bilanz*, *Geo*.[62] In der Beliebigkeit dessen, was der Philosoph Peter Sloterdijk in den achtziger Jahren „Medienzynismus" nannte[63], wurde auch Meienberg goutierbar, auch bei denen, denen er in die Suppe spuckte. Wie weit dies seine Texte verändert, seinen Zorn ermüdet hat, wäre zu untersuchen; ebenso die Frage, inwiefern der Medienwechsel von der Presse zum Buch diesen Prozess nicht nur begleitet, sondern befördert hat. Dass die Eingemeindung des kritischen Journalisten seine Lebensgeschichte affiziert hat, weit über den St. Galler Preis hinaus, steht außer Frage. Max Frischs später Pessimismus, der sich 1986 in der Klage äußerte, am Ende der Aufklärung stehe doch nur das „goldene Kalb", scheint am Ende, mit einigen Modifikationen, auch Meienberg einzuholen.[64]

Faktum und Inszenierung

Meienberg ist ein Schriftsteller, der mit *Fakten* arbeitet. Aber Meienberg ist auch ein Schriftsteller, der mit Fakten *arbeitet* und Fakten in Frage stellt. Das ist in ganz grundsätzlicher Weise der Fall. Seine Sprache stellt nicht nur einzelne Fakten zur Diskussion, sondern das Faktische überhaupt. Unablässig weisen Meienbergs Texte darauf hin, dass Fakten eben das sind, was ihr Name besagt: *factum*, Gemachtes – nicht das einfach Gegebene, sondern das Hergestellte. Meienbergs Texte legen die Frage nahe, in welcher Weise, in welchem Ausmaß und aufgrund welcher Dispositive sogenannte Fakten Ergebnisse kultureller und gesellschaftlicher Konventionen und Prozesse seien. Womöglich liegt im beständigen Hinweis auf die Gemachtheit, die Faktizität, der Fakten das stärkste polemisch-aufklärerische Potential Meienbergs. Dieser Hinweis ist das Ergebnis der für Meienberg spezifischen Kombination von stetem Wirklichkeitsbezug und kreativer Sprache.

---

61 Vgl. Renolder, Klemens: Hagenwil-les-deux-Eglises. Ein Gespräch mit Niklaus Meienberg. Mit einem Fotoessay von Michael von Graffenried und einem Aufsatz von Erich Hackl. Zürich: Limmat, 2003, S. 55–58.

62 Vgl. Durrer, Martin / Lukesch, Barbara: Meienberg für Verpackungskünstler. Die bürgerlichen Printmedien und der linke Starschreiber. In: Durrer / Lukesch (Hrsg.): Biederland und der Brandstifter (wie Anm. 10), S. 21–30.

63 Sloterdijk, Peter: Kritik der zynischen Vernunft. 2 Bde. Frankfurt a.M.: Suhrkamp, 1983, S. 893–897; siehe auch S. 559–575.

64 Es handelt sich um Frischs am 15. Mai 1986 an den 8. Solothurner Literaturtagen anlässlich seines 75. Geburtstags gehaltene Rede: Frisch, Max: Am Ende der Aufklärung steht das Goldene Kalb. In: ders.: Schweiz als Heimat? Versuche über 50 Jahre. Frankfurt a.M.: Suhrkamp, 1990, S. 461–469.

Die Hergestelltheit der Fakten ist zum einen Gegenstand jener philosophischen Reflexion, die seit den siebziger Jahren des vergangenen Jahrhunderts v.a. unter dem Begriff des Konstruktivismus firmiert.[65] Zum andern ist die Konstruktion, die Konstruiertheit und Konstruierbarkeit der Fakten aber auch Gegenstand politischen Denkens und Handelns. Dass sich Meienbergs Hinweis auf die Konstruiertheit des Faktischen als politisch progressiv versteht, kann nicht verwundern; aus seiner Sicht des Aufklärers ist das Bestehende das Veränderbare und zu Verändernde, jene aber, die keine Veränderung der Konstruktion wollen, die an der Aufdeckung von Fakten als Gemachtem, also Veränderbarem, nicht interessiert sind, sondern an der Bewahrung des Faktischen als des Wirklichen, gelten ihm als konservativ im besten, reaktionär im übelsten Fall. Meienberg weist aber auch darauf hin, dass es keine geschlossenen Weltbilder mehr gibt[66], dass das, was in der zeitgenössischen französischen Philosophie der Postmoderne „métarécits", „Metaerzählungen" heißt – Christentum, Aufklärung, Marxismus usw.[67] – keine allgemeine legitimierende Verbindlichkeit mehr beanspruchen kann, was allerdings weder bedeutet, Meienberg kritisiere das Faktische ohne Perspektive und Tendenz, noch, er sei nicht seinerseits noch Autoritäten und Instanzen wie dem Katholizismus, dem Klassenkampf, schließlich sogar der nationalstaatlichen Identität der Schweiz verhaftet.[68] Das ist kein Widerspruch, sondern Ausdruck einer Entwicklung – und einer Not.

Und es ist der Ort, von dem aus Meienberg das Welttheater in der „Arena" seiner Schreibmaschine[69] zum Stoff seines Texttheaters macht. Meienbergs Texte bieten ein – manchmal mit ironischem Vergnügen, manchmal mit aggressiver Boshaftigkeit gespieltes – Spiel der offensiven sprachlichen Virtuosität. Dieses wird nach Meinung seiner Gegner an den falschen Gegenständen gespielt, nämlich an solchen, die kritisch offen zu legen nicht angebracht sei, an der Armee etwa, der Arbeitswelt oder wirtschaftlich-politischen Machtverknüpfungen, und es wird auf die falsche Weise gespielt, nämlich mit scharfem Blick auf die Persönlichkeiten, die diese Gegenstände repräsentieren. Dass es an den ‚falschen' Gegenständen ‚falsch' prakti-

---

65 Zum Konstruktivismus mit Blick auf Medientheorie vgl. Weber, Stefan: Konstruktivistische Medientheorien. In: ders. (Hrsg.): Theorien der Medien. Von der Kulturkritik bis zum Konstruktivismus. Konstanz: UVK 2003 (UTB 2424), S. 180–200.

66 So etwa in: Leichenrede für den Journalisten Peter Frey oder Plädoyer für ein verschollenes métier. In: Weh unser guter Kaspar ist tot (wie Anm. 27), S. 54–61. Auch in: Reportagen 1 (wie Anm. 2), S. 15–21.

67 Vgl. Lyotard, François: Das postmoderne Wissen. Ein Bericht. Aus d. Frz. v. Otto Pfersmann. Wien: Böhlau, 1986 (Edition Passagen, 7), v.a. S. 96–122.

68 Vgl. im Umfeld der 700-Jahr-Feier der Schweizerischen Eidgenossenschaft etwa Meienberg, Niklaus: 1798 – Vorschläge für ein Jubiläum. In: ders.: Zunder. Überfälle Übergriffe Überbleibsel. Zürich: Diogenes, 1993, S. 118–127. Auch in: Reportagen 1(wie Anm. 2), S. 299–305. Dazu: Die Schweiz als Schnickschnack & Mummenschanz. In: Weh unser guter Kaspar ist tot. (wie Anm. 27), S. 124–132. Auch in: Reportagen 1 (wie Anm. 2), S. 306–314. Schließlich, durchaus erstaunlich: Die Schweiz als Staats-Splitter. In: Weh unser guter Kaspar ist tot. (wie Anm. 27), S. 133–136. Auch in: Reportagen 1 (wie Anm. 2), S. 315–318.

69 Wie Anm. 4.

ziert wird, gehört natürlich zum Spiel. Das Bedauern darüber, dass Meienberg als großer Stilist ‚leider‘ politisch auf der falschen Seite gestanden habe, läuft ebenso ins Leere wie die umgekehrt angelegte Klage, die Aufmerksamkeit auf seinen Stil entpolitisiere seine Texte[70]: Seine Sprache ist von seiner Kritik nicht abzulösen, seine Kritik steht und fällt mit der Wirksamkeit seiner Sprache. Dabei spielt Meienberg mit offenen Karten. Er verwendet seine literarischen Schreibstrategien so, dass sie stets als solche erkennbar sind, d.h. er inszeniert seine Texte so, dass die Inszenierung sichtbar bleibt – er inszeniert auch die Inszenierung. Darin ist er aufrichtig; darin liegt, beinahe paradox, die Authentizität seiner Texte. Das ist es, was seine Texte literarisch bedenkenswert macht. Und das ist es schließlich auch, was gleichsam, d.h. nicht im ökonomischen Sinn, ihren ‚Buch-Wert‘ ausmacht, den Medienwechsel von der Tagespresse zum Buch motiviert: den Medienwechsel, der seinerseits die Wahrnehmung der ‚szenischen‘ Bedingungen seiner Texte befördert.

---

70 Vgl. Stillhard: Meienberg und seine Richter (wie Anm. 28), S. 75–82. Den Rezensenten vorzuhalten, sie würden Meienberg auf seine literarischen Qualitäten reduzieren und damit seine politische Sprengkraft neutralisieren, greift etwas kurz. Wenn Meienbergs Texte eine politische Sprengkraft haben, die über den Anlass hinauswirkt, dann dank (und nicht trotz) ihrer literarischen Qualität – und in deren Grenzen.

Herr Mäder, das Stadtweib und ihre Nachbarn – Aktuelles literarisches Schaffen in St. Gallen

Eva Bachmann

Es war einmal eine respektable Stadt in der Schweiz, die wollte ihren eigenen Stadtroman. Also wurde ein Wettbewerb ausgeschrieben. Aus den eingegangenen Textproben und Exposés wählte eine Jury den Sieger, einen Mann aus Wien. Er bekam 15'000 Franken Preisgeld, weitere 15'000 waren zur Vollendung des Werks versprochen. Dazu wurde eine feierliche Übergabe organisiert – die in einem schrecklichen Fiasko endete: Die Organisatorin verließ mit Blumenstrauß und Scheck und unter Protest den Saal, der engagierte Schauspieler weigerte sich, aus dem Buch zu lesen, die ganze Stadt war vor den Kopf gestoßen. Sie erkannte sich in dem Roman nicht wieder. „Der Roman erfasst die Seele der Stadt nicht", sagte die Jury. Der Autor klagte: „Ich bin zu einer Preisverleihung angereist, doch man hat mir einen Prozess gemacht."

Die Geschichte hat sich so zugetragen, allerdings nicht in St. Gallen, sondern in Basel im Jahr 2002. Basel hatte sich seinen „Stadtroman" so vorgestellt, wie wenn Charles Dickens über London schreibt, Alfred Döblin über Berlin oder Robert Musil über Wien. Die Liste ließe sich fortsetzen mit Balzacs Paris und Thomas Manns Lübeck – zeitlich und örtlich näher mit Salman Rushdies Bombay oder Gerold Späths Rapperswil. Die letzten beiden Beispiele mögen zeigen, dass das Unterfangen Stadtroman kein ungefährliches ist. Viele Städter erkennen sich in ihrem Roman nicht wieder. Rushdie ist vom Tod bedroht, und manche Barbarswiler sind ganz glücklich, dass ihr Stadtdichter mit Vorliebe in Irland und Italien am Schreibtisch sitzt.

St. Gallen hat keinen Stadtroman. St. Gallen hat keine Dichterin und keinen Dichter zu weltbekannten Leistungen inspiriert und sich so als Stadt in der Literatur verewigt. Trotzdem handelt dieser Beitrag vom aktuellen literarischen Schaffen in St. Gallen. Denn in St. Gallen und über St. Gallen wird geschrieben. Und um diese Texte wird es im Folgenden gehen.

Es ist Frühling geworden

Was wäre Gotthelf
ohne das Emmental
Keller ohne Zürich
Goethe ohne Weimar

ich wohne in St. Fiden
aber das hat nichts
zu sagen[1]

Dass St. Gallen (und erst recht St. Fiden) „nichts zu sagen hat", haben vor Ivo Ledergerber schon mehrere festgestellt. 1954 zum Beispiel Eduard Stäuble: „Schon immer gab es auch Kunstfreunde und Künstler unter den St. Gallern. Heute vielfach sogar in stetig wachsender Zahl. Wenn auch zu sagen ist, daß in diesen Dingen nie ein gefahrloses, ungewagtes Mittelmaß überschritten wurde und daß auf künstlerischem Gebiet bis heute nur wenig bis nichts wahrhaft Überragendes und Bahnbrechendes von einem St. Galler ausgegangen ist. Notker Balbulus ist nur die Ausnahme, welche die Regel bestätigt. Bitter, dies sagen zu müssen; aber wir wollen der Wahrheit die Ehre geben. Das Gediegene, Saubere, Brave, Solide ist auch in künstlerischen Dingen das Angestrebte. Und man muß sagen: in diesen Grenzen ist auch von St. Gallern schon viel Tüchtiges und Bemerkenswertes, Schönes und Edles geschaffen worden. Damals wie heute."[2]

St. Gallen in der Literatur – Literatur in St. Gallen: Der „genius loci" mag hier kühler und spröder sein als anderswo. Trotzdem weckt die Stadt Emotionen, die auch in die zeitgenössische Literatur eingeflossen sind. Mit der Liebe und dem Zorn von Autorinnen und Autoren für und gegen ihre Stadt beschäftigt sich dieser Text. Wobei sich der Zorn durchaus als fruchtbarer erweisen wird. Es wird um Literatur gehen, die die Stadt St. Gallen beschreibt, beschimpft und besingt. Im Zentrum stehen Belege aus den letzten rund dreißig Jahren. St. Gallen ist in diesen Texten immer eine gesehene und erlebte Stadt, der Blick ist also nie umfassend und neutral – und es ist genau diese Parteilichkeit, die hier von Interesse sein soll. Der Beitrag folgt den literarischen Figuren, auf ihrem Weg durch diesen Ort. Er folgt den Stadtbewohnern und ihren subjektiven Zu- und Abneigungen.

Drei Damen, oder: Die Stadt in der Provinz
Nähern wir uns der Stadt wie ein Reisender: vom Land her. Der Gegensatz von ländlicher Idylle und städtischer Geschäftigkeit ist ein alter Topos, wobei sich die Bewertung der Pole im Lauf der Zeiten gewandelt hat. Im Mittelalter galt der Rechtsgrundsatz „Stadtluft macht frei nach Jahr und Tag"; die Stadt bot sozusagen ein Recht auf ein freies Leben, modern: auf Selbstverwirklichung. In der Romantik idealisierten die Dichter – die selber zumeist aus der Stadt kamen – das Leben auf dem Land, sie sahen es als ursprünglich und unverfälscht an. Mit der Industrialisierung wurde die Stadt mehr und mehr zum menschenfeindlichen Moloch, zu einer von Menschen geschaffenen Anti-Natur. Andererseits war und ist die Stadt die Keimzelle von Revolution, von gesellschaftlichem Aufbruch.

1   Ledergerber, Ivo: Es ist Frühling geworden. Unpubliziert.
2   Stäuble, Eduard: Charakter. In: Butz, Richard (Hrsg.): Mein St. Gallen. St. Gallen: VGS, 1994, S. 94.

St. Gallen verkauft sich als selbst als „Stadt im grünen Ring", als städtisches Zentrum inmitten einer landschaftlichen Idylle. Wenn Franz Hohler die Stadt St. Gallen selbst als „Idylle" bezeichnet, kann das nur höhnisch gemeint sein: „Die Kathedrale erinnert mich an ein Sportstadion, kein Ort der Andacht, sondern ein Ort der Massenveranstaltungen, ganz darauf angelegt, daß man sich allein darin unwohl fühlt."[3] Es geht weiter mit dem Schmutzigen Donnerstag im „Rössli" Abtwil und Serviertöchtern, die sich alle Mühe geben, verworfen zu wirken. Und die Krönung sind die knorrigen Menschen: „Es soll hier einen Huthändler geben, der seine Kunden mit den Worten ‚Was wotsch?' nach ihrem Wunsch frage. Weiter wird von ihm berichtet, er knalle mit fauchenden Lauten eine Auswahl auf den Ladentisch und befehle einem gewissermaßen, was man kaufen müsse, und man kaufe es dann tatsächlich. Er wird als Original bezeichnet. In der Handelshochschule hat, so höre ich, Braque eine Taube geliefert, aber die Parkplätze sind jetzt schon zu knapp." Den St. Gallern, so das Urteil des Außenstehenden, mangelt es an Weltläufigkeit. Sie wohnen in der Stadt, spielen Stadt und sind doch die größten Provinzler.

Bei Helen Meier hingegen ist der klassische Gegensatz Stadt-Land kaum gebrochen. Die St. Gallerin, die in Trogen wohnt, schickt in der Erzählung „Konzert" drei ältere Frauen aus Außerrhoden zu einem Konzertabend in die Tonhalle in St. Gallen.

> *Lu, von mächtigem Seidenschal umschlungen, saß breit und tief hinter dem Steuer, imposant wie stets, grimmig-alte Königin, neben ihr saß Enrica, groß und gelb. Sorgfältig hatte sie nach dem Einsteigen die Krücken neben sich gelegt, als wären es Blumen, und ich, hinter Lus Sitz gedrückt, machte ihr Komplimente, wie gut sie aussehe, sie habe im Gesicht etwas zugenommen.*
> *„Ziemlich viel draufgeschmiert habe ich", sagte Enrica, „will nicht wie eine Wasserleiche aussehen."*
> *[...]*
> *„Der Beethoven hat mir gefallen", sagte ich beim Hinausgehen, „der zweite Satz besonders, emotionell und ergreifend gespielt. Der Mozart hat mich kaltgelassen."*
> *Lu gab keine Antwort, richtete ihre ganze Aufmerksamkeit auf die Treppe, hielt sich am Geländer, senkte sehr langsam den Fuß, Enrica setzte zuerst die Krücken auf die Stufe, schob die Hüfte nach. Ich eilte durch die Menge hindurch hinab, sah sie runterkommen. Lu schritt gemessen, als trüge sie eine Schleppe, nahm Rücksicht auf Enrica, die bloß spaßeshalber und zur Abwechslung an Gehhilfen ging.*
> *„Der Beethoven hat mir gefallen", sagte ich in der Tiefgarage. Lu war mit Hinausmanövrieren beschäftigt.*
> *„Nein, nicht diese Richtung", meinte Enrica.*

---

3 Hohler, Franz: St. Gallen. In: Mein St. Gallen (wie Anm. 2), S. 66–67.

„Natürlich diese", brummte Lu, „wievielmal mach ich das schon. Es tut mir leid", wandte sie sich an mich, „daß wir dir kein besseres Konzert geboten haben. Viel zuviel Pedal. Der Dirigent ist ein Hampelmann. Der hätte besser den Takt markiert, als solch weitschweifende Faxen zu machen. Er ist doch kein Clown. Unexakt das Orchester, hat Einsätze verhuschelt, die Bässe haben zweimal gepatzt."

„Der Dirigent war ein Holzhauer", sagte Enrica, „viel zu laut."

„Kuchinsky nimmt ganz wenig Pedal, äußerst selten, ich brauch es auch ganz selten, der Ton muß nicht geschlagen, er muß geholt sein."

„Wie er die Oktaven gehämmert hat, scheußlich."[4]

Wohnen auf dem Land, die Kultur in der Stadt: Eine moderne Aufgabenverteilung, die im Kern die alte Dualität von Stadt und Land weiterschreibt. Helen Meier assoziiert die Stadt mit dem kulturellen Leben und meint damit das Leben und die Lebenslust überhaupt. Ihr Kernthema ist das Alter, es geht um die drei Frauen, ihre Lebensgeschichten und ihren Lebensmut. „Wie schafften sie es, das Alter mit Heiterkeit zu verbinden?", ist eine der Kernfragen der Ich-Erzählerin. Beleg für die Heiterkeit im Alter ist das Konzert. Trotz Falten machen sich die Frauen noch schön, trotz Gebrechlichkeit fahren sie noch in die Stadt und trotz der Mühe mit den Treppen gehen sie noch in die Tonhalle ins Konzert. Und im Anschluss liefern sie sich ein lustvolles Streitgespräch. Die Stadt ist der Ort, wo das Leben spielt. Da trifft man auch die Jugend, über die man ein bisschen schimpft, weil sie zu laut Techno hört. Jedenfalls leben die Frauen in der Stadt auf.

Franz Hohler und Helen Meier: Zorn und Liebe? Das Gefühlsbarometer dieses ersten Kapitels kennt noch weitere Stimmungslagen: St. Gallen belustigt und belebt.

Ratpert und Wiborada, oder: Die Stadt als Echoraum der Geschichte

Städte sind ein Ort des Lebens – ein Ort aber auch, an dem sich früheres Leben abgelagert hat. In St. Gallen sind mit dem Kloster oder den Bauten aus der Blüte der Stickerei schon in der gebauten Stadt verschiedene Epochen sichtbar. Die neuen Schichten über den alten decken diese nicht zwingend zu. Und die Literatur sucht auch bewusst die Durchlässigkeit zum Erbe hin. Heutige Dichterinnen und Dichter holen das Alte mit ihren eigenen Mitteln hervor. Dabei geht es ihnen nicht ums Abstauben und Glänzen, sondern um eine kritische Auseinandersetzung.

St. Gallen:

In St. Gallen wurde gestern der irische Glaubensbote Gallus II, welcher ins Hochtal der Steinach gekommen war mit dem Ziele, die dort ansässige Bevölkerung, die längst wieder in heidnische Götzenverehrung zurückgefallen ist, neu zu bekehren, auf dem Fußgängerstreifen bei der Talstation der Mühleggbahn von einem Personenwagen erfaßt und mehrere Meter weit fortge-

---

4   Meier, Helen: Liebe Stimme. Geschichten. Zürich: Ammann, 2000, S. 15–19.

schleudert. „Hier will ich bleiben!", soll der vom achten Halswirbel an gelähmte fromme Mann gesagt haben, „hier will ich eine Kapelle bauen." Kurz nach dem Unfall wurde er mit einem Helikopter ins Paraplegiker-zentrum Basel, das mit abgestürzten Deltafliegern überfüllt war, überführt, wo er kurze Zeit danach verstarb. Sein Projekt einer Kapelle dürfte wegen der unvermeidlichen Behinderung des Verkehrsflusses ebenso chancenlos sein wie das heute eingereichte Initiativbegehren der Sozialistisch-Heraldischen Gesellschaft (SHG), das St. Galler Stadtwappen sei durch einen roten Helikopter auf grauem Grund zu ersetzen.[5]

Hans Fässler parodiert in einer Art Zeitungsmeldung Gallus' Wiederkehr nach St. Gallen. Gallus ist nicht nur ein Prophet, der im eigenen Land nichts gilt, er wird sogar totgefahren. Sein Vermächtnis schlagen die St. Galler aus. Ihre Götzenverehrung gilt dem Auto, Priorität hat der ungehinderte Verkehrsfluss. Das Heil bringt der Heli.

Der Kabarettist Hans Fässler ist auf Stadtsatire abonniert. Und er gilt als einer der zornigeren Bewohner St. Gallens. Der etwas ältere Gallus-Text (1986) ist oberflächlich heiter, ein launiges Spiel was-wäre-wenn, unterschwellig jedoch eine ätzende Kritik an der unsäglichen Verkehrspolitik in der Innenstadt, die buchstäblich über Leichen und tausendjährige Kultur geht.

In der Stiftsbibliothek lagern auch die Verse des St. Galler Mönchs Ratpert. Der Lyriker Ivo Ledergerber liest Ratpert, er öffnet diesen Echoraum der Geschichte und hört auf das Nachschwingen in unserer Zeit. Ivo Ledergerber antwortet mit drei eigenen Variationen auf die tausendjährigen Zeilen seines Vorgängers.

Ardua spes mundi
solidator et inclyte caeli
Christe exaudi nos propitius famulos/Var. 1

Was
hast du dir vorgestellt
Ratpert mit steiler Hoffnung
mit hochaufragender
in unserer armseligen Welt
hast du s Öhrli je gesehen
hat Tuotilo der geschäftige
dir Schulstubenhocker davon erzählt
hinter sich lassen
möchte es den Berg
strebt weg

---

5   Fässler, Hans: St. Gallen. In: SchreibwerkStadt St. Gallen. Momentaufnahme Lyrik. Hrsg. von Christian Mägerle und Richard Butz. St. Gallen: VGS, 1986, S. 31.

vergebliche Müh und Hoffnung
massig bleibt
das Gebirge
im Rücken
verlässt es nicht
hoffnungslos
hängt es am Berg
eingedeckelt vom Firmament
wie wir
bräche doch einer
seine Stütze
risse auf den Himmel
den wenigen die noch nicht
zerschellt sind an den Kreuzbergen
frommer Dogmen
möchte dann
ein ferner Christ
uns hören
und zusprechen
endlich
Hoffnung[6]

Ratpert spricht von Hoffnung, Ivo Ledergerber von unserer armseligen Welt. Ledergerber ruft Ratpert und seine Zeit auf und erinnert im gleichen Atemzug an ihre Folgen, an die Kreuzberge frommer Dogmen. Und trotzdem sind aus den heutigen Variationen über Ratpert wieder Hoffnungsgedichte geworden. „Bräche doch einer seine Stütze" und „risse auf den Himmel". Die alte Hoffnung ist auch die neue Hoffnung. Ivo Ledergerber wählt ein lyrisches Verfahren, das die Tradition als Tradition stehen lässt. Seine Übertragung für die Jetzt-Zeit ist angereichert mit dem Wissen um die Zeit dazwischen. Diese Lyrik nimmt die Position des heutigen Lesers, des lesenden Stadtbewohners eminent wichtig. Aus dem Ratpert-Leser Ledergerber wird ein Autor, der seinerseits Gedichte schreibt, die wir nun wieder lesen. Unsere Rolle ist noch nicht vorgeschrieben, aber das Weiterdenken aus der eigenen Wahrnehmung heraus bereits eingeschrieben.

Auch Florian Vetsch ruft das Alte auf. Bei ihm löst dies ein weitreichendes intertextuelles Echo aus. Sein Ausgangspunkt ist Wiborada, die Inklusin von St. Mangen:

Nachrichten von Wiboradas Verwandtschaft

Dass ihre Muhme Schepenese heisst, entdeckte man
erst, nachdem sie den Mönchen ein Licht

---

6   Ledergerber, Ivo: Ardua spes mundi. Unpubliziert.

> *gesteckt hatte & die Marteraxt aus der Blutlache*
> *beseitigt war. Doch vom Löffel & der Nackenstütz*
> *gab man früh Bescheid / Lettergeistin, harte*
> *Lukenratbrecherin:* bete für uns */ Käsemesser*
> *werden heute im Zeichen ihrer wundersamen*
> *Buchhüllen gewaschen.* Es ist ein grosses Problem dieses
> Problem des Waschens*, sagte Gertrude,*
> *ihre Schnur.*[7]

Wiborada mit den ihr typischerweise beigegebenen Gegenständen, der Marteraxt, dem Löffel, der Nackenstütze und den Büchern wird in diesem Gedicht verbunden mit Schepenese, der Mumie in der Stiftsbibliothek, mit der Käsehalle neben dem Wiborada-Brunnen und mit Gertrude Stein. Florian Vetsch nennt es Verwandtschaftsbeziehungen. Er suggeriert die Geburt der abendländischen Kultur im Morgenland bei der Muhme Schepenese. Und er stellt eine Verbindung her vom Martyrium Wiboradas zu jenem der Juden im 20. Jahrhundert, wobei das Reinwaschen nach dem Gemetzel angeprangert wird.

Ledergerber und Vetsch machten die alte Literatur für neue fruchtbar. Die Stadt St. Gallen stiftet die örtliche Verbindung zwischen Vorgängern und Nachfahren. Ratpert und Wiborada sind die lokalen Anknüpfungspunkte für Gedichte, die unserer Zeit eine historische Tiefendimension einschreiben und sie weiter in der Geistesgeschichte vernetzen. Liebe oder Zorn? Vielleicht ist das keine Angelegenheit des Herzens, sondern des Kopfs – und doch spricht Zuneigung zu den Ahnen und ihren Hinterlassenschaften aus den Texten, auch wenn man die Deutung der Geschichte für sich beansprucht.

Eine weitere Verbindung von der Stiftsbibliothek in die Moderne stiftet Thomas Hürlimanns Novelle *Fräulein Stark*[8]. Die Schilderung dieses Inbegriffs des St. Galler Stolzes als verstaubte Institution hat 2001 viel Staub aufgewirbelt. In Deutschland debattierte man über die Verknüpfung der abendländischen christlich geprägten Geistesgeschichte mit dem Antisemitismus, in St. Gallen über die Darstellung lebender Personen. Schon früher hat Hürlimann St. Gallen zum Schauplatz gemacht: Das Stück *Großvater und Halbbruder*[9] spielt im Familienbad auf Dreiweihern während des Zweiten Weltkriegs. In einer wahnwitzigen Szene sitzen die St. Galler auf dem Dach der Kabinen und schauen hinüber nach Deutschland. Sie sind begeistert von den Feuerwerken, also der Bombardierung Friedrichshafens. „Volltreffer! Volltreffer! Die nächste Runde!", rufen sie. Ihre Sorge gilt dem Wetter, denn

---

7   Vetsch, Florian: Nachrichten von Wiboradas Verwandtschaft. In: Butz, Richard / Mägerle, Christian / Riklin, Adrian / Sonderegger, Liv / Überschlag, Doris (Hrsg.): Bäuchlings auf Grün. Lyrik aus dem Kanton St. Gallen im 20. Jahrhundert. St. Gallen: VGS, 2005, S. 169.

8   Hürlimann, Thomas: Fräulein Stark. Novelle. Zürich: Ammann, 2001.

9   Hürlimann, Thomas: Großvater und Halbbruder. Drama. In: Spectaculum 46. Frankfurt a.M.: Suhrkamp, 1988.

„die fliegen nicht, wenn es schifft". Nutznießerin ist die Schnauztante, die Würste
brät und Bier verkauft. „Wir wirten manchmal bis in die Nacht hinein! Seit Wochen
hockt das halbe Dorf bei uns. Wir liegen eben günstig, von der Aussicht her gesehen. Ein Bombengeschäftlein, wenn's noch ein bisschen anhalten würde. Aber der
Krieg soll ja bald aus sein. Von der Liebe allein lebt keine." Die Schnauztante ist
eine St. Galler Mutter Courage.

Thomas Hürlimann bezeichnet die St. Galler etwas abschätzig als Dörfler. Sie
sind Opportunisten. Sie wenden sich zuerst gegen den Großvater, der einen Juden
versteckt. Und dann gegen den Großvater, der den Halbbruder Hitlers deckt (wobei
es sich um dieselbe Person handelt). Kein Wunder, wird der Großvater darüber ver-
rückt.

Gegen die Aufführung von Hürlimanns Stück gab es in St. Gallen heftige Opposition. Da mögen sich einige zumindest in ihrer Haltung wiedererkannt haben. Der
Echoraum der Geschichte verbreitet nicht nur wohlige Gefühle der Selbstzufrie-
denheit. Wenn Jüngere nicht das Echo der hochgeschätzten, alten Traditionen verstärken, sondern das misstönige, das man lieber nicht hören möchte, wecken sie
Zorn und Ablehnung. Dies hat nicht nur Thomas Hürlimann erfahren müssen,
sondern auch Hans Fässler mit seiner Geschichte der Sklaverei oder Stefan Keller
mit *Grüningers Fall*.

Das historisch reiche St. Gallen sei heute ein verschlafener Ort, sagen Jugendliche.
Sagten Jugendliche wohl schon immer. Dass der Vorwurf jedenfalls nicht ganz neu
ist, zeigt das Gedicht von Martin Hamburger aus den 80er Jahren: Die „Rolling
Stones" waren im Kommen, das „Seeger" geschlossen, die Geschichte hat nicht begonnen. Schon gar nicht in St. Gallen. Kein Echo.

> *Aber keine Reue*
>
> *Nach all den Körpern*
> *den heilsamen Umklammerungen*
> *(als hätten sie Einfluß auf das Weltgeschehen)*
> *nach all den instinktiven Unterfangen*
> *all den kläglichen Kapriolen*
> *nach all den Eingeständnissen in letzter Minute*
> *nach all dem Verführen und Erliegen*
> *sehe ich mich vor dir stehen*
>
> *am letzten Schultag als es zum ersten Mal schneite*
> *die „Stones" waren im Kommen*
> *das Café „Seeger" war geschlossen*
> *und ich küßte dich nicht*[10]

---

10 Hamburger, Martin: Aber keine Reue. In: SchreibwerkStadt St. Gallen (wie Anm. 5), S. 38.

Das Stadtweib, oder: Die Stadt als lebendiger Organismus

Emile Zola beschreibt Paris im Roman *Le ventre de Paris* als riesigen Bauch. Er spielt in den Markthallen, aus denen die gefräßige Metropole beliefert wird mit Gemüsen, Früchten, Fischen, Fleisch – verderblicher Ware, die irgendwann sehr degoutant verwest. Die Leipziger Komparatistik-Professorin Angelika Corbineau-Hoffmann zeichnet in ihrer *Kleinen Literaturgeschichte der Großstadt* nach, wie Zola die Markthallen metonymisch für die ganze Stadt Paris setzt. „Nun hörte er (Florent) das langgezogene Dröhnen, das an den Markthallen begann. Paris kaute die Bissen für seine zwei Millionen Einwohner. Es war, als schlüge wütend ein riesiges Herz, welches das Lebensblut in alle Adern pumpte."[11] Zola hat der Stadt ein Eigenleben gegeben, sie frisst und verdaut, hat einen Puls. Sie wird zu einem lebendigen Organismus, der auch seine Bewohner verschlingt und wieder ausspuckt, sie durch seine Verkehrsadern treibt. Diese Idee, die Stadt zur Akteurin, zur Figur zu stilisieren, die auf die Befindlichkeit und das Verhalten ihrer Bewohnerinnen und Bewohner zurückwirkt, hat in der jüngeren Literatur neue Mittel und Wege der Darstellung gefunden.

Christine Fischer beschreibt die Stadt als Weib. Die Bewohnerin steigt hinauf auf die Bernegg, geht über den Höhenzug bis zur Notkersegg, betrachtet St. Gallen von oben und erkennt in den Umrissen des Stadtgebiets eine Frau.

Annäherungen

Hast Du Zeit? Möchtest Du fortgehen und dennoch dableiben? Packt Dich manchmal das Fernweh oder die Lust auf das Nahste? Träumst Du mitunter von Baumschatten, von Laubrausch und Lindenduft, vom Duft faulenden Obstes an Wegrändern, von weißen Inseln im grünen Meer? Glaubst Du, daß Stadt und Land in glücklichen Momenten Geschwister sind, die Tür an Tür miteinander wohnen? Hast Du schon einmal den Satz gedacht: „Diese Stadt ist ein langhingestrecktes Weib" und Dir aus dem Satz ein Spiel gemacht, de Glieder jenes Weibes gesucht, den Schwung ihrer Hüfte verfolgt, in seine Augen geblickt, seinem Herzschlag gelauscht – und dies aus Distanz? Hast Du Zeit?
Du hast Zeit gehabt. Du hast Abstand genommen. Du hast gewußt: manchmal liegt das Gute nah. Es ist ein Föhntag gewesen in der Zeit um Allerheiligen. Du hast den Bus bis zur Endstation Riethüsli genommen. Dort warst Du noch immer mitten in der Stadt. Du bist ein paar hundert Schritte hochgestiegen. Die Stadt ist im brennenden Farbenmeer von Ocker, Rost, Mais und Senf ertrunken. Der Himmel über Dir hat in übereinandergeschichteten Lichtbänken geglüht. Du bist zum Waldrand hochgestiegen und hast um Dich geblickt. Dir ist fast schwindlig geworden. Du hast Deine linke Hand ausstrecken und im Südwesten den Kamm des Alpsteins ergreifen

---

11 Corbineau-Hoffmann, Angelika: Kleine Literaturgeschichte der Großstadt. Darmstadt: Wissenschaftliche Buchgesellschaft, 2003, S. 99.

können. Gerade vor Deiner Nasenspitze hat sich die anmutige Linie der Solitüde nach Westen hin zum Menzlenwald gezogen, dem „mons caeli" aus altvorderer Zeit. Und weiter stadtauswärts, jenseits der Sitterbrücken, dort wo Du die Füße des Stadtweibes vermutetest, lagen noch mehr Weiber kreuz und quer bis weit ins Fürstenland hinaus. Waren es Weiber? Oder waren es Kissen und zerwühltes Bettzeug? Nein, es waren Buckelwale, die von Westen her die Stadt einnahmen, sie hatten die weißen Schaumkronen der Häuser vor sich hergetrieben und warfen sie ins Hochtal der Steinach, zwängten sie zwischen die Flanken von Rotmonten und Freudenberg, im gespenstischen Licht des Nachmittags rückten sie vor, und eine Furcht beschlich Dich. „Weiber!" stießest Du zwischen den Zähnen hervor. „Wale! Eine Stadt für Verrückte!" und gingst weiter. Es war Frühling.[12]

Der Text geht noch weiter durch Sommer, Herbst und Winter, die Autorin spaziert über die Anhöhe, sie sieht die Stadt, den See und träumt sich in die Ferne. Am Schluss steht der vollkommene Einklang: „Deine Wanderung war beendet. Du warst versöhnt. Dein Fernweh gestillt, mit dem Wunsch nach Nähe verwoben. Du warst eine von hier und gleichzeitig eine von weit weg, von weit her. Ansässig und beflügelt. In Dir schlug das Herz des Stadtweibs." Als ob eine Zugezogene ihr erstes Jahr in St. Gallen beschreiben würde, wird hier eine langsame Versöhnung durch alle vier Jahreszeiten mit einer Heimat vollzogen, indem man sie immer wieder betrachtet und darin ein Leben erkennt, mit dem man den Herzschlag teilt.

Die Stadt ist in Christine Fischers Text nicht aus Stein fest gefügt, sie ist „im Farbenmeer von Ocker, Rost, Mais und Senf ertrunken", die Stadt ist ein „Röhren, Brummen, Brausen", die Stadt „atmet die Hitze des Tages aus" und reckt „ihre immer schwärzer werdenden Arme in die Höhe", das Stadtweib „tanzte hinein in die Nacht", es „regiert den Winter". Die Stadt ist eine Akteurin. Bewegung kommt zwar einzig der Spaziergängerin zu, ebenfalls das Sehen und Träumen, doch die Stadt gibt in diesem Text ständig Lebenszeichen von sich. So kommt sie der Erzählerin in einer freundlichen, weiblichen Gestalt entgegen.

Ihre unfreundliche Seite zeigt diese Stadt einem anderen Autor: Christoph Keller. Die vielen Treppen bedeuten für den Rollstuhlfahrer nichts als Hindernisse. Die Geschichte des Größerwerdens in St. Gallen ist für ihn auch eine Geschichte des Schwächerwerdens infolge einer Muskelkrankheit. Die Geschichte seiner Jugend in St. Gallen hat Christoph Keller im Roman *Der beste Tänzer* verarbeitet. Darin gibt es eine szenisch gearbeitete Passage, in der sich der Schüler mit der Kantonsschule am Burggraben anlegt: Es treten auf „Das Problem" und „Das Gebäude". Hier bekommt die Stadt somit eine Sprache, und sie hat sogar eine Absicht.

---

12 Fischer, Christine: Annäherungen. In: St. Gallen. Ein Stadtführer. Hrsg. von Rosmarie Früh, Jost Kirchgraber und Martin Wettstein. St. Gallen, VGS, 1997, S. 13–19.

Es hingen keine Schilder an den Eingängen, die Schülern oder Lehrern, die auf Rollstühle angewiesen waren, den Eintritt verweigerten, und auch in der Schulordnung gab es kein solches Gesetz. Aber das war auch nicht nötig, denn die Treppen genügten.

„Ach, Stufen, ach, Steine, was kann man dagegen tun, wenn einer etwas härter liegt als der andere", so wiederholte das Gebäude die Lektion für mich jeden Tag. [...]

Ich war das Problem, nicht das Gebäude, das leuchtete mir Stufe für Stufe besser ein. Wäre nicht ich das Problem, wäre doch längst einer gekommen und hätte das alles geändert. Und da es Gesetze gab, welche das Gebäude unter Schutz stellten, musste ich froh sein, dass mich keiner entfernte, der ich das Gebäude ja im Grunde verunstaltete wie eine Rampe oder ein Treppen-lift.

Wirklich, das war doch kein Anblick, wie ich mich täglich treppauf, treppab durch dieses Gebäude quälte! Hieß das nicht, dass ich, da ich den Denkmal-schutz verletzte, mich illegal benahm, also ein Krimineller war? „Hast du dir einmal überlegt", fragte mich das Gebäude, „ob es vielleicht deshalb keine Rollstühle an dieser Schule gibt? Hast du einmal darüber nachgedacht, ob vielleicht deshalb keiner kommt und die Treppen schleift?"

„Nein, ich...", machte das Problem.

„Und", fuhr das Gebäude fort, „wird es laut deinem Dr. Feller nicht ohnehin nicht mehr lange dauern, bis auch du auf einen Rollstuhl angewiesen bist? Ist dir nicht klar, dass dir deine Muskeln nur eine Galgenfrist gegeben haben, sodass du besser schaust, wie du dich auf deinen wackligen Beinen bis zur Matura durchmogeln wirst, und wenn deine Muskeln vorher", und hier schnalzte das Gebäude genießerisch mit der Zunge, „den Geist aufgeben, dann kommst du eben –"

„Schweig! Halt die Klappe!" rief das Problem laut, und laut hallte es von den Wänden des Gebäudes.[13]

Am Gebäude ist nicht zu rütteln. St. Gallen ist stur. St. Gallen schließt aus. Die Kan-tonsschule spricht davon, die Erststockbeizen sprechen davon, das Passbüro spricht davon, die vielen Treppen sprechen alle davon. Die Stadt schließt nicht per Gesetz aus, sondern gibt mit perfiden Mitteln zu verstehen, wer dazugehört und wer nicht. In Kellers Roman gibt es dazu auch eine Bildspur mit lauter Treppen. Hier hat einer eine Wut im Bauch. Christoph Keller ist in diesen Treppengeschichten ein zorniger Ankläger – auch wenn der Text manchmal durchaus heiter ist. Indem der Rollstuhl-fahrer die Stadt beschreibt, zeigt er sie uns Gehenden aus einer ganz neuen Perspek-tive. Insofern ist es eine besondere Art von Stadtroman.

Im Kern ist *Der beste Tänzer* allerdings ein Vaterroman, vielmehr als ein Stadtroman. Doch die beiden Sujets sind eng miteinander verknüpft. Der Vater ist

---

13 Keller, Christoph: Der beste Tänzer. Roman. Frankfurt a.M.: S. Fischer, 2003, S. 146–148.

nicht nur ein stadtbekannter Gewerbler, er ist wie die Stadt auch eine Figur der Drangsal, die Ausschluss und Minderwertigkeit verkörpert. Bei einem Besuch demütigt der Vater seinen schwachen Sohn einmal mehr. „Wie sehr er aufspringen und ihm die Faust ins Gesicht rammen will! Am Kragen will er ihn packen, ihn durchschütteln, ihm ins Gesicht schreien, was für ein Schwein er sei. Er will ihn von sich wegstoßen, ihn aus sich herausreißen. Doch er kann das alles nicht." Denn wenn er aufsteht, wenn „der Stuhl, einer der Stühle, egal welcher, in diesem Augenblick wegrutscht, würde er vor seinem Vater auf dem Boden liegen". Natürlich ist da Zorn. Und eine tiefe Verletzung. Sie reicht in den Vaterszenen noch wesentlich tiefer als in den Stadtszenen.

„Die Stadt als lebendiger Organismus" verlang noch nach der Gegendarstellung: Die Stadt als toter Organismus. Als verknöchert und versteinert stellt Andreas Niedermann in seinem Roman *Stern* die Stadt dar.

> *Ich liess Albert und Carly allein und stiefelte ins Zentrum. Das bedeutete einen halbstündigen Fussmarsch durch die Arschfalte, einfach geradeaus, vorbei an einem Pulk von Spitälern und Parkanlagen, dann eine sanfte Rechtskurve runter, unter einer Unterführung durch, wieder hoch, vorbei an der EPA, dem einzigen Supermarkt, den ich mit meinem Besuch beehrte, wieder geradeaus, dann hart rechts, hundert Meter noch und dann hinein und ein Bier. Ich hatte diese Route schon hunderte Male zu Fuss gemacht, und das Erstaunlichste daran war, dass auch beim zweihundertsten Mal immer noch alles gleich, immer gleich langweilig war. Ich kannte diese Route zu jeder beliebigen Tages- und Nachtzeit, und nie war etwas passiert, das auch nur ein Kopfdrehen wert gewesen wäre. Und soviel Durchhalte- und Stehvermögen war ganz erstaunlich, machte mir die Strecke mit ihrer konsequenten Indolenz sympathisch, soviel Leblosigkeit musste belohnt werden, und ich beschloss, bei Gelegenheit etwas über sie zu schreiben und sie unsterblich zu machen. End Copy.*[14]

Niedermanns Hauptfigur Stern ist einer, der sich mit Vorliebe außerhalb des Mittelmaßes bewegt und mit zorniger Verweigerung auf alles reagiert, was ihn auf eine Normalschiene zwingen will. Er spricht auf dem städtischen Kulturamt vor, um Geld für seinen zweiten Roman zu bekommen. Gottschlich, der Kulturbeamte, der Gott spielt und zwischen Akten herumschleicht, schlägt Stern vor, einem der literarischen Zirkel in der Stadt beizutreten. Diese bekämen Unterstützung für Publikationen wie *Schlaglicht Prosa* – ein Seitenhieb auf die *Momentaufnahmen*, die in den 80er Jahren als Sammlungen des aktuellen Schaffens an Lyrik und Prosa der Stadt erschienen sind. Stern ist entsetzt: „Ich hatte über ein Jahr in der Einsamkeit und unter etlichen Schwierigkeiten an meinem Roman geschuftet, war durch die Gegend

---

14 Niedermann, Andreas: Stern. Roman. Zürich/Hamburg: Edition Nautilus/Moderne, 1989, S. 34–35.

gepilgert und hatte das Zeug vorgelesen. Und jetzt sollte ich mich nach den Worten dieses Idioten in einen dieser Zirkel integrieren, zusammen mit den schreibenden Hausfrauen, den schreibenden Lehrern, den schreibenden Halbwüchsigen, den schreibenden Psychotherapeuten und den schreibenden Sozialarbeitern. Das war ziemlich stark!"

Da haben wir es wieder, das Mittelmäßige, Saubere, Brave, Solide des Eduard Stäuble. Nun wird es vom Kulturamt sogar verlangt. Der erboste Stern beschließt, stur zu bleiben. Solche Sturheit und Zorn auf das Brave treibt Andreas Niedermann ganz wesentlich an. Er ist schon vor Jahren nach Wien ausgewandert – das hat nicht geholfen, er ist ein Zorniger geblieben. St. Gallen ist also auch austauschbar. Niedermann braucht diesen Zorn zum Schreiben, aus der Zufriedenheit entsteht kein kreativer Schub.

Herr Mäder, oder: Die Stadt als soziale Skulptur

Die Stadt ist eine gebaute Topographie, eine statische Tatsache in der Landschaft – materiell betrachtet. Die Soziologie aber versteht die Stadt als eine Ansammlung von Menschen, die sich miteinander organisieren müssen. Die Stadt wird unter diesem Blickwinkel zu einem dynamischen Zusammenwirken von Alters-, Berufs-, Sprach- und anderen Gruppen, von unterschiedlichen Bedürfnissen, Interessen und Wünschen. Mit dem Begriff „Soziale Plastik" beschrieb Joseph Beuys den Beitrag, den jede und jeder zu einer Gemeinschaft leistet. Diese wird dadurch kreativ und sozial gestaltet. Beuys war davon überzeugt, dass man auch ohne besondere künstlerische Fähigkeiten an dieser Plastik mitarbeiten könne. So weit wollen wir den Kunstbegriff nicht fassen, auch wenn in diesem Kapitel neue Gattungen in den Blick rücken.

An der Gesellschaft haben unterschiedliche Bevölkerungsgruppen teil, Referenzperson ist jedoch stets der Bürger, also der Bünzli, der typische St. Galler. Ein ganz besonderes Exemplar hat Manuel Stahlberger mit seinem Herrn Mäder erfunden. „Typen wie Mäder gibt's überall auf der Welt. Doch erst recht gibt es sie in der Reduit-Schweiz, und fast schon prächtig leben sie in Provinzorten wie St. Gallen. Die zwischen Hügeln gebettete Ostschweizer Kloster- und Bratwurststadt, gemäß Dürrenmatt auch ‚Güllen' genannt, bietet sich an, verstockte Lebensverhältnisse auf den Punkt zu bringen", schreibt Marcel Elsener im Vorwort zum ersten Band der Mäder-Comics. Entstanden sind die einzelnen Blätter über eine lange Zeit, Stahlberger hat jeden Monat eins für das Kulturmagazin *Saiten* gezeichnet. „Herr Mäder" ist so auch zu einem Chronisten der Stadt geworden.

Herr Mäder: Etwas sehen und etwas bezahlen
(Manuel Stahlberger: Herr Mäder. Band 2. St. Gallen: Verlag Saiten, 2005)

Herr Mäder hat seinen Job verloren und streunt mit einem alten Sack und seinem Saubär durch die Stadt. In „Etwas sehen und etwas bezahlen" gibt er sich mit den Bauarbeiten am Rathaus als Unterhaltung zufrieden, während andere den Jahrmarkt brauchen. Für beide Vergnügen muss man aber bezahlen – und kräftig eins draufhauen... Viele St. Galler hatten schon Schwierigkeiten mit den Billetautomaten, so auch Mäder, das einfache Gemüt. Nicht nur diese Automaten-Szene, auch Orte, Bauten und – Stahlbergers Vorliebe – Baustellen sind wiedererkennbar. Die Stadt ist der Kosmos, in dem die Bildergeschichten spielen.

Herr Mäder stellt naive Fragen und wird gerade dadurch subversiv. Herr Mäder stößt vieles zu, was manchem hier schon zugestoßen ist. Außerdem ist Mäder ein Träumer von einer besseren Stadt, er hat witzige Ideen, und manchmal schreitet er sogar zur Tat. Mäder ist ein Bünzli und gleichzeitig ein Randständiger, das verleiht der Comicfigur Spannung. Sollen wir Herrn Mäder unter den Liebenden oder den Zornigen einordnen? Er lebt nicht ungern in seiner Stadt und hätte sie doch gern anders: Er ist zornig auf diese Stadt, gerade weil er sie eigentlich liebt.

Ganz ähnlich verhält es sich bei Daniel Ryser alias Göldin. Er kritisiert St. Gallen aus der Position des Bewohners heraus, der hier zu leben versucht und sich dabei nicht besonders wohl fühlt. „Saint City Low Life" heißt sein Song über St. Gallen, der aufzählt, was wir alles haben: eine Kaderschmiede auf dem Berg, einen schweizweit bekannten Straßenwischer, Szene-Bars, hippe Galerien etc. Doch das Lied mündet in den Refrain: „mir händ viel, nur viel muet hemmer nöd".[15] Eine Stadt der Mutlosen.

Daniel Ryser kommt aus der Szene des Poetry Slams, wo St. Gallen im deutschsprachigen Raum einen Spitzenplatz belegt. An der literarischen Skulptur St. Gallens haben Slam und Rap in jüngster Zeit einen wesentlichen Anteil. Und aus dieser Ecke, wo die Ablehnung des Etablierten dazugehört, tönt der Protest am lautesten. Dieser Protest hat sich als sehr produktiv erwiesen: Die neue Mündlichkeit hat der Literatur kreative Felder der Sprache erschlossen. Daran arbeiten nicht nur Slammer wie Göldin, Etrit Hasler oder Richi Küttel, sondern auch eine Autorin wie Andrea Graf, deren Texte ihre Wirkung stark über die Lautlichkeit der Sprache entfalten. Ihre gedruckten Texte sehen denn auch aus wie musikalische Partituren, mit Wiederholungszeichen, Pausen und genau getimten Einsätzen.

An der sozialen Skulptur St. Gallen sind außerdem Menschen verschiedener Nationalitäten beteiligt. Eine von ihnen ist Dragica Rajčić, eine Kroatin, die es als Putzfrau nach St. Gallen verschlagen hat. Sie hat sich und ihre Situation in einem Gedicht beschrieben:

---

15 Göldin: Saint City Low Life. Auf: Aläs wird guät. CD. Quiet Records, 2003.

Dragica Rajčić-Bralić, *1959

So etwas änliches hatte schon
Licht der Nacht erblickt
aber nach und nach obendran
in hinter zimmer
leuten einige Munde
einige wahrheiten
weren sich
verkauft zu werden
noch ist Name etwas getrentes
auf Ich und Er
aber störungen sind unvermeidlich
obwohl
hier geht es mir wohl
schreibe mich Tot
schweige mich Tot
ausarbeite mich für Kinder
So etwas ehnliches nennt man
Gastarbeiterfrau
aber paar wahrheiten
weren sich
verkauft zu werden[16]

Rajčić ist eine Zornige, die kein Blatt vor den Mund nimmt, auch wenn es um das geht, was man „Gastland" nennt. In einem anderen Gedicht sitzt sie am Morgen in einem Kaffee, schaut den Menschen zu, nennt sie „Tassenheber", „Zeitungsleser" und „Händezuwinker", die sich vor geraden Blicken hüten und niemals auf die Idee kommen, einen Kaffee zu bestellen für jemanden, der am Nebentisch sitzt („Morgenbild in einem gutgehenden Kaffee", 1992). Dragica Rajčić schreibt ganz klar von diesem Nebentisch aus. Sie lebt seit 1979 in der Schweiz – und sie will nicht werden wie wir. Sie hat sich der vollständigen Assimilation widersetzt. Ihr Deutsch ist bis heute das gebrochene Deutsch einer Zugewanderten geblieben, obwohl sie mehrere Bücher publiziert hat.

Und Rajčić treibt noch ein anderes, sehr ernstes Spiel: St. Gallen ist ihr Ort, aber nicht ihre Heimat. Spielerisch kann sie mit diesem Thema umgehen, indem sie Unterschiede aufeinanderprallen lässt. Doch für die Migrantin aus einem Land, in dem Krieg herrscht, ist Heimat auch belastet. In einem Gedicht „Heimat" schreibt sie: „heimat denke ich / kann Uns entbehren / aber / ihr Zauber vervolgt Uns wie schatten".

---

16 Rajčić, Dragica: Dragica Rajčić-Bralić, *1959. In: Bäuchlings auf Grün (wie Anm. 7), S. 146.

Die andere, die alte Heimat ist für die erste Generation der Migranten ein wichtiges Thema, die zweite Generation arbeitet sich schon eher an der neuen Heimat ab. Giuseppe Gracia ist ein solcher Secondo, der sich intensiv mit dem sozialen Gefüge der Stadt auseinandersetzt. Sein Vater ist Süditaliener, seine Mutter Spanierin, er selber ist 1967 in St. Gallen geboren. Und in der Erzählung *Kippzustand* schildert er mit einem schonungslosen Furor, was es damals hieß, als „Tschingg" in St. Gallen aufzuwachsen.

„Arschfalte" und „Güllen" hatten wir schon, „Furtnau" heißt die Stadt bei Gracia. Furtnau ist ein Sumpf, der nichts anderes hervorbringt als Sumpfhänge, Sumpfhälse, Sumpfköpfe. Der Sumpf ruft eine „seelische Wurstigkeit und Plumpheit" hervor, die sich unmittelbar im Furtnauer Dialekt niederschlägt. Gracia schreibt: „Am Ende rutschen wir ins Undenkbare beim Versuch, über den Sumpf hinaus zu denken. Am Ende können wir nur sagen, dass niemand aus Furtnau entkommt, weil ganz einfach niemand auf die Idee kommt, man müsse überhaupt entkommen."

Der Inbegriff der Furtnauer Tiramisu-Optimisten, der Champagner-Demokraten und Sushi-Revoluzzer ist Lämmle, der Lehrmeister des Ich-Erzählers. Gegen ihn richtet sich zuerst einmal die große Wut. Ein halbes Buch lang treibt den Erzähler die Phantasie um, den Verhassten umzubringen. Der Gipfel von Lämmles Ausländer-Verachtung ist die Tischbombe auf dem Betriebsfest, aus der Gastarbeiterli-Puppen in die Luft fliegen, mit denen man alles machen darf. Aber der Zorn Gracias richtet sich auch gegen diese Gastarbeiter, die alles hinnehmen, die sich krank und tot arbeiten und sogar Kinder, also Nachschub gebären. In einer Szene schildert Gracia die Südländer unter sich, am Sonntagnachmittag, im Club.

In der Ecke des Lokals, auf einem farblosen Schirm, fällt ein Tor. Im Gejubel schwingt eine gestaute, eine im Quartierleben hochgekochte Wut mit. eine Torschussraserei, die endlich Platz hat und hervorplatzt, wenn uno degli nostri der Sieger ist. Stille während der Torschusszeitlupe im Fernsehen, dann brandet der Lärm wieder auf, und Luca geht zu seinem Vater und kassiert eine Ohrfeige. Luca ist zwölf, du bist ein Jahr älter, er muss etwas Treffendes gesagt haben, in letzter Zeit passiert das häufiger. Die Szene wird kaum zur Kenntnis genommen, weil das Ohrfeigenkassieren ganz und gar hierher gehört, genauso wie die beharrlichen, herzlichen Quartierfreundschaften, die in einer Quartiergefangenschaft unausweichlich sind. Es ist ein Leben, das sich auf einem klar gekennzeichneten Nebenschauplatz abspielt. Schnell wird so eine Nebenschauplatzexistenz hingenommen und verinnerlicht, tapfer bleibt der italienische Kopf auf dem Nebenschauplatz, tapfer bleiben das spanische Herz und das sizilianische Fleisch dort, bis der letzte Vorhang fällt. Später wirst du das ganz normal finden. Die Quartiersüdländer müssen dort leben und sich vereinigen, wo der Sumpfbodenpreis und die Sumpfwohnhütten erschwinglich sind, dort haben sie ihre Rollen zu spielen, getrennt vom einheimischen Rest, der natürlich froh ist, wenn der südländische Schweißgeruch im südländischen Wohnquartier bleibt. Ein Arrangement, das einmal auf die harmlose Größe eines Klischees zusammen-schrumpfen wird. Mit der größten Feuilletonistenarroganz wird man diese Nebenschauplatzwelt eines Tages zur Stammtischkarikatur machen, aber an diesem Ort und zu dieser Zeit spürst du die Quartiergrenzen. Sie sind real und haben durchaus ihre Berechtigung, da die Ausländer nur ihren eigenen Schweiß und nur ihre Parisienne- und Marylongschwaden ertragen, nicht aber den Schweiß der Schweizer, die genauso nur den Helvetenschweiß und Marlboro Gold verkraften. Dein Vater hat damit kein Problem. Es ist gut, wenn wir vorsichtig sind, sagt er, sangue di pesce, das haben Svizzeri in den Venen.[17]

Nebel, oder: Die Stadt verschwindet

Der Stuttgarter Germanist Volker Klotz legt in seinem Buch *Die erzählte Stadt*[18] bereits in den Vorsätzen dar, warum der Roman und nicht das Drama die Gattung sei, die der Stadt einzig angemessen sei. Um gegen das Theater zu argumentieren, bezieht er sich auf Thornton Wilders Stück *Our Town*. Darin könne die Stadt nur dank eines Kniffs die Hauptrolle spielen: Wilder setze einen episch gedachten Vermittler ein, und mit dem Epischen kehre das Romanhafte zurück. „Das Drama überhaupt ist stadtfremd, weil, umgekehrt, die Stadt sich gegen seine überkommen Gattungsbedingungen wehrt", schreibt Klotz. Die Äußerungsform des Dramas sei der Dialog, der auf Einzelne, nicht aufs Kollektiv zugeschnitten sei. Das Beispiel Thomas Hürlimann widerlegt zwar diese These, indem sie über die Städter die Stadt charakterisiert. Hingegen könnte die kleine Szene von Christoph Keller Klotz' These untermauern. Denn auch Keller braucht einen Trick, wenn er das Gebäude sprechen lässt.

Zu fragen bleibt noch: Wie steht es mit der Poesie, wo St. Gallen doch über eine blühende Lyrik-Szene verfügt? Einige Dichterinnen und Dichter wurden bereits erwähnt und zitiert, zahlreiche weitere sind in der jüngsten Anthologie *Bäuchlings auf Grün* zu finden. Und ganz grundsätzlich spricht nichts gegen Stadtlyrik. Charles Baudelaires *Fleurs du mal* sind der weltliterarische Beweis dafür. Trotzdem: Die Olma, die Baustellen oder die Tonhalle geben kaum lyrische Sujets her. Poesie hebt sich oft über die konkreten Verhältnisse hinaus. Die Stadt wird darum im Lauf dieses letzten Kapitels langsam aus dem Blick verschwinden.

Fred Kurer ist einer, der sein Leben lang viel gereist ist und doch immer gern mit beiden Füßen auf St. Galler Boden gestanden hat. Neben Gedichten aus Australien, Schottland, Italien, von Kreta, aus dem Engadin und anderswo gibt es von ihm auch zahlreiche Gedichte aus der Stadt, neuerdings sogar Gedichte „uf Sanggaller mund-

17 Gracia, Giuseppe: Kippzustand. Erzählung. Zürich: Nagel & Kimche, 2002, S. 13–14.
18 Klotz, Volker: Die erzählte Stadt. Ein Sujet als Herausforderung des Romans von Lesage bis Döblin. München: Hanser, 1969.

art". Darin findet sich „e Sanggaller definitioo fo glück"[19]. Glück heißt in St. Gallen, so Kurer, besser dazustehen als der andere – aber nicht zu sehr. Der typische St. Galler ist sehr durchschnittlich. Fred Kurers Gedichte über seine Stadt beobachten, was hier geschieht – und sehr oft, was die Leute dazu sagen. Man kann leise Kritik darin hören, doch dominant ist im Grunde die Selbstironie.

e Sanggaller definitioo fo glück	Eine St. Galler Definition von Glück
sägemer esoo:	Sagen wir es so:
aine, wo fom ene bauggröscht obe n abe ghait	Einer, der von einem Baugerüst stürzt
(ond es ghaied nöd blos muurer,	(und es stürzen nicht nur Maurer,
febozer oder polier obe n abe)	Verputzer und Poliere hinunter)
wo aso	der also
fom ene bauggröscht obe n abe ghait	von einem Baugerüst stürzt
nöd fom ene z hööche	nicht von einem allzu hohen
(erschte schtok oder soo)	(erster Stock oder so)
ond chont mit em schräk dafoo:	und mit dem Schrecken davonkommt:
dää hät glück ghaa	der hat Glück gehabt
ond glük mosch haa	Und Glück muss man haben
aine, wo fom drette schtok obe n abe ghait ond	Einer, der vom dritten Stock stürzt und
bricht nu en arm, s lingg bai	sich nur einen Arm bricht, das linke Bein
schloot natüürli de grend aa, gewaltig	sich natürlich den Kopf stößt, gewaltig
mittlere schädelbroch	mittlerer Schädelbruch
chont aber mit em läbe dafoo:	aber mit dem Leben davonkommt:
dää hät schon mee glük ghaa	der hat schon mehr Glück gehabt
ond glük mosch haa	Und Glück muss man haben
gömmer no chli de bau döruuf:	Gehen wir noch etwas höher im Bau:
aine ghait abe vom föfte schtok	Einer stürzt vom fünften Stock
isch sofort tood, denn	ist sofort tot, dann
hät dää fill mee glük ghaa als dää	hat der viel mehr Glück gehabt als der
wo erscht of em wääg zom schpitool	der erst auf dem Weg ins Krankenhaus
vom tood zom läbe n erlööst worde n isch	vom Tod zum Leben erlöst worden ist
ond glük mosch haa	und Glück muss man haben
ghait aber ain abe, au fom föfte	Stürzt aber einer, ebenfalls vom fünften,
hät aber ka frau ond ka famili	hat aber keine Frau und keine Familie
(wa bim foorgänger nöd de fall gsi isch):	(was beim Vorgänger nicht der Fall war):
dää hät no mee glük ghaa als de sääb	der hat noch mehr Glück gehabt als jener
will:	Denn:
da chasch dir jo selber uusrächne	Das kannst du dir selber ausrechnen
aber glük mosch haa	Aber Glück muss man haben
[...]	[...]
wider ain ghait obe n abe	Wieder ein anderer stürzt hinunter
– da isch jez öppe de nünt –	– das ist nun ungefähr der neunte –
familiegärtner,	Familiengärtner
frau, drüü chind, e wonig fom Pfischter	Frau, drei Kinder, eine Wohnung von Pfister

19 Kurer, Fred: e Sanggaller definitioo fo glück. In: Ders.: Darüberschreiben dröber schriibe. Neuere und neuste Gedichte in Schriftdeutsch & uf Sanggaller mundart. St. Gallen, VGS, 2006, S. 76–77. Übertragung ins Hochdeutsche vom Herausgeber.

feschte pruef, pensioo, ales klaar:	*fester Beruf, Pension, alles klar:*
landet of de füess	*landet auf den Füßen*
nüüt passiert	*nichts passiert*
osser e paar schramme null felezige:	*außer ein paar Schrammen null Verletzungen:*
daa hät denn mit glük nüüt me z tue	*Das hat dann mit Glück nichts mehr zu tun*
da isch denn scho uufeschamt ond foll denäbet	*das ist dann schon unverschämt und voll*
z Sanggale	*danebe*
	in St. Gallen

Von Baustellen und -gerüsten scheint eine gewisse Kreativität auszugehen, denken wir auch zurück an Manuel Stahlberger. Sie liefern Konkretes, Materialität. Wer sich davon löst, verliert allenfalls die Bodenhaftung. Wie sich die Stadt dabei langsam aus dem Blickfeld schiebt, kann man in Gedichten von Erica Engeler beobachten. In ihren Texten weitet sich der Horizont immer mehr.

> *unermüdlich*
> *Fuß vor Fuß*
> *den steilen Weg*
> *hinauf und wissen*
> *daß es die Schritte*
> *nicht schaffen*
> *aber weiter*
> *Fuß vor Fuß*
> *bemühen*
> *den steilen Weg*
> *hinauf*
> *[...]*
>
> *wie kahl*
> *der hohe Grat*
>
> *das Wachs im Ohr ist geschmolzen*
>
> *wie grün*
> *der singende*
> *Abgrund steigt*
>
> *innen ist es Nacht*
> *und es schweigt*
> *und kein Vertrautes*
> *hellt auf*
> *nur Schnee liegt sanft*
> *bis an den Himmel*
> *und Atem geht fremd*[20]

---

20 Engeler, Erica: unermüdlich. In: SchreibwerkStadt St. Gallen (wie Anm. 5), S. 26–27.

Hier steigt eine Frau aus der Stadt hinauf, wie jene, die von der Bernegg aus das Stadtweib sehen will. Diese Frau steigt hinauf, nimmt das Blühen wahr und den Fels – das Nächste also. Doch mit dem Grat rückt alles in weite Ferne, weil nichts zählt als der eigene Atem – der auch nicht bleiben will. Bei Erica Engeler richtet sich der Blick nicht hinunter auf die Stadt, er geht nach innen: „innen ist Nacht / und es schweigt".

Erica Engeler mit ihren beiden Heimaten Argentinien und St. Gallen hat den Zustand des Seins ohne festen Ort auch in ein poetisches Stück Prosa gefasst: Die Erzählung *Die Überfahrt*[21] handelt von einer schwangeren Frau, die auf einem Schiff von West nach Ost über den Atlantik fährt. Sie wandert aus, sie wandert zurück – so genau weiß sie es selber nicht. „Das Leben ist eine Reise, die Entwurzelung schon vorgeburtlich angelegt", schreibt sie. Und: „Dazwischen liegt immer noch das Schiff, die lebenslängliche Überfahrt, immer unterwegs zum eigentlichen Leben."

Das Unterwegssein, nicht das Feststehen in einer Stadt, an einem Ort, beschreibt Erica Engeler als Bedingung des Lebens, es könnte auch eine Bedingung des Schreibens sein. Die Herkunft ist zufällig, das Heimweh gilt manchmal einem fremden Ort. Die Stadt steht für einen Abfahrts- oder Zielort, die Stadt ist ein Sehnsuchts- oder auch ein Angstort. Die Frage nach einem konkreten Ort namens St. Gallen stellt sich nicht mehr. Die Erzählung fängt dieses Provisorische ein und bringt auf der wochenlangen Schiffspassage alles ins Schwanken.

Dass das Loslösen von einem festen Ort nicht zwingend mit Verunsicherung gleichzusetzen ist, finden wir in einem Gedicht von Clemens Umbricht beschrieben. Abheben kann auch eine Form von poetischer Leichtigkeit sein, vielleicht ist es gar die Voraussetzung von Lyrik.

Leicht

Nichts Wirkliches,
Wörter, kleine Sätze
in der kleinen Hand.
Die schöne Luft aus
Glas und durchsichtig
wie Gedanken, alles
schwebt und trägt
die Dinge ohne mich.
Über den Dächern,
vom Wind gewaschen,
alles steht und fällt, alles schweigt und
spricht durchs Fenster,
offen für die Wörter.

---

21 Engeler, Erica: Die Überfahrt. Erzählung. Frauenfeld: Verlag im Waldgut, 2004.

Selbst was leicht ist,
erzählt Geschichten
und bleibt erfunden,
wickelt mich ein
in das dünne Tuch
aus Vorstellung
und leisem Wünschen.[22]

Wörtlich tragen die Wörter in diesem Gedicht über die Dächer der Stadt hinaus. Es ist eine Befreiung hin zu den Gedanken, die durchsichtig sind, schweben und tragen. Das Wirkliche, also die Dächer, das Fenster, sogar das Ich wird zurückgelassen, zugunsten des Erfundenen und der Geschichten, zugunsten des dünnen Tuchs aus Vorstellung und leisen Wünschen. Der poetische Raum von Clemens Umbricht ist kein gebauter, sondern ein luftiger, offener, getragen vom Geist der Wörter. Das Ich wird nicht ein paar Straßenzüge weiter in den nächsten Trubel verwiesen, sondern zurück auf sich selber.

Nach dem ausgedehnten Rundgang durch Texte aus und über St. Gallen landen Leserinnen und Leser also wieder bei sich selber. Der Kreis hat sich geschlossen. Liebe und Zorn haben sich unterwegs als literarisch wirksame Kategorien für Prosa und Lyrik, Rap und Comic erwiesen, ihre Ausprägungen sind vielfältig und nicht immer eindeutig: Von den liebevoll Zornigen, die mit Ironie das Stadtleben kommentieren, bis zu den zornigen Liebenden, die sich mit lauter verbohrten Mitbürgern konfrontiert sehen, gibt es zahlreiche Abstufungen. Es gibt jene, denen jeglicher Zorn eine Antriebskraft ist, und jene, die auf Lebenslust und Versöhnung aus sind. Einige beißen sich fest an dieser Stadt, für andere ist sie Ausgangspunkt zu Gedankenflügen. Ausgeprägte Nabelschauer sind die St. Galler Autorinnen und Autoren jedoch nicht – die vorliegende Textauswahl führt auf eine falsche Fährte. Die weit ausgreifende Beschäftigung mit dieser Stadt und ihrer Mentalität, der Stadtroman, fehlt bis heute. Vielleicht, weil – wie im Gedicht von Hermann Bauer – hin und wieder der Nebel vom See her aufsteigt und seinen gnädigen Schleier des Vergessens über alles breitet.

So ich die Stadt betracht'
Blick hinab von den Dreiweihern,
wenn der Tag mal Zeit mir läßt,
Stadt im Dunst, gleich tüll'nen Schleiern,
Himmelblau und Sonne feiern
über ihr ein heitres Fest.

Dach, First, Giebel, Kirchturmspitze,
Rosenhauch in der Grisaille,

---

22 Umbricht, Clemens: Der Abstand der Wörter. Gedichte, Prosa. St. Gallen: VGS, 1992, S. 28.

in den Straßen beineln klitze-
klein die Leute und ich sitze,
schaue, blinzle, fühl mich frei.

Langgestreckt und mir zu eigen
meine Stadt in Mittagsruh:
So möcht' ich sie Freunden zeigen!
Kaum gedacht, die Nebel steigen,
decken eiligst alles zu.[23]

---

23 Bauer, Hermann: So ich die Stadt betracht'. In: Mein St. Gallen (wie Anm. 2), S. 108.

Autorenverzeichnis

Eva Bachmann (St. Gallen), lic. phil., Literaturkritikerin, Kulturredaktorin *St. Galler Tagblatt*

Walter Berschin (Heidelberg), Prof. Dr. Dr. h.c., em. Professor für lateinische Philologie des Mittelalters und der Neuzeit an der Universität Heidelberg

Roland Früh (Zürich/London), lic. phil., Kunsthistoriker

Urs Fueglistaller (St. Gallen), Prof. Dr. rer. pol., a.o. Professor für Unternehmensführung mit besonderer Berücksichtigung der kleinen dynamischen Unternehmungen und Geschäftsführender Direktor des KMU-HSG Schweizerisches Institut für Klein- und Mittelunternehmen an der Universität St. Gallen

Rudolf Gamper (Winterthur), Dr. phil., Bibliothekar der Vadianischen Sammlung der Ortsbürgergemeinde in der Kantonsbibliothek St. Gallen (Vadiana)

Andreas Härter (St. Gallen), Prof. Dr. phil., Titularprofessor für deutsche Sprache und Literatur an der Universität St. Gallen

Jost Hochuli (St. Gallen): Buchgestalter, Typograph, Verleger, Fachbuchautor, Lehrer

Rupert Kalkofen (St. Gallen): Dr. phil., Lehrbeauftragter für deutsche Sprache an der Universität St. Gallen, Dozent für deutsche Sprache und Literatur an der Pädagogischen Hochschule des Kantons St. Gallen

Volker Mayr (Zürich), Dr. oec., Lehrbeauftragter für Buchwissenschaften an der Universität St. Gallen

Rainer Stöckli (Schachen bei Reute AR), Dr. phil., ehem. Kantonsschullehrer, Lyriker, Herausgeber

Ernst Tremp (St. Gallen und Freiburg i.Ü.), Prof. Dr. phil., Stiftsbibliothekar von St. Gallen, Titularprofessor für Geschichte des Mittelalters an der Universität Freiburg i.Ü.

Werner Wunderlich (St. Gallen), Prof. Dr. phil., Professor für Medien und Kultur und Direktor des MCM-HSG Institut für Medien- und Kommunikationsmanagement an der Universität St. Gallen

Namenregister